工程建设理论与实践丛书

GONGLU GONGCHENG
XIANGMU GUANLI YU ZAOJIA KONGZHI

公路工程
项目管理与造价控制

张百爽　张洪雷　田　源　主编

中国·武汉

图书在版编目(CIP)数据

公路工程项目管理与造价控制/张百爽,张洪雷,田源主编.—武汉:华中科技大学出版社,2022.12

ISBN 978-7-5680-8970-8

Ⅰ.①公… Ⅱ.①张… ②张… ③田… Ⅲ.①道路工程-项目管理 ②道路工程-工程造价 Ⅳ.①U415.1

中国国家版本馆 CIP 数据核字(2023)第 000300 号

公路工程项目管理与造价控制
Gonglu Gongcheng Xiangmu Guanli yu Zaojia Kongzhi

张百爽 张洪雷 田 源 主编

| 策划编辑:周永华 |
| 责任编辑:赵 萌 |
| 封面设计:王 娜 |
| 责任监印:朱 玢 |

出版发行:华中科技大学出版社(中国·武汉)　　电话:(027)81321913
　　　　　武汉市东湖新技术开发区华工科技园　　邮编:430223

录　排:华中科技大学惠友文印中心
印　刷:武汉科源印刷设计有限公司
开　本:710mm×1000mm　1/16
印　张:17
字　数:305千字
版　次:2022年12月第1版第1次印刷
定　价:88.00元

本书若有印装质量问题,请向出版社营销中心调换
全国免费服务热线:400-6679-118　竭诚为您服务
版权所有　侵权必究

编 委 会

主　编　张百爽（广东省南粤交通投资建设有限公司）
　　　　　张洪雷（广东添虹交通工程有限公司）
　　　　　田　源（广东紫惠高速公路有限公司）

副主编　贺庆师（广东冠粤路桥有限公司）
　　　　　杨中华（珠海大横琴集团有限公司）
　　　　　张治文（保利长大工程有限公司）
　　　　　洪春媛（云南省交通科学研究院有限公司）
　　　　　李　祥（中国水利水电建设工程咨询中南有限公司）

参　编　郑　隽（重庆巴南经济园区建设实业有限公司）
　　　　　杨明新（深圳市市政工程质量安全监督总站）

前　言

公路是我国国民经济和社会发展的重要基础设施。改革开放以来,随着我国经济的长期持续稳定增长,公路建设取得了重大成就。截至2021年末,全国公路总里程为528.07万千米,公路密度为55.01千米/百千米^2,我国公路建设事业进入了一个持续、快速、健康的发展时期。

现阶段,我国公路工程项目越来越多,规模越来越大。同时,公路工程项目任务重、工期短、作业面广、工种多、施工难度大、工序复杂,而且工程造价高。在建设过程中,做好公路工程项目管理和造价控制工作,对节约建设成本、加快施工进度、保证施工人员安全、提高工程质量具有重要的意义。

本书围绕公路工程的项目管理与造价控制两大方面进行研究,详细地介绍了相关基本理论和技术方法。全书分为九章:绪论、公路工程项目进度管理、公路工程项目质量管理、公路工程项目成本管理、公路工程项目安全管理、公路工程项目合同管理、公路工程造价管理基本理论、公路工程全过程造价控制以及公路工程造价管理实例(具体以河惠莞高速公路河源紫金至惠州惠阳段为例进行探讨)。

本书涉及面较广,而编者知识水平有限,书中难免有欠妥之处,欢迎广大读者批评指正。

目 录

第1章　绪论 …………………………………………………………（1）
　1.1　我国公路的分类及发展概述 ……………………………（1）
　1.2　公路工程项目管理特点及发展趋势 ……………………（6）
　1.3　项目管理组织 ……………………………………………（16）
第2章　公路工程项目进度管理 ………………………………（22）
　2.1　公路工程项目进度管理概述 ……………………………（22）
　2.2　公路工程项目进度计划的编制 …………………………（27）
　2.3　公路工程项目进度计划的检查与调整 …………………（35）
　2.4　公路工程项目实施阶段的进度控制 ……………………（40）
第3章　公路工程项目质量管理 ………………………………（46）
　3.1　公路工程项目质量管理概述 ……………………………（46）
　3.2　公路工程项目质量控制 …………………………………（54）
　3.3　公路工程项目质量检查与验收 …………………………（62）
　3.4　公路工程质量事故预防 …………………………………（69）
第4章　公路工程项目成本管理 ………………………………（74）
　4.1　公路工程项目成本管理概述 ……………………………（74）
　4.2　公路工程项目成本预测 …………………………………（79）
　4.3　公路工程项目成本计划 …………………………………（85）
　4.4　公路工程项目成本分析与考核 …………………………（91）
　4.5　公路工程项目成本控制 …………………………………（98）
第5章　公路工程项目安全管理 ………………………………（106）
　5.1　公路工程安全管理体系建立 ……………………………（106）
　5.2　施工现场管理与安全事故预防 …………………………（125）
第6章　公路工程项目合同管理 ………………………………（138）
　6.1　公路工程项目合同管理概述 ……………………………（138）
　6.2　公路工程项目合同体系及管理 …………………………（143）
　6.3　公路工程项目业主索赔与反索赔 ………………………（155）

第7章 公路工程造价管理基本理论 (168)
7.1 公路工程造价原理 (168)
7.2 公路工程造价管理 (177)
7.3 公路工程全过程造价管理体系的构建 (187)

第8章 公路工程全过程造价控制 (207)
8.1 投资决策阶段工程造价控制 (207)
8.2 设计阶段工程造价控制 (215)
8.3 招投标阶段造价控制 (232)
8.4 施工阶段工程造价控制 (238)
8.5 竣工验收结算、运营维护阶段工程造价控制 (244)

第9章 公路工程造价管理实例 (249)
9.1 项目建设情况 (249)
9.2 项目招标情况及工程变更管理 (252)
9.3 项目造价管理 (254)
9.4 造价管理工作体会 (259)

参考文献 (262)

第1章 绪 论

1.1 我国公路的分类及发展概述

公路是连接城市之间、乡村之间、工矿基地之间的按照国家技术标准修建的,由公路主管部门验收认可的道路。公路作为最基础、最广泛的交通基础设施,是衔接其他各种运输方式和发挥综合交通网络整体效率的主要支撑,在综合交通运输体系中具有不可替代的作用。

1.1.1 公路的分类

公路的字面含义是公用之路、公众交通之路,汽车、单车、人力车、马车等众多交通工具及行人都可以使用。早期的公路没有限制,大多是简易公路,后来不同公路有不同限制。由于交通日益发达,限制性使用的公路越来越多,如供汽车全程封闭式使用的高速公路。

公路分级有不同体系。公路按功能可分为高速公路、一级公路、二级公路、三级公路、四级公路五个技术等级;按行政级别可分为国道、省道、县道、乡道、村道。

1. 功能型分级

(1)高速公路。高速公路是全部控制出入、专供汽车在分隔的车道上高速行驶的公路,主要用于连接政治、经济、文化上重要的城市和地区,是国家公路干线网中的骨架,属于高等级公路。高速公路的年平均日设计交通量宜在15 000辆小客车以上。

(2)一级公路。一级公路为供汽车分向、分车道行驶,并部分控制出入、部分立体交叉的公路,主要连接重要政治、经济中心,通往重点工矿区,是国家的干线公路,属于高等级公路。一级公路的年平均日设计交通量宜在15 000辆小客车以上。

(3)二级公路。二级公路为连接政治、经济中心或大工矿区等地的干线公路,或运输繁忙的城郊公路,属于中等级公路。一般能适应各种车辆行驶,二级公路的年平均日设计交通量宜为 5 000～15 000 辆小客车。

(4)三级公路。三级公路为沟通县及县以上城镇的一般干线公路,属于低等级公路。通常能适应各种车辆行驶,三级公路的年平均日设计交通量宜为 2 000～6 000 辆小客车。

(5)四级公路。四级公路为沟通县、乡、村等的支线公路,属于低等级公路,通常能适应各种车辆行驶。双车道四级公路年平均日设计交通量宜在 2 000 辆小客车以下;单车道四级公路年平均日设计交通量宜在 400 辆小客车以下。

2. 行政级别型分级

公路按行政等级可分为国道、省道、县道和乡道以及专用公路五个等级。一般把国道和省道称为干线,县道和乡道称为支线。

(1)国道。国道是指具有全国性政治、经济意义的主要干线公路,包括重要的国际公路,国防公路,连接首都与各省、自治区首府和直辖市的公路,连接各大经济中心、港站枢纽、商品生产基地和战略要地的公路。国道中跨省的高速公路由中华人民共和国交通运输部批准的专门机构负责修建、养护和管理。如 318 国道从上海市到拉萨市到日喀则市,是川藏公路南线的主干,219 国道是新藏公路。

(2)省道。省道是指具有全省(自治区、直辖市)政治、经济意义,并由省(自治区、直辖市)公路主管部门负责修建、养护和管理的公路干线。

(3)县道。县道是指具有全县(县级市)政治、经济意义,连接县城和县内主要乡(镇)、主要商品生产和集散地的公路,以及不属于国道、省道的县际间的公路。县道由县、市公路主管部门负责修建、养护和管理。

(4)乡道。乡道是指主要为乡(镇)村经济、文化、行政服务的公路,以及不属于县道以上公路的乡与乡之间及乡与外部地区联络的公路。乡道由人民政府负责修建、养护和管理。

(5)专用公路。专用公路是专供或主要供厂矿、林区、农场、油田、旅游区、军事要地等与外部联系的公路。专用公路由专用单位负责修建、养护和管理,也可委托当地公路部门修建、养护和管理。

1.1.2 我国公路交通发展现状与目标

2021 年 11 月,交通运输部正式印发了《公路"十四五"发展规划》,这是《交通强国建设纲要》《国家综合立体交通网规划纲要》印发后,我国出台的第一个公路交通领域的五年发展规划。规划部分内容如下。

1. 发展现状

"十三五"时期,面对错综复杂的国际形势、艰巨繁重的国内改革发展稳定任务,我国公路交通发展有力支撑了国家重大战略的实施,也为开启全面建设社会主义现代化国家新征程提供了良好基础。

(1)补短板、促投资成效显著。全国公路固定资产投资累计超过10万亿元。公路总里程接近520万千米,高速公路通车里程达到16.1万千米,通达99%的城镇人口20万以上城市及地级行政中心,二级及以上公路通达97.6%的县城,农村公路总里程达到438万千米。覆盖广泛、互联成网、质量优良、运行良好的公路网络已基本形成。

(2)兜底线、强支撑作用突出。累计解决了246个乡镇、3.3万个建制村通硬化路难题,通客车地区新增1 121个乡镇、3.35万个建制村,"两通"兜底性目标全面实现,有力支撑如期打赢脱贫攻坚战。京津冀、长江经济带、粤港澳大湾区等区域内公路网络进一步完善,服务国家区域重大战略实施作用显著。

(3)优服务、保安全水平提升。取消高速公路省界收费站工作全面完成,高速公路基本处于"畅通"和"基本畅通"状态。公路运行调度与应急指挥系统基本实现全国联网。多层次客运服务网络基本建立,城乡客运一体化水平稳步提高,道路客运联网售票服务水平显著提升。多式联运蓬勃发展,农村物流网络节点体系初具雏形。"司机之家"建设持续推进。乡道及以上公路安全隐患治理基本完成,12个国家区域性公路应急装备物资储备中心投入使用,应急处置能力和快速反应能力显著提升。

(4)促转型、可持续稳步推进。基础设施数字化程度显著提高,智慧交通试点统筹推进,新一代信息技术逐步开展应用。新能源及清洁能源交通设施得到迅速推广,一批绿色公路、旅游公路和服务区已投入使用,节能减排技术得到广泛应用。智慧物流、定制客运、网约车、分时租赁、网络货运等新业态、新模式竞相迸发,运游融合产品不断涌现。行业治理水平稳步提升,战略规划及政策体系进一步完善,公路建设、养护等改革工作加快推进。

我国公路交通发展成效显著,但是仍然存在不平衡不充分问题。①基础设施仍需完善,区域之间、城市群之间高速公路通道能力需要提升,普通国省干线和农村公路的通达深度、技术状况、服务能力有待改善,路网韧性有待加强。

②与其他运输方式、新一代信息技术、其他相关产业的融合发展仍有提升空间。③养护和运行管理压力持续加大,常态化养护长效机制仍需完善,公路安全防护等配套设施仍有不足,部分地质灾害易发多发路段存在较高运行风险。④运输服务品质有待提升,联程运输和多式联运发展总体处于起步阶段,农村客运长效发展机制不够完善,农村物流短板明显。

2. 形势要求

当前我国公路交通的发展仍然处于重要战略机遇期,但机遇和挑战并存,总体上机遇大于挑战。我国已开启全面建设社会主义现代化国家新征程,转向高质量发展阶段,区域经济布局、国土开发格局、消费需求特征、要素供给模式、国家治理体系等将发生深刻变化,对公路交通发展提出新要求。①构建新发展格局,坚持扩大内需战略基点,要求继续发挥公路交通先行引领和基础保障作用;②深入实施创新驱动发展战略,塑造高质量发展新优势,要求加快培育公路交通发展新动能;③服务区域协调发展,支撑国家重大战略实施,要求公路交通进一步提高供给有效性和适配性;④增进民生福祉,满足人民群众对美好生活的需要,要求提供更高品质的公路出行服务;⑤加快发展现代产业体系,建设现代流通体系,要求进一步提升公路货运物流效率;⑥统筹发展和安全,构建生态文明体系,要求公路交通更加注重安全保障和绿色发展;⑦推进国家治理体系和治理能力现代化,破解体制机制障碍,要求全面提升行业治理效能;⑧加快建设交通强国,构建现代化高质量综合立体交通网,要求推进公路交通与其他运输方式一体化融合发展。

3. 阶段特征

"十四五"时期,是开启加快建设交通强国新征程、推动公路交通高质量发展的关键期。从需求规模和结构看,在运输量稳步增长的同时,随着运输结构的调整,公路中长途营业性客运和大运量长距离货运占比将逐步下降。从需求质量看,将由"保基本、兜底线"向"悦其行、畅其流"转变。从需求类型看,公路交通在不同区域呈现出更加多样化、差异化的发展态势。从发展重点看,基础设施建设任务仍然较重,提质增效升级和高质量发展要求更加迫切。从发展动力看,将由依靠传统要素驱动向更加注重创新驱动转变。

4. 发展目标

到 2025 年,安全、便捷、高效、绿色、经济的现代化公路交通运输体系建设取得重大进展,高质量发展迈出坚实步伐,设施供给更优质、运输服务更高效、路网运行更安全、转型发展更有力、行业治理更完善,有力支撑交通强国建设,适应经济高质量发展要求,满足人民美好生活需要。

(1)设施供给更优质。高速公路通达城区人口10万以上市县,基本实现"71118"国家高速公路主线贯通,普通国道等外和待贯通路段基本消除,东中部地区普通国道基本达到二级及以上公路标准,西部地区普通国道二级及以上公路比重达70%,沿边沿海国道技术等级结构显著改善,乡镇通三级及以上公路、较大人口规模自然村(组)通硬化路比例均达到85%,路网结构进一步优化,网络覆盖更加广泛。

(2)运输服务更高效。路况水平进一步改善,高速公路优等路率保持在90%以上,普通国道、普通省道优良路率分别保持在85%和80%以上,农村公路优良中等路率保持在85%以上。城乡交通运输一体化发展水平进一步提高。"一站式"旅客出行得到广泛应用,旅客出行体验显著改善。多式联运加快推广,"一单制"服务方式积极推进,内外联通、安全高效的物流网络加快形成。出行信息发布更加及时精准高效,信息发布方式更加丰富多样,公路出行信息服务水平大幅提高。

(3)路网运行更安全。设施安全防护水平进一步提高,高速公路一、二类桥梁比例达到95%,普通国省干线公路一、二类桥梁比例达到90%,国省干线公路新发现四、五类桥梁(隧道)处治率达100%,到2023年底和2025年底,分阶段完成国省干线公路和农村公路2020年底存量四、五类桥梁(隧道)改造。道路运输较大及以上等级行车事故万车死亡人数下降率达20%。路网运行监测覆盖范围更加广泛,公路交通应急救援体系基本建成。

(4)转型发展更有力。公路交通数字化、智能化水平显著提升,传统基础设施建设与"新基建"融合创新发展取得突破,基础设施和运载装备全要素、全周期的数字化升级迈出新步伐,全程电子化出行服务体系基本形成。绿色交通发展取得显著成效,资源集约节约利用水平明显提升,先进适用的新能源和清洁能源装备全面推广,公路交通运输领域碳排放强度和污染物排放强度明显下降。

(5)行业治理更完善。行业管理体制机制进一步完善,法律法规、标准规范更加健全。"放管服"改革深入推进,事中事后监管能力持续增强,信用体系建设进一步深化,信息系统安全防护水平进一步提升,公路交通人才队伍更加精良专业,人民群众对公路交通运输服务的满意度显著提高。

我国公路交通的发展目标是，到 2035 年，基本建成安全、便捷、高效、绿色、经济的现代化公路交通运输体系，基础设施网络趋于完善，运输服务质量效率全面提升，先进科学技术深度赋能公路交通发展，平安、绿色、共享交通发展水平和行业治理能力明显提高，人民满意度大幅提升，支撑"全国 123 出行交通圈""全球 123 快货物流圈"和国家现代化建设能力显著增强。

1.2　公路工程项目管理特点及发展趋势

1.2.1　项目与工程项目

1. 项目的定义及特征

项目的一般定义是指一个企业或组织在一定的约束条件下（如时间、资金、资源和人员）为实现既定的目标而开展的、具有一定独特性的一种一次性活动或工作。例如一条公路或者某个港口的修建，某种产品的研发等。

项目是一个动态的概念，主要侧重于过程。如美国项目管理协会认为项目是为提高或改善某项独特产品、服务或成果而进行的一次性的努力；德国研究机构认为在总体上符合以下三个条件的一次性任务就是项目，即具有预定的目标，具有时间、财力、人力和其他限定条件，具有专门的组织。

上述项目定义表现出项目的特征，即一次性、独特性、多目标性、组织的临时性和开放性、生命周期性、资源约束性、不确定性和冲突性。项目通常由项目范围、组织结构、质量、成本和进度五个要素组成，从而使项目能够在规定的时间范围内尽可能达到既定的结果。

2. 工程项目

以项目种类的最终成果或专业特征作为分类标志，则项目可划分为：金融投资项目、软件开发项目、科研项目、工程项目、航空航天项目、维修项目、服务咨询项目等。有针对性地进行管理，以提高完成任务的效果水平是项目分类的最终目的。在各种项目分类中数量最大的一类是工程项目，工程项目是以工程建设为载体的项目，它除了具有普通项目的共性外，还具有流动性、露天性、项目产品固定、体形庞大等特点。它可以按不同的标准划分为不同类别，例如既可以按专业分为公路工程、建筑工程、桥梁工程、轨道工程、隧道工程等项目,也可以按管理者不同划分为建设项目和施工项目等。总的来说,工程项目就是最终成果以"工程"的形式展示的项目。

1.2.2 项目管理与工程项目管理

1. 项目管理的概念及知识体系

1)项目管理的概念及特征

项目管理按字面意思理解就是对项目进行管理。美国项目管理协会对项目管理的定义是:为了达到甚至是超越项目干系人对项目的需求和期望,而将项目的相关理论知识、技能和技巧等应用到实际项目的活动中的行为。有学者认为项目管理就是指项目管理者为了实现项目的预定目标,在有限的资源约束下,达到甚至是超越项目干系人对项目的需求并按照客观规律的要求,运用各种理论知识、技术和技巧等,同时运用系统工程的理论与方法,对正在执行中的项目的各个阶段活动进行计划、执行、控制等操作,以取得良好效益的各项活动总称。项目管理既是一门科学又是一门艺术:其是一门科学,表现在它使用各种图标、数值等客观事实依据来分析并解决问题;其是一门艺术,则表现在它受人际关系、组织行为、经济发展等因素的制约。项目管理具有如下基本特征。

(1)复杂性。项目管理一般由多个部分组成,工作跨越多个组织,需要运用不同领域的学科知识来共同解决问题。项目管理过程中会遇到各种各样的影响因素,这些影响因素决定了项目管理是一项复杂的综合性管理工作。

(2)普遍性。我们在日常生活、工作和学习当中需要经常处理各种各样的项目,即项目管理普遍存在。

(3)创造性。由于每个项目都具有独特性,没有一个通用的管理模板或方法,所以需要通过创新的管理方法来根据不同的项目进行不同的管理。

(4)临时性。由于项目具有临时性、一次性的特点,而项目管理组织是随项目的启动而建立,随项目的结束而解散的,所以项目管理具有临时性特征。

(5)集权性。项目管理组织是为了完成某个特定项目目标而从不同部门调用不同专业和不同职位的人员组成一个项目经理部,它需要领导集权来管理和约束整个组织,因此,它具有集权性。

(6)系统性。项目由许多个活动组成,且各个活动之间存在着复杂的关系,加之项目执行周期长等因素,这些都要求项目管理者需要用系统工程的理论和思想进行全面的管理。

2) 项目管理知识体系

在项目管理中所需要开展的各项管理活动,需要使用的相关理论知识、方法和工具,以及所涉及的各种角色间的相互关系等一系列内容的总称即项目管理知识体系。项目管理知识内容可以通过不同的方式来组织和整理,从而形成具有不同特点的项目管理知识体系。当前比较流行的两个项目管理知识体系是:①由国际项目管理协会编制的以欧洲国家为主体对象的项目管理知识体系——国际项目管理专业资质标准(IPMA competence baseline,ICB);②由美国项目管理协会编制的知识体系——项目管理知识体系(project management body of knowledge,PMBOK)。上述两种知识体系各有优点,此部分主要介绍美国项目管理协会编制的项目管理知识体系。该项目管理知识体系主要包含9个领域,分别是项目整体管理、项目范围管理、项目时间管理、项目成本管理、项目质量管理、项目人力资源管理、项目沟通管理、项目风险管理和项目采购管理。它们之间的相互关系如图1.1所示。

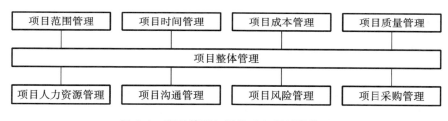

图1.1 项目管理知识体系各领域间关系

2. 工程项目管理的内涵、特点及管理模式

1) 工程项目管理的内涵

工程项目管理的内涵是自项目开始至项目完成,通过项目策划和项目控制,以使项目的费用目标、进度目标和质量目标得以实现。其中,"自项目开始至项目完成"指的是项目的生命周期;"项目策划"指的是目标控制前的一系列策划和准备工作;"费用目标"对业主而言是投资目标,对施工方而言是成本目标。项目决策期管理的主要任务是确定项目的定义,而项目实施期管理的主要任务是通过管理使项目的目标得以实现。

工程项目管理的客体是具有明确目标的项目,其中有些目标是项目本身所要求的,有些目标是项目相关方所期望的,这些目标需要项目管理者加以识别或确定。没有明确目标的工程项目不是项目管理的对象。工程项目是一个复杂的系统,包含许多相互关联又相互矛盾的要素,受到许多因素的影响和干扰,需要通过许多相关方的共同努力和协作才能完成。

工程项目涉及建设单位、设计单位、施工单位、咨询单位、供应商、用户、政府、金融机构、公用设施(服务)和社会公众等众多利害相关方。其中建设单位、设计单位、施工单位、咨询单位、供应商和政府是工程项目最直接的相关方,这些相关方都需要对其相关的部分进行管理,建设单位需要对建设项目进行管理,简称为建设项目管理(OPM);设计单位需要对设计项目进行管理,简称为设计项目管理(DPM);施工单位需要对施工项目进行管理,简称为施工项目管理(CPM);供应商需要对供应项目进行管理,简称为供应项目管理(SPM);咨询单位需要对咨询项目进行管理,简称为咨询项目管理;政府需要对工程项目实施监督管理,简称为政府监督管理。所以,可以认为工程项目管理是一个涵盖多主体的项目管理。

2) 工程项目管理的特点

工程项目管理具有以下特点。

(1)具有明确目标。工程项目管理的对象是具有明确目标的项目,没有明确目标或目标模糊的项目不是工程项目管理的对象。工程项目目标繁多,有总目标和子目标,有功能性目标和过程性目标,有总体性目标和阶段性目标。工程项目的目标是一个完整的体系,目标之间存在着既相互联系又相互对立的关系,即对立统一的关系。

(2)具有系统性。工程项目管理的对象是一个系统,该系统是由若干既相互联系又相互制约的要素组成的。要实现工程项目的目标,就必须进行项目的整体管理,用统筹的、全局的思维对待每一个局部和个体。各子系统之间、各目标之间关系的处理应遵循系统法则,既应考虑到各自具有独立性,又应考虑到它们同处于一个大系统中,将其有机地联系在一起,使总体实现最优。

(3)具有规范性。工程项目的实施过程存在其规律性,既有程序上的规律性,又有技术上的规律性,还有管理上的规律性。遵循其规律性进行管理则行之有效,违反其规律性进行管理则难以成效。工程项目管理是针对工程项目的客观规律所形成的一门科学,有与其相适应的理论、原理、方法、内容、规则和规律,已经被人们所公认、熟悉和应用,形成了规范和标准,被广泛应用于项目管理实践,使工程项目管理成为专业性、规律性、标准化的管理。所以,工程项目管理是规范化的管理。

（4）具有专业性。工程项目管理具有丰富的专业内涵，涉及工程项目组织、决策、采购、目标、范围、风险、生产要素、信息和现场等专业内容。所以工程项目管理应是专业化的管理。

（5）具有特殊性。工程项目管理必须根据工程项目的自身特点，采用与之相适应的理论体系、方法体系和知识体系。

工程项目管理的目的是实现工程项目的预期目标，包括工程项目的时间、费用、质量和安全等目标，并使项目利害相关方都满意。

3）工程项目管理模式

工程项目管理模式指项目发起人或项目管理公司对项目管理的运作方式。近年来，一些国际上比较先进的工程公司和项目管理公司为适应项目建设大型化、一体化以及项目大规模融资和分散项目风险的需要，已形成多种较为成熟的项目管理模式，并且这些模式不断得到创新和完善。其主要包括以下几种类型。

（1）平行承发包模式。

平行承发包模式（即传统模式）是以总包商为基础的项目管理模式，其运作程序为设计—招投标—施工竣工验收，如图1.2所示。

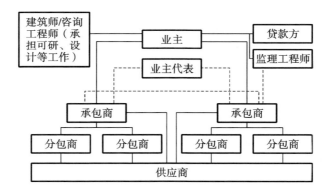

图 1.2 平行承发包模式

注：实线表示合同关系，虚线表示工作关系。

该模式中承包商一般不从事设计任务，只是按照图纸施工。由业主委托的建筑师或咨询工程师承担着比较重要的角色。他们的工作包括方案设计、初步设计和施工图设计，为业主编制招标文件、招标后评标并向业主推荐承包商。建筑师或咨询工程师代表业主与中标的承包商进行签约前的合同谈判，最后为业主准备承包工程施工合同文本。在施工开始后建筑师或咨询工程师受业主委托对工程项目进行管理。

(2)建筑工程管理模式(construction management,简称 CM 模式)。

建筑工程管理模式又称阶段发包方式或快速轨道方式,是近年来在国外广泛流行的一种合同管理模式。这种模式与过去那种设计图纸全部完成后才进行招标的传统的连续建设模式不同。CM 模式的特点在于:由业主和业主委托的 CM 经理与建筑师组成一个联合小组共同负责组织和管理工程的规划、设计和施工,但 CM 经理对设计的管理是协调作用。CM 经理在进行项目的总体规划、布局和设计时,要考虑到控制项目的总投资,在主体设计方案确定后,随着设计工作的进展,完成一部分分项工程的设计后,即对这一部分分项工程进行招标,发包给一家承包商,由业主直接就与每个分项工程与承包商签订合同。

CM 模式有多种组织方式,常见的有代理型 CM 模式和风险型 CM 模式两种,如图 1.3 所示。代理型 CM 模式是一种较为传统的做法,在这种模式中,CM 经理是业主的咨询单位和代理,业主和 CM 经理的服务合同采用的是以固定酬金加管理费的方法,业主在各施工阶段和承包商签订施工合同。这种方法的优点在于业主可以自由地选择建筑师、工程师,在招标前可确定完整的工作范围和项目原则,可以有完善的管理和技术支持。缺点是在明确整个项目的成本之前,投入较大;CM 经理不对进度和成本作出保证;索赔与变更的费用较高,即业主

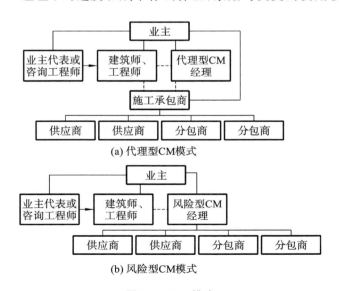

图 1.3 CM 模式

注:实线表示合同关系,虚线表示工作关系,箭头表示单向关系。

风险很大,任务很重。

风险型 CM 模式中,CM 经理同时也承担施工总承包商的角色,一般业主要求 CM 经理提出最大工程费用保证以确保业主的投资控制,如最后结算超支,超过部分由 CM 公司赔偿;如有节约,则由业主和承包商按约定比例分成。

(3)工程项目总承包模式(EPC 模式)。

EPC 模式是为满足业主要求承包商提供全面服务的需要而产生的,通常由一家大型建筑施工企业或承包商联合体承担大型和复杂工程的设计、设备采购、工程施工直至交付使用的"交钥匙"承包模式。EPC 模式一般应用于资金投入量大、技术要求高、管理难度大的工业建筑,如石油化工、制造业、电力、供水等项目。在 EPC 模式中,业主一般不再聘请工程咨询公司为其服务,往往由业主来管理工程项目,EPC 总承包商承担了工程项目的全部责任,因此要求 EPC 总承包商具备融资能力、复杂项目管理能力,熟知国际金融以及采购的国际惯例。EPC 模式如图 1.4 所示。

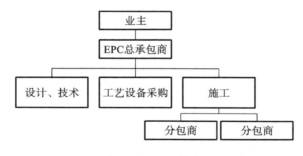

图 1.4 EPC 模式

(4)设计建造模式(D-B 模式)。

D-B 模式中,咨询工程师工作包括编制招标文件,主要传达业主的要求并提供概念设计及工艺流程系统图;设计-建造承包商则承担了工程项目从设计到施工再到竣工验收的全部责任。业主代表需要做好协调、督促工作,并检查 D-B 总承包商按合同要求实施项目的情况。D-B 模式如图 1.5 所示。

(5)管理承包模式(MC 模式)。

MC 模式是指业主直接找一家公司进行管理承包,其特点在于:MC 承包商须与业主的专业咨询顾问(如建筑师、工程师、测量师等)进行密切合作,对工程进行计划管理、协调和控制。工程的实际施工由各个承包商承担,承包商负责设备采购、工程施工以及对分包商的管理。

MC 模式有两种形式。①图 1.6(a)中,MC 承包商只负责对施工总承包商

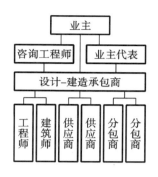

图 1.5 D-B 模式

的管理工作,代替业主行使对工程项目的计划、监督、协调等职能;②图 1.6(b)中,MC 承包商还承担了施工总承包商的工作,对工程项目进行招标,选择合适的分包商以及材料设备供应商。

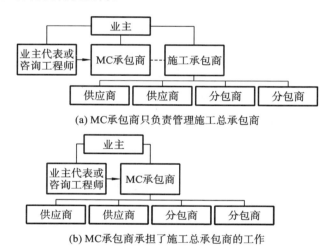

(a) MC 承包商只负责管理施工总承包商

(b) MC 承包商承担了施工总承包商的工作

图 1.6 MC 模式

注:实线表示合同关系,虚线表示工作关系,箭头表示单向关系。

(6)建设-经营-转让模式(BOT 模式)。

BOT 模式一般适用于政府公共工程项目,它是政府吸引非官方资本加入基础设施建设的一种融资、建造、特许经营的项目实施模式,见图 1.7。我国第一个 BOT 模式国家试点项目为广西来宾 B 电厂工程(1996 年),总投资 6.16 亿美元,由法国电力公司和阿尔斯通公司联合承担,建成后负责经营 15 年,然后将电厂移交广西壮族自治区人民政府。

13

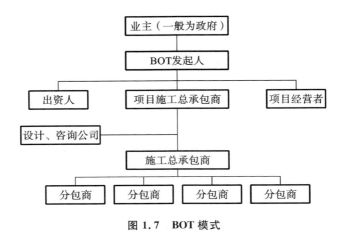

图 1.7 BOT 模式

采用 BOT 模式建设项目成功的关键是融资和项目风险的分担,由于实施 BOT 模式的项目一般资金投入量大,施工周期长,投资回收期也较长,因此在项目实施过程中往往会涉及工程建造风险、项目运营风险及融资中的金融风险。

1.2.3 工程项目管理发展趋势

1) 国际化趋势

随着我国改革开放的进一步加快,国内企业走出国门在海外投资和经营的项目也在增加,许多项目要通过国际招标、咨询或 BOT 方式运作,项目管理的国际化正形成趋势和潮流。特别是我国加入世界贸易组织后,行业壁垒下降,国内市场国际化,国内外市场全面融合。面对日益激烈的市场竞争,我国的企业必须以市场为导向,转换经营模式,增强应变能力,勇于进取,在竞争中学会生存,在拼搏中寻求发展。

项目管理国际化趋势的另一方面表现在:国际项目管理协会发挥更大作用,国际间的学术交流日益频繁。国际项目管理协会(IPMA)是以欧洲国家为主体组成的,我国项目管理委员会也已加入该协会,成为其成员单位。由于项目管理的普遍规律和许多项目的跨国性质,各国专家都在探讨项目管理学科的国际通用体系。

2) 信息化趋势

随着互联网走进千家万户以及知识经济时代的到来,项目管理的信息化已成必然趋势。21 世纪的主导经济、知识经济已经来临,与之相应的项目管理也成为一个热门前沿领域。知识经济时代的项目管理是通过知识共享、运用集体智慧来提高应变能力和创新能力。目前一些发达国家的一些项目管理公司已经在项目管理中运用了计算机网络技术,开始实现了项目管理网络化、虚拟化。另外,许多项目管理公司也开始大量使用项目管理软件进行项目管理,同时还从事项目管理软件的开发研究工作。种种迹象表明21世纪的项目管理将更多地依靠计算机技术和信息技术,新世纪的项目管理必将成为信息化管理。

3) 全寿命管理

全寿命管理即为建设一个满足功能需求和经济上可行的工程项目,对其从工程项目前期策划,直至工程项目拆除的全过程进行策划、协调和控制,以使该项目在预定的建设期限内、在计划投资范围内顺利完成建设任务,并达到所要求的工程质量标准,满足投资商、项目经营者以及最终用户的需求;在项目运营期进行物业的财务管理、空间管理、用户管理和运营维护管理,以使该项目创造尽可能大的有形和无形的效益。

4) 集成化

所谓工程项目管理的集成化就是利用项目管理的系统方法、模型、工具对工程项目相关资源进行系统整合,并达到工程项目设定的具体目标和投资效益最大化的过程。例如"SIPOC"工程项目管理模型将工程项目的过程简单描述为:S为供应商,I为工程项目输入,P为工程项目的系统处理过程,O为工程项目输出,C为客户。它将工程项目的利害关系和工程项目的过程作为一个完整的整体进行研究,揭示了工程项目的系统集成是工程项目内在本质的要求。

5) 合作管理

传统的建设合同中,业主与承包商往往视彼此为对手,这导致了工作效率的降低和建设成本的增加。因此,业主们试图寻找一种新的模式来处理与承包商之间的工作关系。于是,合作管理开始为人们所重视和使用。合作管理模式,是指业主与工程参与各方在相互信任、资源共享的基础上达成一种短期或长期的协议;在充分考虑参与各方利益的基础上确定建设工程共同的目标;建立工作小组,及时沟通以避免争议和诉讼的产生,相互合作、共同解决建设工程实施过程中出现的问题,共同分担工程风险和有关费用,以保证参与各方目标和利益的实现。选择了合作管理模式,就应为达到"双赢"局面而努力。因此,人际关系、权力的平衡和各方股东利益的满足是合作管理模式需要解决的问题。

6）工程项目总控

工程项目总控模式于20世纪90年代中期在德国首次出现并形成相应的理论。我国于1998年首次引进该模式。工程项目总控是指以独立和公正的方式，对工程项目实施活动进行综合协调，围绕工程项目的费用、进度和质量等目标进行综合系统规划，使工程项目的实施成为一种可靠安全的目标控制机制。它通过对工程项目实施的所有环节进行调查、分析、建议和咨询，提出对工程项目实施切实可行的建议方案，为工程项目的管理层决策提供参考。根据建设工程的特点和业主方组织结构的具体情况可以分为单平面和多平面两种类型。

7）代建制项目

代建制最早起源于美国的建设经理制。建设经理制是指业主委托一个称为建设经理的人来负责整个工程项目的管理，包括可行性研究、设计、采购、施工、竣工试运行等工作，但不承包工程费用。建设经理作为业主的代理人，在业主委托的业务范围内以业主名义开展工作（如有权自主选择设计师和承包商），业主则对建设经理的一切行为负责。代建制则是指项目业主通过招标的方式，选择社会专业化的项目管理单位（代建单位），负责项目的投资管理和建设组织实施工作，项目建成后交付使用单位的制度。代建单位具有项目建设阶段的法人地位，拥有法人权利（包括在业主监督下对建设资金的支配权），同时承担相应的责任（包括投资保值责任）。2004年7月16日，国务院发布了《关于投资体制改革的决定》，决定指出："加强政府投资项目管理，改进建设实施方式。"对非经营性政府投资项目加快推行"代建制"，即通过招标等方式，选择专业化的项目管理单位负责建设实施，严格控制项目投资、质量和工期，竣工验收后移交给使用单位。与建设经理制相比，无论是在代理人的定义上还是在选择程序上，代建制都更具科学性和先进性。因此，代建制将是我国工程项目管理的发展趋势。

1.3　项目管理组织

1.3.1　公路工程项目管理组织的概念和职能

1. 概念

公路工程项目管理组织，是指为进行工程项目管理、实现组织职能而进行的组织系统的设计与建立、组织运行和组织调整三个方面工作的总称。组织系统的设计与建立,是指经过筹划、设计、建成一个可以完成施工项目管理任务的组织机构,建立必要的规章制度,划分并明确岗位、层次、部门的责任和权力,建立和形成管理信息系统及责任分工系统,并通过一定岗位和部门内人员的规范化的活动和信息流通实现组织目标。组织运行是指在组织系统形成后,按照组织要求,由各岗位和部门实施组织行为的过程。组织调整是指在组织运行过程中,对照组织目标来检验组织系统的各个环节,并对不适应组织运行和发展的方面进行改进和完善。

2. 职能

组织职能是项目管理基本职能之一。公路工程项目管理组织职能主要包括以下几个方面。

(1)组织设计。包括选定一个合理的组织系统,划分各部门的权限和职责,确立各种基本的规章制度。

(2)组织联系。规定组织机构中各部门的相互关系,明确信息流通和信息反馈的渠道以及它们之间的协调原则和方法。

(3)组织运行。按分组的责任完成各自工作,规定各组织的工作顺序和业务管理活动的运行过程。组织运行要抓好三个关键性问题,一是人员配置,二是业务关系,三是信息反馈。

(4)组织行为。应用行为科学、社会学及社会心理学原理来研究、理解和影响组织中人们的行为、言语、组织过程、管理风格以及组织变更等。

(5)组织调整。根据工作的需要和环境的变化,分析原有项目组织系统的缺陷、适应性和效率,对原有组织系统进行调整或重新组合,包括组织形式的变化、人员的变动、规章制度的修订和废止、责任系统的调整及信息流通系统的调整等。

1.3.2 公路工程项目管理机构的设置

1. 项目管理组织机构设置的原则

公路工程项目管理组织机构的设置,应遵循以下六项基本原则。

(1)目的性。一是明确工程项目管理总目标,并以此为基本出发点和依据,将其分解为各项分目标、各级子目标,建立一套完整的目标体系。二是各部门、层次、岗位的设置,各级关系的安排,各项责任制和规章制度的建立,信息交流系统的设计,必须服从各自的目标和总目标,做到与目标相一致,与任务相统一。

(2)效率性。尽量简化机构,各部门、层次、岗位的职责分明,分工协作。要避免业务量不足,人浮于事或相互推诿的现象发生。通过考核选聘素质高、能力强、称职敬业的各种工作人员。领导班子要有团队精神,减少内耗。

(3)管理跨度与管理层次的统一。根据工程项目的规模确定合理的管理跨度和管理层次,设计切实可行的组织机构系统。应使整个组织机构的管理层次适中,减少设施,节约经费,加快信息传递速度和效率;使各级管理者都拥有适当的管理范围,能在职责范围内集中精力、有效管理,同时还能调动下级人员的积极性、主动性。

(4)业务系统化管理。协调各不同单位工程、不同组织、工种、作业活动,不同职能部门、作业班组,以及和外部单位、环境之间的相互衔接、相互制约的业务关系。管理组织机构的层次、部门划分、岗位设置、职责权限、人员配备、信息沟通等方面,应适应项目施工活动的特点,有利于各项工作的进行,充分体现责、权、利的统一。管理组织机构和工程项目施工活动应与生产业务、经营管理相匹配,形成上下一致、分工协作的严密、完整的组织系统。

(5)弹性和流动性。工程项目管理组织机构应能适应工程项目生产活动单件性、阶段性、流动性的特点,具有弹性和流动性。在施工的不同阶段,当生产对象数量、要求、地点等条件发生改变时,在资源配置的品种、数量发生变化时,工程项目管理组织机构都能及时做出相应调整和变动。工程项目管理组织机构要适应工程任务的变化,对部门设置增减、人员安排合理流动,始终保持在高效、合理的水平上。

(6)与企业组织一体化。工程项目组织机构是企业组织的有机组成部分,企业是工程项目组织机构的上级领导。企业组织是项目组织机构的母体,项目组织形式、结构应与企业母体相协调、相适应,体现一体化的原则,以便于企业对其进行领导和管理。在组建工程项目组织机构,以及调整、解散项目组织时,项目经理由企业任免,人员一般都来自企业内部的职能部门等,并根据需要在企业组织与项目组织之间流动。在管理业务上,工程项目组织机构接受企业有关部门的指导。

2. 项目管理组织机构的设置程序

公路工程项目管理组织机构的设置程序如图 1.8 所示。

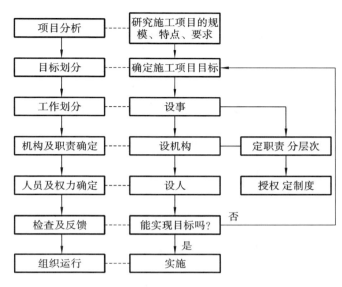

图 1.8 公路工程项目管理组织机构的设置程序

1.3.3 公路工程项目管理组织的结构形式

公路项目管理组织的结构形式应根据项目规模及特点、项目承包模式、项目管理单位自身情况等确定。常见的公路工程项目管理组织的结构形式有如下几种。

1) 线性组织结构

线性组织结构是一种最简单的组织机构形式。在这种组织机构中,各种职位均按直线垂直排列,项目经理直接进行单线垂直领导。线性组织机构如图 1.9 所示。

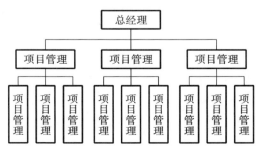

图 1.9 线性组织机构示意图

线性组织结构的主要优点是结构简单,权力集中,易于统一指挥,隶属关系明确,职责分明,决策迅速。缺点是由于不设职能部门,领导没有参谋和助手,要求领导者通晓各种业务,成为"全能式"人才。

2) 职能组织机构

职能组织机构是在各管理层次之间设置职能部门,各职能部门分别从职能角度对下级执行者进行业务管理。在职能组织机构中,各级领导不直接指挥下级,而是指挥职能部门。各职能部门可以在上级领导的授权范围内,就其所辖业务范围发布命令和指示。职能组织机构如图1.10所示。

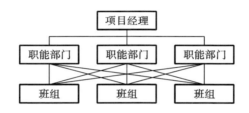

图1.10 职能组织结构示意图

职能组织机构的主要优点是强调管理业务的专门化,有利于发挥各类专家在项目管理中的作用。管理人员工作单一,易于提高工作质量,同时可以减轻领导者的负担。缺点是由于这种机构没有处理好管理层次,形成多头领导,使下级执行者接受多方指令,容易造成职责不清。

3) 矩阵组织机构

矩阵组织机构是把按职能划分的部门和按工程项目设立的管理机构,依照矩阵方式有机地结合起来的一种组织机构形式。这种组织机构以工程项目为对象设置,各项目管理机构内的管理人员从各职能部门临时抽调,由项目经理统一管理,待工程完工交付后又回到原职能部门或其他工程项目的组织机构中工作。矩阵组织机构如图1.11所示。

矩阵组织机构的优点是能根据工程任务的实际情况灵活地组建与之相适应的管理机构,具有较大的机动性和灵活性。它实现了集权与分权的最优结合,有利于调动各类人员的工作积极性,使工程项目管理工作顺利进行。但矩阵组织机构经常变动,稳定性差,尤其是业务人员的工作岗位频繁调动。此外,矩阵中的每一个成员都受项目经理和职能部门经理的双重领导,如果处理不当,会造成矛盾,产生扯皮现象。

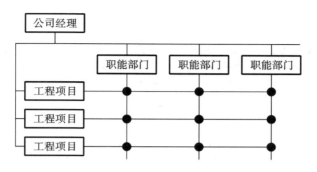

图 1.11 矩阵组织机构示意图

　　选择什么样的项目管理组织形式,应由公路工程施工企业做出决策。要将企业的素质、任务、条件、基础,同施工项目的规模、性质、内容、要求的管理方式结合起来分析,选择最适宜的项目管理组织形式,不能生搬硬套某一种形式,更不能不加分析地盲目做出决策。

第 2 章　公路工程项目进度管理

2.1　公路工程项目进度管理概述

2.1.1　项目进度管理理论

1. 项目进度管理定义

项目进度管理是一个建立在进度管理基础上的概念,它是指结合具体项目的进度目标,科学合理地编制系统的进度计划,然后在实际项目执行中实时对项目进度进行核实和检查,若发现实际进度与计划进度之间存在偏差,则及时分析引起此状况的原因,并制定有效的整改措施,以修正进度偏差。

进度是项目管理中的主要控制目标之一,特别是在公路施工工程中,进度管理已经成为每个专家和工程人员关注的重点。在公路工程中,进度管理的重点是保证每一项工作的按期完成,并保证整体工期在计划工期之内。具体而言,项目进度管理的内容有 P(计划)、D(执行)、C(检查)、A(修正),在具体进度管理中,需要将这四个步骤不断循环,才能使进度管理工作趋于螺旋式发展。

2. 项目进度管理过程

(1)进度计划的编制。项目进度计划编制是根据项目工期要求,基于环境、资源等约束条件对工程项目工作进行分解的过程,通过进度计划编制使各工序之间的逻辑关系以及工作任务得到明确。进度计划可以运用甘特图或者网络图进行表达。

(2)进度计划的优化。在进行了初始的施工进度计划编制后需要从施工成本以及资源等方面对进度计划进行进一步优化,并将计划进行工期、费用以及资源优化。工期优化是在不改变进度计划与各工序逻辑的情况下,对关键工作进行压缩而满足实际计划工期的优化过程,为了有效缩短工期,需要将进度计划中的多条关键线路总时间压缩为同一数值。

直接费用和间接费用构成了工程费用,施工方案以及工期将对直接费用造成直接影响,间接费用则受到施工工时的影响。要实现工程费用的优化,需要从缩短工期入手,减少直接费用与间接费用,通过每个工期的直接费用与间接费用叠加,求出费用最低时对应的最优工期。

资源优化是基于进度计划进行施工日期与结束日期时间段改变,基于"资源有限、工期最短"以及"工期固定、资源均衡"使计划满足资源分配需求,延长工期以及保持工期既定,调整资源分配,达到资源最优目的。

（3）施工进度控制。施工进度控制主要包括实时了解工程项目进展、分析进度出现偏差的原因、基于实际情况进行进度偏差调整三个方面内容。在实际施工中,由于不同工程项目在施工环境以及人员、资源配置上存在一定差异性,需要基于实际进度与进度计划之间的偏差分析原因,给出相应的整改意见,避免工程进度目标由于偏差问题不能及时解决而出现延误。

2.1.2 工程项目进度管理理论

1. 工程项目进度管理内涵

将项目管理的思路引入工程项目中,即形成了工程项目管理的概念。工程项目进度管理即针对某个特定工程,将实际进度情况与进度计划进行对照,并开展实时调整的过程。工程项目进度管理的主旨在于保证总工期满足计划工期,其关键在于控制每一项任务的工期。

工程项目进度管理是工程项目管理的重要组成部分,并不是独立的一项工作,与造价管理和质量管理之间存在密切的联系,既互相对立,又相互统一。如果想要加快施工进度,必然需要增加成本投入。如果一味地追求进度,那么容易导致工程质量受到影响,同样,如果只注重施工质量,进度必然会被拖延,两者必须兼顾。由此可见,在工程项目进度管理过程中,必须考虑到进度、质量、成本之间的关系,决不能只抓一面,以保证工程获得良好的综合效益。

2. 工程项目进度管理影响因素

影响工程项目实际进度的因素很多,从责任方可划分为:承包商因素和非承包商因素。承包商因素是指承包方所导致的因素影响了进度拖延,这类进度拖延可称为延误。而由承包方以外所导致的影响因素为非承包商因素,这类进度拖延可称为延期。

非承包商因素又可细分为三种。①政策因素，土地未及时交付，房屋拆迁等未及时处理，影响施工组织；相关许可未及时办理，施工单位需等待；建设资金不到位，影响建筑材料采购、民工工资支付等。②勘察设计因素，如勘察资料不准确、设计考虑不周等。③不可抗力因素，如不利天气影响、政治事件、突发公共卫生事件等。

施工承包商因素包括施工组织设计不合理、施工技术应用不可靠；组织管理因素，如进度计划不合理、组织协调不力等；物资供应因素，如供应环节有差错、材料不符合要求、资金不到位等。

3. 工程项目进度管理措施

工程项目进度管理的主要措施包括：组织措施、技术措施、经济措施和合同措施。

组织措施是指从进度目标控制的组织管理入手，落实建设、监理、设计、施工等单位的组织机构和人员，明确各方职责，制定相关制度和工作方法。

技术措施是指采用能够加快进度的施工技术和管理方法，例如工程技术方案、网络计划技术、横道图比较法等，对项目进度进行科学的计划，合理安排各项工作的持续时间，掌握进度偏差，并对偏差进行调整，达到项目的进度目标。

经济措施是指为项目进度管理提供资金保障，建立奖惩机制，及时支付预付款和工程进度款，加强变更、索赔管理等。

合同措施是进度控制的依据，包括确定有利的管理模式和合同结构、拟定合同条款、处理合同执行和索赔等问题。

4. 工程项目进度管理方法

1）工作分解结构法

工程项目分解结构法是将一个复杂的工程项目分解成若干个工作单元，通过确定这些单项工作的逻辑顺序、所需时间、成本和质量，来确定项目的责任体系，实现项目预期的目标。工程项目分解结构法运用了工作分解结构的原理。

工作分解结构法，即 WBS（work breakdown structure）方法，是对工程项目范围内的工作进行分解和定义的方法，是编制项目进度计划的基础。常见的工作分解结构法有结构化分解法和过程化分解法。

工程项目分解结构法是以工程技术和施工过程为依据，按照规律对工程项目进行自上而下、由粗到细的分解,基本步骤是:①分析工程项目的主要交付成果以及其预期目标,将项目分解成各个单项工程;②研究各个单项工程的功能和特点,以及完成所需的工程量,将单项工程再分解成若干个单位工程;③将单位工程再分解成分部分项工程,确定每个工程是否分解得足够具体;④将各层次工程绘制为工程项目分解结构图。

2)网络计划技术

网络计划技术是用于计划和控制工程项目的一种管理技术,包括网络计划图、关键工作、关键线路等内容。在网络计划图中,按照工程的逻辑关系将工程项目的各项工作,用节点和箭线由左向右来绘制。工程项目的网络计划图可分为单代号网络计划图和双代号网络计划图。单代号网络计划图是用节点表示工作,在节点中记录必要的信息,用箭线表示工作的逻辑关系。双代号网络计划图是用箭线表示工作,在箭线上记录必要的信息,箭尾的节点表示工作开始,箭头的节点表示工作结束。某项工作用双代号网络计划图表示,如图 2.1 所示。

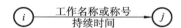

图 2.1 某项工作用双代号网络图表示

注:i 和 j 为节点编号。

在双代号网络计划图中,应遵循以下规则。

(1)网络计划图的方向、节点和线路。网络计划图是按照工程项目的工作流程、逻辑关系,由左向右绘成;在图中只能有一个起始节点表示工程项目的开始,也只有一个终点节点表示工程项目的完成,且箭尾的节点编号必须小于箭头的节点编号;线路是从起始节点沿着箭线自左向右,再经过一系列箭线和节点,最终达到终点节点的通路。

(2)平行工作、紧前工作和紧后工作。平行工作是可以与某项工作同时进行的一项工作。紧前工作是要开始或者完成一项工作后,才能开始某项工作,紧排在某项工作之前的。紧后工作是指要在某项工作开始或者完成后,才能开始的一项工作,紧排在某项工作之后的。

(3)虚工作。在双代号网络计划图中,虚工作是不消耗时间、资源的工作,只用于表示工作之间的逻辑关系,用虚箭线表示,如图 2.2 中的③→④所示。

(4)不能有缺口和回路,相邻两节点之间只能有一条箭线连接。网络计划图中的缺口和回路表示这些工作永远无法完成,因此不能出现。相邻两节点之间出现多条箭线,会造成逻辑上的混乱。

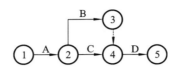

图 2.2 双代号网络图中虚工作示意图

注:①、②、③、④、⑤表示作业的开始和结束;A、B、C、D表示每项作业或任务。

(5)关键线路和关键工作。关键线路是指在各线路中各项工作的持续时间总和最大的线路。关键工作是总时差最小的工作。由关键工作组成了关键线路,同时,在关键线路上的工作为关键工作。

(6)网络计划图的布局。在网络计划图中,尽量将关键线路布置在中心位置上,按工作的逻辑关系,将关系密切的工作布置在附近。

3)横道图和横道图比较法

横道图又称为甘特图,是由美国人亨利·劳伦斯·甘特所提出的,具有形象、直观、易于编制和理解的特点。横道图包括左侧的工作名称等基本数据和右侧的横道线两部分。横道线的端点分别表示工作的开始时间和完成时间,横道线的长度对应工作的持续时间。某公路工程施工进度计划横道图如图 2.3 所示。

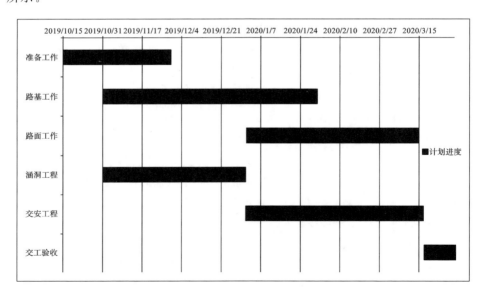

图 2.3 某公路工程施工进度计划横道图

横道图比较法是获取工程项目的实际进度,与计划进度用横道线进行并列比较,直观地反映实际进度与计划进度的比较方法。按照各项工作是否能够匀速开展,分为匀速进展横道图比较法和非匀速进展横道图比较法。在单位时间内,各项工作完成的工程量基本相等的,可采用匀速进展横道图比较法。在单位时间内,各项工作的完成工程量差别大的,用非匀速进展横道图比较法。

采用匀速进展横道图比较法的步骤如下:①编制进度计划的横道图;②确定检查日期,将收集到的实际进度,用黑色的粗实线标记于计划进度的下方,如图2.4 所示;③比较分析实际进度与计划进度。

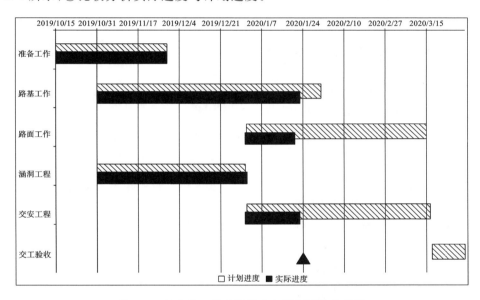

图 2.4　某公路工程实际进度与计划进度比较图

2.2　公路工程项目进度计划的编制

2.2.1　施工进度计划的作用

施工进度计划就是根据施工部署中的施工方案和工程项目的开展程序,对全工地的所有工程项目进行时间上的安排。施工进度计划既反映了工程从施工准备工作开始,直至工程竣工为止的全部施工过程,又反映了各分部、分项工程及各工序之间的衔接关系。

施工进度计划的作用,在于确定各个施工项目及其主要工种工程、准备工作和全工地性工程的施工期限及其开工和竣工的日期,从而确定公路施工现场上劳动力、材料、成品、半成品、施工机械的需要数量和调配情况,以及现场临时设施的数量、水电供应数量和能源、交通的需要数量等。施工进度计划的编制,有助于领导部门抓住关键,统筹全局,合理布置人力、物力,正确指导施工生产活动的顺利进行;有利于工人群众明确目标,更好地发挥主观能动性;有利于施工企业内部及时配合,协同作战。因此,正确地编制施工进度计划,是保证各施工项目以及整个建设工程按期交付使用、充分发挥投资效益、降低公路工程施工成本的重要条件。

2.2.2 施工进度计划的编制依据

(1)项目的工程承包合同。合同中有关工期的规定,是确定工期值的基本依据;合同规定的工程开、竣工日期,必须通过进度计划来落实。

(2)项目的施工规划与施工组织设计。这些资料明确了施工力量的部署与施工组织的方法,体现了项目的施工特点,因而成为确定施工过程中各个阶段目标的基础。

(3)设计进度计划。图纸资料是施工的依据,施工进度计划必须与设计进度计划相衔接,必须根据每部分图纸资料的交付日期,来安排相应部位的施工时间。

(4)有关现场施工条件的资料。它包括施工现场的水文、地质、气候、环境资料,以及交通运输条件、能源供应情况、辅助生产能力等。

(5)材料和设备供货计划。如果已经制定了材料和设备的供货计划,那么,项目施工进度计划必须与之相协调。

(6)已建成的同类或相似项目的实际施工进度。这是重要的参考资料。

2.2.3 施工进度计划编制的步骤

1. 划分施工项目,确定施工方法

编制工程施工进度计划时,首先要按照施工图纸和施工顺序将各个施工项目划分为若干个工序,并结合施工方法、施工条件、劳动组织等因素,加以适当调整,使其成为编制施工进度计划所需的施工过程。

划分施工项目的粗细程度时,一般要根据进度计划的需要和施工定额(施工图设计阶段按预算定额)的细目和子目填列,分项后的工程项目必须能够在定额项目表中查到。施工项目的划分要结合施工条件、施工方法和劳动组织等因素,使施工进度计划能够符合施工实际,起到真正指导施工的作用。施工项目的划分必须要结合工程结构特点进行分项填列,切不可漏列、错列和重列,以免影响进度计划的准确性。划分施工项目时,首先要安排好主导施工项目的施工进度,其他施工项目要密切配合。

2. 计算工程量与劳动量

(1)工程量计算。计算工程量应根据施工图纸和工程量计算规则进行,计算时应注意以下问题:计算工程量的单位与现行定额手册中所规定单位相一致;结合选定的施工方法和安全技术要求计算工程量;结合施工组织要求,按照施工顺序分区、分段、分层次计算工程量。

(2)劳动量计算。劳动量就是工程细目的工程量与相应时间定额的乘积。它等于施工时实际使用的劳动力数量与作业时间的乘积,或机械化施工时实际使用的机械台数与作业时间的乘积。人工操作时称为劳动量,机械作业时称为作业量,统称劳动量。

劳动量根据各分部、分项的工程量和查出的时间定额或产量定额计算,见式(2.1)和式(2.2)。

$$D = Q/C \quad (2.1)$$

或

$$D = QS \quad (2.2)$$

式中:D 为完成某施工过程所需的劳动量(工日)或机械台班数量(台班);Q 为完成某施工过程所需的工程量(单位为 m^3、m^2、t……);C 为某施工过程所需的产量定额(单位为 m^3/工日或台班、m^2/工日或台班、t/工日或台班……);S 为某施工过程所需的时间定额(单位为工日或台班/m^3、工日或台班/m^3、工日或台班/t……)。

3. 计算作业工期

计算各分部、分项工程作业工期的方法有如下两种。

(1)按计划配备在各分部、分项工程上的施工机械数量和各专业工人人数确定,见式(2.3)。

$$t = D/(R \times n) = (Q \times S)/(R \times n) = Q/(C \times R \times n) \quad (2.3)$$

式中：t 为完成某分部、分项工程的作业工期（施工天数）；D 为某分部、分项工程所需的劳动量或机械台班数量（工日或台班）；R 为某分部、分项工程所配置的工人人数或机械台数；n 为每天工作班制数；Q 为完成某分部、分项工程所需的工程量（单位为 m^3、m^2、t……）；S 为某分部、分项工程所需的时间定额（单位为工日或台班/m^3、工日或台班/m^2、工日或台班/t……）；C 为某分部、分项工程所需的产量定额（单位为 m^3/工日或台班、m^2/工日或台班、t/工日或台班……）。

在安排每班工人人数和机械台数时，应综合考虑各分项工程所安排的工人或机械都应有足够的工作面（不能少于最小工作面），以提高工作效率并保证施工安全。

(2) 根据总工期要求计算各分部、分项工程的作业工期。首先根据规定总工期和施工经验，确定各分部、分项工程的施工时间，然后再按各分部、分项工程需要的劳动量或机械台班数量，确定每一分部、分项工程每个工作班所需要的工人人数或机械台数，此时可将式(2.3)变化为式(2.4)：

$$R = D/(t \times n) = (Q \times S)/(t \times n) = Q/(C \times t \times n) \qquad (2.4)$$

式中符号意义同前。

通常计算时均先按一班制考虑。如果每天所需机械台数或工人人数已超过施工单位现有人力、物力或工作面限制，则应根据具体情况和条件从技术上和施工组织上采取积极的措施，如可采用二班制或三班制，最大限度地组织立体交叉平行流水作业等。

4. 主导工期与工作班制选择

由式(2.3)可知，当某分部、分项工程所配置的人工或机械的劳动量确定之后，可根据该项目所投入的工人人数、机械台数，求得工人以及各种机械作业的工期。其中工期最长的那个作业称为主导作业。主导作业的工期称为主导工期。一个施工过程的工期主要取决于主导工期。

主导工期的长短，主要取决于各种作业的人工或机械的实际投入量。生产过程中各种作业的人工、机械投入量是可以调节的，因此施工过程中的主导作业及其主导工期也是可变的。

在编制施工进度图时，应尽量调适各种作业所需的人工、机械投入量，使各种作业的工期一致。但在施工阶段，由于实际施工条件限制，往往不能使各种作业的工期一致，此时，则应按主导作业的主导工期绘制施工进度图，控制该施工过程的工期。而其他非主导作业所需的人工、机械量只能供统计之用。

一般情况下,应以人工作业工期为主导工期,其他作业则应调节机械投入量或作业班制。条件允许的情况下,在24小时内组织二班制或三班制作业会缩短作业的生产工期。二班制或三班制作业,主要适用于工艺要求连续生产的作业项目、需要突击或为了缩短总施工期的作业项目,以及需要调节作业工期的作业项目。一般情况下,桥梁工程的水下施工部分(如基础、承台等),为了赶在汛期前完成,可采用二班制或三班制作业;路线工程一般采用一班制作业。

5. 施工进度图的编制

施工进度图规定了各个施工项目的完成期限和整个工程的总工期,是编制一切资源供应计划的依据。施工进度图编制质量的好坏,直接影响整个施工组织设计的优劣。

下面重点介绍各种施工进度图的编制要点。

1) 横道图的编制要点

(1)作图的准备工作。深入研究本工程的施工方案和施工方法;充分研究各种作图所需的资料和依据,对拟编的施工进度图在总体上有安排和构想。

(2)编制作业工期计算表。①准备好"作业工期计算表",如表2.1所示。②根据设计图纸、施工方式、作业方法,参照所用定额的子目,按前文介绍的划分施工项目的要求进行列项,并将施工项目(工序)填入表2.1相应栏目内。③在表2.1中逐项确定施工方法、工程量及人工劳动量(作业量)。④逐项选定定额,按照定额的编号要求将其编号填入表2.1中。⑤在表2.1中逐项确定施工班组、作业班制、实用人数或机械台数,通过计算确定作业工期;或根据限定的主导工期和合同规定的工期,通过计算确定所需人工和机械数量。⑥在表2.1中逐项确定主导工期。

表2.1 作业工期计算表

序号	工程部位或桩号	施工项目	施工方法	工程数量		定额编号	主导工期	人工劳动量(工日)		实用人数		人工作业工期
				单位	数量			定额	数量	作业班制	每班人数	
1												
2												
3												

续表

序号	机械作业量（台班）						实用机械台数与作业工期								
	机		机		机		机			机			机		
	定额	数量	定额	数量	定额	数量	班制	台数	工期	班制	台数	工期	班制	台数	工期
1															
2															
3															

（3）绘制施工进度线。①绘制横道图的图框和表格。②将"作业工期计算表"中的相关数据、计算成果抄录于横道图的左侧。③按照合同或施工方案确定的开、竣工日期，在图中填列施工进度日历。④根据"作业工期计算表"计算的主导工期，结合工程项目（工序）之间的逻辑关系和各方面的因素，在进度图上合理设计各作业项目的施工起止日期，即用直线或不同形状、不同颜色的线条在施工进度图的右侧绘制施工进度线。⑤在作业项目进度安排上，进行反复优化、比较、修改，同时修改"作业工期计算表"中相关数据，直至合理并取得较优结果。⑥在进度图的下部，绘制劳动力分布曲线。⑦编写施工进度图的说明，并列于进度图的适当位置。⑧在进度图的适当位置，列出图例。

（4）多方案反复比较、评价，择优确定方案。为了使施工组织设计符合施工实际，需要做多个比较方案，绘制几个施工进度草图，再经过反复平衡、比较、评价，最后才能确定将要采用的方案。

2）斜线图的编制要点

（1）作图的准备工作。编制斜线图的准备工作与编制横道图的准备工作基本相同。

（2）编制作业工期计算表。编制斜线图作业工期计算表的内容和方法与编制横道图作业工期计算表的内容和方法基本相同。但列项时，线性工程要按里程顺序，并以千米为单位计量列项；集中型工程要按工程的桩号顺序，并单独计量列项（必要时还要按工程子目计量列项）。

（3）绘制施工进度线。①根据作业项目的多少，绘制斜线图的图表轮廓并标注里程。②将各分部、分项工程的工程量，按里程分布的具体情况和构造物的具体位置、结构形式等，用不同图形（符号）展绘于进度图的上部各栏内。③根据合同或上级确定的工程开、竣工日期，将施工进度日历绘于图左的纵坐标上。④将施工平面布置示意图按里程展绘于进度图的下部。⑤列项计算各施工项目的劳动量、作业持续时间、劳动力及机械台数，一般可在"作业工期计算表"中算好，这与前面所介绍的计算方法相同。⑥按各作业项目的主导工期、施工方法、作业方式，依照施工组织原理，分别用铅笔绘出不同形状（符号）的进度线，并按紧凑的原则，使各进度线相对移动到最佳位置，此项设计工作要反复比较、修改，直至符合要求。具体设计方法如下。a.小桥涵工程。首先要明确施工组织作业方法（顺序、平行、流水作业等），然后根据每座小桥涵工程的开、竣工日期，在各小桥涵的相应桩号位置，用垂直线绘出施工期进度线，并依次向流水方向移动。在图上反映的垂直方向全长，即为全部小桥涵工程之总工期。b.大中桥工程。其绘制方法与小桥涵工程相同，但习惯上将桥梁上、下部分工程用两种图线符号表示，有的还将下部分分为基础和墩、台身表示。c.路基工程。当路基工程的作业方式确定之后，可根据工程量、施工力量配置、施工条件，逐千米或逐施工段按主导工期，以斜线表示时间和里程之间的进度关系。路基施工进度线可能是一条或多条直线，也可能是一条或多条连续（或间断）的折线。d.路面工程。路面工程一般组织成一段或多段连续施工，故进度线一般是一条或多条斜直线。斜线的垂直高度为路面施工的总工期，斜线的水平长度等于路面总里程。由于路基线起伏变化大，为了使路面线与路基线不致相交（避免施工中断），应经过试排后再画。⑦绘制资源（人工、材料等）消耗数量-时间曲线。⑧进行反复优化、比较和修改。⑨绘制图例。⑩编写施工进度图的说明。

（4）做出多个方案，进行比较、评价，择优确定方案。其评价要点，与横道图编制步骤中第四步相同。

3）网络图的编制要点

（1）调查研究。就是了解和分析工程任务的构成和施工的客观条件，掌握编制进度计划所需的各种资料（这些资料的内容已在前面叙述过），特别要对施工图进行透彻研究，并尽可能对施工中可能发生的问题作出预测，考虑解决问题的对策等。

（2）确定方案。即确定项目施工总体部署，划分施工阶段，制定施工方法，明确工艺流程，决定施工顺序等。这些一般都是施工组织设计中施工方案说明中的内容，且施工方案说明一般应在施工进度计划之前完成，故可直接从有关文件中获得。

（3）划分工序。根据工程内容和施工方案，将工程任务划分为若干道工序。

一个项目划分为多少道工序,由项目的规模和复杂程度以及计划管理的需要来决定,只要能满足工作需要就可以,不必过细。大体上要求每一道工序都有明确的任务内容,有一定的实物工程量和形象进度目标,能够满足指导施工作业的需要,完成与否有明确的判别标志。

(4)估算时间。即估算完成每道工序所需要的工作时间,也就是每项工作延续时间,这是对计划进行定量分析的基础。

(5)编工序表。将项目的所有工序依次列成表格,编排序号,以便于核查是否遗漏或重复,并分析相互之间的逻辑制约关系。

(6)画网络图。根据工序表画出网络图。工序表中所列出的工序逻辑关系,既包括工艺逻辑,也包含由施工组织方法决定的组织逻辑。

(7)画时标网络图。给上面的网络图加上时间横坐标,这时的网络图就叫时标网络图。在时标网络图中,表示工序的箭线长度受时间坐标的限制,一道工序的箭线长度在时间坐标轴上的水平投影长度就是该工序延续时间的长短。工序的时差用波形线表示;虚工序延续时间为零,因而虚箭线在时间坐标轴上的投影长度也为零;虚工序的时差也用波形线表示。这种时标网络可以按工序的最早开工时间来画,也可以按工序的最迟开工时间来画,在实际应用中多是前者。

(8)画资源的计划用量曲线。根据时标网络图可画出施工主要资源的计划用量曲线。

(9)可行性判断。主要是判别资源的计划用量是否超过实际可能的投入量。如果超过了,这个计划是不可行的,要进行调整,无非是要将施工高峰错开,削减资源用量高峰;或者改变施工方法,减少资源用量。这时就要增加或改变某些组织逻辑关系,重新绘制时间坐标网络图;如果资源计划用量不超过实际拥有量,那么这个计划是可行的。

(10)优化程度判别。可行的计划不一定是最优的计划。计划的优化是提高经济效益的关键步骤。所以,要判别计划是否最优。如果不是,就要进一步优化,如果计划的优化程度已经令人满意(往往不一定是最优),就得到了可以用来指导施工、控制进度的施工网络图了。大多数的工序都有确定的实物工程量,可按工序的工程量,并根据投入资源的多少及该工序的定额计算出作业时间。若该工序无定额可查,则可组织有关管理干部、技术人员、操作工人等,根据有关条件和经验,对完成该工序所需时间进行估计。

2.3 公路工程项目进度计划的检查与调整

2.3.1 施工进度计划的审批

1. 施工进度计划的提交

(1)总体性进度计划。中标通知书发出后,在合同规定的时间内,承包人应向监理工程师书面提交以下文件:一份格式符合要求的详细工程总体进度计划及必要的各项关键工程的进度计划;一份有关全部支付的现金流动估算;一份有关施工方案和施工方法的总说明(即通过施工组织设计提出)。

(2)阶段性进度计划。在开工以前或在开工以后合理的时间内,承包人应向监理工程师提交以下文件:年、月(季)度进度计划及现金流动估算和分项(或分部)工程的进度计划。

2. 施工进度计划的审查要点

施工单位编制完施工进度计划后,应重点从以下几方面对施工进度计划进行审查。

(1)工期和时间安排的合理性:施工总工期的安排应符合合同工期;各施工阶段或单位工程(包括分部、分项工程)的施工顺序和时间安排与材料和设备的进场计划相协调;易受冰冻、低温、炎热、雨季等气候影响的工程应安排在适宜的时间,并应采取有效的预防和保护措施;对受动员、清场、假日及天气影响的时间,应充分考虑并留有余地。

(2)施工准备的可靠性。所需主要材料和设备的运送日期已有保证;主要骨干人员及施工队伍的进场日期已经落实;施工测量、材料检查及标准试验的工作已经安排;驻地建设、进场道路及供电、供水等已经解决或已有可靠的解决方案。

(3)计划目标与施工能力的适应性。各阶段或单位工程计划完成的工程量及投资额应与设备和人力实际状况相适应;各项施工方案和施工方法应与施工经验和技术水平相适应;关键线路上的施工力量安排应与非关键线路上的施工力量安排相适应。

2.3.2 施工进度计划的检查与调整

1. 施工进度计划的检查

公路工程项目进度检查包括工作量的完成情况、工作时间的执行情况、资源使用及进度的互配情况以及上次检查提出问题的处理情况。

进度计划检查的方式有四种:一是项目部定期地收集由承包单位提交的进度报表资料;二是由驻地监理人员现场跟踪检查公路工程的实际进展情况;三是由监理工程师定期组织现场施工负责人召开现场会议;四是复核上次检查提出问题的处理情况。

施工进度计划检查的方法有以下四种。

(1)横道图比较法。横道图比较法是指将在项目实施中检查实际进度收集的信息,经整理后直接用横道线并列标于原计划的横道线处,进行直观比较的方法。

(2)S 曲线比较法。S 曲线比较法与横道图比较法不同,它不是在编制的横道图进度计划上进行实际进度与计划进度的比较。它是以横坐标表示进度时间,纵坐标表示累计完成任务量,而绘制出一条按计划时间累计完成任务量的 S 曲线,将施工项目的各检查时间实际完成的任务量与 S 曲线进行实际进度与计划进度相比较的一种方法。

(3)"香蕉"曲线比较法。"香蕉"曲线由两条以同一开始时间、同一结束时间的 S 曲线组合而成。其中,一条 S 曲线是工作按最早开始时间安排进度所绘制的 S 曲线,简称 ES 曲线;而另一条 S 曲线是工作按最迟开始时间安排进度所绘制的 S 曲线,简称 LS 曲线。除了项目的开始和结束点外,ES 曲线在 LS 曲线的上方,同一时刻两条曲线所对应完成的工作量是不同的。在项目实施过程中,理想的状况是任一时刻的实际进度在这两条曲线所包区域内的曲线 R 上,如图 2.5 所示。

(4)前锋线比较法。前锋线比较法是通过绘制某检查时刻工程项目实际进度前锋线,进行工程实际进度与计划进度比较的方法,它主要适用于时标网络计划。所谓前锋线是指在原时标网络计划上,从检查时刻的时标点出发,用点画线依次将各项工作实际进展位置点连接而成的折线。前锋线比较法就是通过实际进度前锋线与原进度计划中各工作箭线交点的位置来判断工作实际进度与计划进度的偏差,进而判定该偏差对后续工作及总工期影响程度的一种方法。

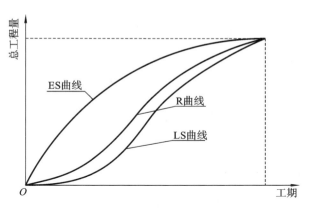

图 2.5 "香蕉曲线"

通过检查能看出目前工作的进展情况是否正常,是否对整个工期有影响。如果有工作延误或可能会造成延期,应及时采取措施进行处理。

2. 施工进度计划的调整

1) 引起进度偏差的原因分析

(1)工期及相关计划的失误。①计划过程中没有考虑到的一些必要工作;②计划的工作量不足,导致其实际的工作量增加;③资源短缺或者施工能力欠缺,例如在编制进度计划时并未考虑到资源有可能出现的不足情况;④在进度计划中并未考虑到实际会出现的风险或灾害,因此实际情况未能达到计划的要求;⑤指挥部在进度编制时提出的进度要求过快,一开始编制的进度太过于紧迫,导致项目的施工、供货等环节过于紧张,甚至部分指挥部为了追求进度选择对施工单位的施工准备工作进行压缩。

(2)工程条件的变动。①实际工程中的工程量发生变动;②在项目施工中,第三方对工程提出了新的要求和条件,或者遵循的施工标准发生改变;③现场的施工环境发生变动;④施工过程中出现自然灾害。这些因素均会影响工程的进度。

(3)管理失误。①指挥部与施工单位、施工单位与监理单位、施工单位与分包单位之间缺乏必要的交流;②施工人员和工人并没有进度控制的意识,例如设计人员延误图纸的设计,图纸上交时不开展技术交底等;③各参建方对于公路工程各分部分项工程之间的逻辑先后关系并不十分明确,分部分项工程开工时并未进行技术交底,也没有进行施工准备,各参建方之间没有进行紧密的沟通;④前面的分部分项工程出现的失误导致后期的工程工期延误,例如,设计院由于某些原因并未及时提交施工图,导致施工单位无法按照计划进行施工;⑤劳务分包并没有按照合同工期施工;⑥甲方并未及时支付工程进度款,导致施工单位无法连续施工,或者甲方并未及时提供施工材料和设备。

(4)方案变更。应政府的要求,必须对施工方案进行变更,导致工程的返工,造成工期延误。

2)分析进度偏差的影响

在利用适当的进度比较方法对进度偏差进行比较之后,还应该分析偏差对后期工程进度的影响,在提前预测影响后管理人员才能够有针对性地提出进度调整措施,并制定新的进度计划。

3)制订进度调整方案前的准备工作

在制订进度调整方案之前,有必要做好相关的准备工作。首先应该深度分析产生进度偏差的真实原因,以及偏差有可能造成的进度影响,从而方便管理人员对此进行相应的调整。当然,编制进度调整方案是一项系统工程,应该全面考虑到各种进度因素以及有可能引发的连锁反应,一方面要依靠管理人员的现场经验,另一方面必须结合公路项目的实际情况,进行定量分析。总体而言,为了提出合理的调整方案,必须考虑到如下几个方面:①之后工程对工期的要求;②进度在调整之后有可能对之后工程造成的影响;③进度调整对物资供应造成的影响;④劳动力供应的状况;⑤对投资造成的影响;⑥对总工期有可能造成的延期。

4)调整方法

对于公路项目,有两种调整方法。①可以通过调整部分工程的持续时间来对施工进度进行调整,为此,可以改变此工程的施工条件,如运用先进的施工机械设备。为了合理调整持续时间,一般选择"工期-费用"优化的方法,投入尽可能少的资金来实现工期的缩短。②只改变各项工程之间的逻辑关系,或者工程之间的搭接关系,但并不改变工程的持续时间,即仅仅修改项目开展的开始与结束时间。这两种方法是较常用的施工进度调整方法。在实际工程中,有时项目的工期延误状况太严重,如果仅仅采用其中一种方法来调整,其调整的效果无法达到要求,此时就需要同时使用以上两种方法,以更高效地开展进度调整工作。

具体可以考虑如下几个方面来进行进度调整。

(1)加大资源的投入。加大资源的投入可以将部分工作的持续时间减少,一定程度上加快进度,从而使实际工期与计划工期一致。这些被压缩持续时间的工作是位于由于实际进度的拖延而引起总工期增长的关键线路和某些非关键线路上的工作,同时这些工作又是可压缩持续时间的工作。

(2)改变部分工作之间的逻辑关系。如果有些工作的顺序可以被改变,就可以通过改变这些工作之间的逻辑关系来实现缩短工期目标。例如,将本来按顺序依次开展的工作改成平行施工或者搭接的形式来进行。

(3)资源供应的调整。若在施工期间出现资源供应的问题,可以利用资源优化的形式来对进度计划进行相应的调整,同时应该选择科学合理的应对措施,从而使得总工期不受到影响。

(4)调整工作内容或工作量。若有必要,可以适当调整工作内容或者工程量,通常可以对某项工作的工程量适当增减,或者将分部分项工程进行增减。当然,调整之后必须重新计算时间参数,并重新分析其对原计划的影响。如果确实对计划工期有影响,此时必须制定相关进度措施,确保实际进度满足计划进度。通常来说,调整工作内容或者工作量有可能会影响到整个工程项目的完整性与安全性,甚至增加工程成本。如果必须调整,则必须经过业主方、指挥部等单位或部门的严格审核,批准后才能实施。

(5)提高劳动生产率。可以通过提高劳动生产率的方式来进行进度的调整。具体内容包括:①每项分部分项工程执行之前要针对管理人员以及现场工人进行培训;②必须协调好工人级别与工人技能之间的关系;③落实奖励机制,对于表现良好的人员应该设置相应的奖励;④改进和完善施工环境与工作环境,并改善各种必要的公共设施;⑤在施工过程中应该科学地安排时间与空间,以保证施工的连续性;⑥建设各方之间应该加强沟通交流,防止出现施工组织矛盾,阻碍施工正常开展。

(6)将部分工作转移。在法律法规以及建设合同的规定范围内,建设各方可以将部分工作转移,以减少自身的工作负担,以提高工作效率。例如,分包单位可以将构件的生产任务转移给其他生产单位,而自身只负责监督。当然,工作转移的做法要注意防范风险。

(7)合并工作包。在进度管理中,可以将关键线路上按先后顺序执行的工作包进行合并,与实施者共同研究,通过局部调整执行过程与人力、物力的分配,实现缩短工期的目标。

2.4 公路工程项目实施阶段的进度控制

2.4.1 项目进度控制基本理论

1. 项目进度控制含义

项目进度控制是指项目管理者根据项目合同的要求,对项目涉及的所有与进度有关的信息、资源、人员等相关因素的控制,具体是指对项目进度动态监控,根据项目计划进度不断追踪实际工作的施工完成情况,寻找进度偏差原因、进行偏差调整;管理者应该综合使用各种方法来合理组织项目中的信息、资源、人员等资源,将项目的实际施工情况控制在计划目标范围内,同时考虑到费用最小、质量最优的目标,努力缩短建设工期,从整体上对影响进度的因素进行控制与调配,实现整体利益最大化。

进度计划编制是项目进度控制的初始阶段,保证项目实施过程中有计划可遵循,使项目在一个相对合理的范围中进行。因项目建设所依托的环境的复杂性,影响工程进度的因素无时不在,无处不有,即进度计划实施过程中新情况的不断出现,常常使得工程建设的实际情况偏离了原计划。所以需要项目管理者在项目实施过程中,实时密切关注项目的实际执行情况,并将其与计划进行比较,及时发现偏差,分析产生偏差的原因,制定相应纠偏措施,以维持原有计划的正常措施。在出现重大进度偏差问题时,若采取纠偏措施也没有办法维持原计划,就需要结合实际情况,重新制定新的进度计划。由此可见,项目进度控制是一个不断发展的动态过程,中间需要不断编制、观察、分析和调整。而信息回馈作为各个循环间的桥梁,起到衔接的作用,确保研究归纳步骤的前端循环可始终对接上计划步骤的后端循环,对前端步骤所出的状况进行处理,且使用该经验,由此使各个循环达成某个封闭有效的回路。

2. 项目进度控制特点

项目进度控制是一项复杂的系统工程,涉及勘察环境、设计路线、工作准备、构建组织、施工监控和其他多项内容,各方面都以项目的主进度计划为基础进行。进度控制通常有以下几个特点。

(1)项目进度控制是一个动态过程。工程项目的建设过程涉及因素较多,不可控因素也较多,所以项目进度控制过程是不断变化的过程。进度计划的编制应该反映此特征,应根据变化及时做出调整,使项目始终处于有计划可遵循的环境中。

(2)项目进度控制是一项系统管理工作。项目进度计划编制中既有总的纲领性计划,又有阶段性计划,它们之间相互联系、相互影响。因此项目进度控制不仅仅是控制项目实施过程中某一分项的进度计划,更是一项系统管理工作,实施过程中要有全局观念。

(3)项目进度控制具有阶段性和不确定性。工程项目发展的各个阶段工作都有计划的开始与结束时间,所以相应的进度计划和实施控制的方式也有不同,表现出阶段性。在项目实施过程中,自然环境因素在不断发生变化,使得进度计划的执行常需因环境做出相应改变,因此项目进度控制具有不确定性。

3. 项目进度控制分类

项目进度控制贯穿整个项目,根据控制的内容分为事前进度控制、事中进度控制与事后进度控制。

(1)事前进度控制。事前进度控制指的是进度控制在工程正式动工之前执行的准备工作,即根据工程实施环节,编制有关的工作准则。这一工作准则以详细的工程施工为编制对象,它能有效指引工程实施环节的管理者做好进度控制的执行工作,其编制的目的在于规范整体安排进度控制,特别是计划内的管理工作。在实施进度计划的编写与制订过程中,对施工时的内容安排有一定的机动性,由此进一步对施工部门内的所有关联进行有效调整。在审核工程实施的进度计划之后,管理进度者通常会将相同或不相同的层级,其对应的工程实施进度计划进行汇总,使之形成某个工程实施的整体进度计划,然后对工程实施进度进行整体的控制。而针对月、季及年度进度计划的编写与制定,管理进度者必须以工程实施的整体进度计划为基础,对月、季及年度项目进度计划进行部署,确保执行项目整体的进度计划。

(2)事中进度控制。工程施工时需要严格实行进度控制,而这种事中的控制应作为某种重要的标准,决定工程实施的进度计划是否真正执行。管理进度者若察觉到计划进度同现实进度间出现偏离,必须第一时间采取应对办法,保障项目工期不拖延且实现任务目标。若仅关注编写与制定进度计划的阐述,而忽视对其追踪核查及调节,则不能较好地控制进度,为真正实施进度计划提供保障,故在事情发展过程中,就应完成相应的进度控制,并运用一些应对办法进行偏离纠正。

(3)事后进度控制。事后进度控制指的是在全部项目任务实现之后实施的内容,详细工作包括:准时地进行验收组织;对项目索赔进行处理;对项目进度相关材料进行归整;类别归整、目录编制及存档项目进度有关材料;依现实动工的进度,准时地对工作与阶段规划进行调节与改正,确保另一环节如期完成施工。

2.4.2 公路工程施工进度控制的原则和内容

1. 公路工程施工进度控制的原则

从工程项目管理的方向出发,进度计划与控制的实施应该遵循以下几项原则。

(1)进度控制的整体性原则。工程建设的项目部依据项目之间相互关联的要素,制定施工项目的进度计划系统。为保障施工的整体进度,整个项目的不同职能部门以及项目的工作人员承担着不同的进度控制的责任,以便紧密联系,分工合作,从而形成一个整体的项目控制系统。

(2)进度控制的信息化原则。在整个工程施工项目的计划实施过程中,整个项目的计划信息会从上至下传递到相关的工作人员,从而使得整个项目制定的项目施工计划得以完成。整个项目进度进程的信息则由相关的工作人员收集整理,从下往上进行反馈。在对整个流程的信息进行分析之后做出相应的调整,使得调整后的进度计划仍然能符合原本预先制定的工期目标。工程项目进度计划控制的过程就是整个项目施工过程中信息反馈以及信息传递的过程,在项目开工之前做好项目技术交底,确定进度目标,使得各个环节都能够严格按照目标进行,并且相应的任务信息要具体化,做到书面的传达。当项目施工人员向上级反馈相应的信息时,要对项目进度计划完成情况的信息进行相应的量化,这样做是为了更加方便项目管理层对反馈信息进行分析和处理,并且能够依据相应的信息作出正确的调整方案。

(3)进度控制的适用性原则。在工程建设项目上,需要根据工程项目的实际建设情况制订适合本项目科学合理的对策,而且在整个工程项目的建设过程中把这种计划措施进行彻底的贯彻。

(4)进度控制的动态循环原则。工程建设项目进度计划与控制措施制定实施之后并不是完全不变的,随着施工项目环境的变化,项目施工的实际进度会逐渐偏离项目的基准计划,此时要不断地调整项目计划及控制措施,并且根据调整后的进度计划执行。而在调整项目的进度计划之后,可能会出现新的干扰因素,那么此时仍需要对项目计划进行调整。项目的进度计划与控制是一项不断进行和调整的工作,从最初项目进度计划的编制,到项目进度计划的实施,再到根据实际施工情况调整进度计划及控制措施,形成一种封闭式的循环系统,运用到项目的生命周期中不断循环,一直到整个项目的项目工期目标实现。

2. 公路工程施工进度控制的内容

公路工程项目的施工进度管理一般由业主委托监理工程师实施进度总控制。由于参与建设的主体单位各自的进度控制目标不同,各自的进度控制的内容也不同。

(1)监理单位的施工进度控制。

①在设计前的准备阶段,向建设单位提供有关工期的信息和咨询服务,协助其进行工期目标和进度控制的决策。

②进行环境和施工现场的调查分析,编制项目进度规划和总进度计划,编制设计前准备工作的详细计划并控制其执行。

③签发开工通知书。

④审核总承包商、设计单位、分包商及供应商的进度控制计划,并在其实施过程中,通过履行监理职责,监督、检查、控制、协调各项进度计划的实施。

⑤通过核准、审批设计单位和承包商的进度付款,对其进度实行动态间接控制。妥善处理和核批承包商的进度索赔。

(2)设计单位的施工进度控制。

①编制设计准备工作计划、设计总进度计划和各专业设计的出图计划,确定计划工作进度目标及实施步骤。

②执行各类计划。在执行中加强检查,采取相应措施排除各种障碍,必要时对计划进行调整或修改,保证计划的实现。

③为承包商的进度控制提供设计保证,并协助承包商实现进度控制目标。

④接受监理单位的设计进度监理。

(3)承包商的施工进度控制。

①根据合同工期目标,编制施工准备工作计划、施工方案、项目施工总进度计划和单位工程施工进度计划,以确定工作内容、工作顺序、起止时间和衔接关

系,为实施进度控制提供依据。

②编制月(旬)作业计划和施工任务书,做好进度记录工作,以掌握实际施工情况,加强调度工作以促成进度的动态平衡,从而使进度计划的实施取得成效。

③采用实际进度与计划进度对比的方法,以定期检查为主,应急检查为辅,对进度实施跟踪控制。实行进度控制报告制度,在每次检查之后,编写进度控制报告,提供给建设单位、监理单位和企业领导作为进度控制的参考。

④监督并协助分包商实施其承包范围内的进度控制。

⑤对项目及阶段进度控制目标的完成情况,进度控制中的经验和问题做出总结分析,积累进度控制信息,使进度控制水平不断提高。

⑥接受监理单位的施工进度控制监理。

2.4.3　施工进度控制过程及具体方法

1. 公路施工进度控制过程

为了加强公路施工进度的控制,应专设部门,指定小组成员,多方商讨编制施工进度计划。实际施工建设过程中,不符合原先设立计划的情况较为常见,工作人员要查明原因和影响大小,判断利弊,做出决定。图2.6反映了公路施工进度控制的过程。

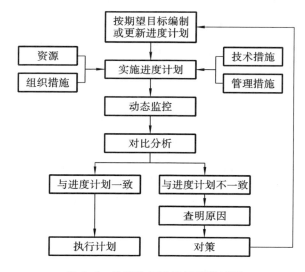

图2.6　公路施工进度控制的过程

2. 公路施工进度控制方法

工程项目进度控制实际上包含了进度计划的策划、控制、纠偏的过程。在进度计划制定后,依据进度计划配备现场管理人员、制定材料采购计划和设备进场计划、编制技术方案、准备充足的资金,来保证进度计划的顺利实施。在过程中,通过技术人员的现场检查及统计,来验证实施进度与计划的偏差,在进度计划出现偏差后,协调业主、设计、供货商以及相邻单位从各方面进行综合处理,保证进度目标的顺利实现。

(1)组织措施。在进度计划落实中,项目组织机构的各部门各层级应配置进度控制人员,明确各岗位任务和职责分工,对进度计划做编制和检查、统计、分析、纠偏工作,实现进度目标管理。

(2)技术措施。根据施工内容,编制施工方案,保证各工序顺利实施。在进度计划实施过程中,遇到影响施工进度的情况时,采取技术优化措施,尽量减小对进度的影响。同时结合施工部位的空间关系,优化技术方案,多点多面同步开展作业,提升施工进度。

(3)施工资源措施。在进度计划实施过程中,资源保证是重点,保证各部位的施工强度,能够满足进度计划的要求。同时在产生进度偏差后,应及时从资源配置方面应对,提高单位时间的施工强度,保证进度完成量符合进度管理要求。

(4)经济措施。资金是进度计划实施的保障。过程中及时采购施工材料,支付施工队伍资金是保证项目施工能够持续按照进度计划开展的基础,同时对于里程碑关键点,设置进度奖惩措施,督促施工队伍从技术、资源等方面采取措施,按期完成施工内容。

第 3 章 公路工程项目质量管理

3.1 公路工程项目质量管理概述

3.1.1 项目质量管理相关概念

1. 质量的概念

质量的定义是:客体的一组固有特性满足要求的程度。该定义可理解为:质量包含产品质量、生产产品过程和工序质量、质量管理过程的质量。一组固有特性是质量的外在表现形式,它是产品本身天然具有的、不变的特性,它的衡量标准是满足客户要求的程度。质量要求指的就是客户的主观或客观的期望。

公路工程施工中的产品就是工程本身。公路工程项目的质量就是工程项目建设的整个过程所形成的公路产品的质量,即公路产品满足业主要求的程度。如隧道施工项目中,要实现工程设计文件的要求,隧道贯通的质量标准要符合《工程测量标准》(GB 50026—2020)相关的规定。在桩基施工中,要满足建设单位要求的工期要求,又要满足桩基施工质量要求,桩基的完整性要通过仪器检验,判断是否为断桩。其中,隧道贯通误差、桩基施工中混凝土结构是否为断桩等指标都是质量的具体体现。

2. 质量管理的定义

质量管理的定义是:围绕质量所做的指导和控制工作。与质量有关的工作包括制定质量目标、编制质量管理制度、制定质量保证措施等。因此,质量管理就是通过质量策划、质量管理制度、质量保证措施实现质量目标的全过程。

(1)质量策划。质量策划的目的就是要保证项目施工的质量满足设计文件、施工技术标准和施工规范的要求,同时使建设单位满意,在这个过程中还要充分协调施工进度、施工成本等其他因素。

（2）质量管理制度。质量管理制度是工程项目质量管理日常工作运行的依据。它是质量管理人员进行质量管理的依据。

（3）质量保证措施。质量保证措施是工程项目质量的具体保证手段和方法。它在工程项目施工的全过程都有体现，为实现工程的质量保驾护航。

3. 工程项目质量管理的内涵

工程项目质量管理是指为了实现工程项目质量目标所进行的各项工作，这些工作包括质量计划、质量实施、质量监督、质量维护，通过协调项目各方人员实现项目建设质量目标的全过程，即实现工程项目质量管理目标的全过程。

质量计划的任务是为了实现业主的要求，按照工程项目的实际情况，根据工程施工企业自身的技术生产条件，编制施工质量计划，制定相应的质量保证措施。质量实施的任务是将"人机料法环测"六要素合理整合和组织运用到施工中，同时要满足建设单位的要求、行业标准的规定、设计文件的要求等。质量监督的任务为对已完成的工程项目的质量情况进行监督检查和考评。质量维护的任务是根据监督检查和考评的结果，进行整改和落实，对处理的结果还要进行复检，直到满足业主要求、行业标准等。

3.1.2 公路工程质量管理的特点

公路作为一种特殊商品，由于其使用效果的特殊性和其服务对象的特殊性，除了作为一般工程项目商品应具有的基本特征外，还应具有更高的要求。在计划经济时代，所有的工程项目都由政府负责，没有任何竞争而言，而在目前的市场经济条件下，公路工程建设项目面临着非常大的竞争压力，企业要想在此行业内确立竞争地位就必须要提升道路建设工程项目的质量，而这也应该是道路建设工程项目相关企业在行业内立足的基本条件之一。

公路工程项目包含勘察设计阶段、招标采购阶段、施工安装阶段、竣工验收阶段，公路工程质量管理工作在这几个阶段中都要体现出来。公路工程由于其产品的固定性和暴露性，在施工过程中受天气、温度等自然条件的制约非常大，再由于公路建设工程项目一般投资较大、工期时间长、工序复杂、施工环境要求较高等，其工程建设质量要比其他工业产品的质量更加难以控制。如前所述，公路工程质量管理具有以下特点。

（1）工程质量的单一性。一个工程与另一个工程的质量是不会完全相同的，这就表现出工程质量的单一性，也就是说，即使是两个一样的工程，使用的是同一家施工单位,并且设计图纸也是同一张,但是两个工程最后的质量也不会完全相同。所以,每一个工程在实施中的每一个过程都必须达到原定的计划目标,每个人实施的每一道工序也要按照要求来完成。

(2)工程质量的过程性。每一个工程的施工都是按照原来的计划进行的,也就是说施工是有一定顺序的。每一个过程的结果都会影响到工程最后的结果,所以工程质量的管理需要对工程施工的每一个过程都进行管理。

(3)工程质量的综合性。工程属于一种特殊的产品,不同于普通的商业产品。一般工程的实施是需要建立在有图纸的基础上的,而施工、图纸的设计、业主、材料和供应商都有可能成为影响整个工程质量的因素。

(4)工程质量的可变性。工程的质量要求以及质量问题很有可能会随着时间的流逝而发生一些改变,比如水泥混凝土路面出现的裂缝将随着环境温度的改变而不断变化,或随着荷载的大小以及荷载的持续时间而变化,并且附加路基高度也随之改变,甚至一些路面上存在的细小的裂缝也会导致整个路面断裂。因此在对质量问题进行分析改进时,必须要考虑到质量问题的可变性,并且对将来可能会突发的状况做好相应的防范。

(5)工程质量的多发性。工程项目中的质量问题经常发生,如沥青混凝土路面的车辙痕迹,正常使用中的沥青泛油,混凝土表面龟裂网纹,这些都会引起后续使用过程中的问题发生。

(6)工程质量的隐蔽性。在工程施工过程中,工序交接多,中间工艺不同,导致在生产过程中上道施工工序被接下来的施工工序掩盖,产生隐蔽工程,若不及时检查,事后再看表面容易将不合格产品认定为合格产品,从而造成质量隐患。

(7)工程质量的特殊性。工程项目形成工程实体后,其质量检查不可能采取通过像某些工业制造产物来分部查看其内部质量,一旦出现质量问题,处理流程相当烦琐,而且会造成很大的损失,所以要及时查找并发现质量问题,加强工序的衔接管理,不能仅凭外观或经验判断。

(8)工程质量的复杂性。工程周期长,虽然建筑工程的施工有国家标准、规范,但建筑产品没有固定的生产线和稳定的生产环境,从而导致建筑结构生产过程不稳定,使结构质量容易产生波动,引起质量产生问题的因素很多,大多较为复杂。影响质量的因素有很多,如工程地质地貌情况、施工场地气候变化、勘察设计水平、施工材料供应、机械设备条件、施工工艺及方法、工期要求及投资限制、管理制度等,因此对质量问题的分析就变得较为困难,需要考虑的方面也多,处理问题也会变得很困难。因此在对质量的问题进行分析处理的时候,需要找出问题主要出现在哪个方面,并且对症下药,将质量问题完美解决。

(9)工程质量的严重性。若工程质量出现问题,问题不是特别严重的可能会增加施工费用的预算,使工期延后,使整个过程不能够顺利进行,并且影响到整个工程的质量,所以对于工程质量问题决不能松懈,一定要及时处理,保证工程的安全使用。

3.1.3 公路工程质量管理的影响因素

工程项目质量的影响因素多种多样,从工程项目质量目标的制定到实施的整个过程中,影响质量的主观和客观方面的因素,主要包括施工人员因素、施工材料因素、施工机械因素、施工方法因素和施工环境因素五大方面。

1. 施工人员因素

在工程项目施工中,要顺利实现整个项目的质量管理目标,必须要坚持以人为本的管理思想。国家在对工程施工行业进行管理的过程中,要求施工企业具有专业的资质,这样才能承揽相应的工程项目,即具备什么等级的资质承揽什么级别的工程项目,而企业资质的获取首先要有人员的要求,如注册一级建造师、注册安全工程师、注册测绘工程师等专业人才的数量。在施工质量管理中,实行市场人员准入制度、注册管理制度、特种作业人员管理制度等都是基于对人员的管理。

在各种专业人员的管理下施工方才完成了工程项目的各项任务,实现了工程项目由设计图纸到工程实物的转化。例如,专门的质量管理人员,具备工程施工项目专业的质量管理知识,才能对相应的质量问题进行专门的处理。钢筋绑扎时,钢筋间距是否符合要求,钢筋绑扎是否牢固,钢筋表面是否洁净;模板施工时,模板表面平整度是否符合规范要求,模板表面是否干净,能否作为结构物模板使用,模板垂直度是否在标准范围内等。这些工序的质量把关,需要专业的质量管理人员进行专门的管理。

2. 施工材料因素

施工材料是工程结构实体的重要组成部分,是工程施工的基础,它的质量直接关系到工程项目施工完工后结构实体的质量。公路工程施工中所使用材料包括钢筋、水泥、石子、砂子、沥青以及防水卷材等。这些原材料都有各自的质量要求,如钢筋的极限弯拉强度、屈服强度、公称直径以及冷拉弯曲直径等,石子的直径、含水量和含泥量等，沥青的针入度、软硬度、延度以及塑性等。只有符合质量要求的原材料才能进场使用。要确保工程中每一个结构物符合设计要求的质量水平，符合国家验收规范中的质量要求，必须首先要保证所施工材料的质量。

3. 施工机械因素

施工机械是指工程施工过程中用到的机械设备以及组成工程实体的工程设备。公路工程施工中所说的机械设备大多指的是工程施工过程中要使用到的工程机械。在施工中，工程机械的使用不仅关系到工程项目的施工技术水平，更关系到工程施工质量的好坏。公路工程施工中的机械设备包括混凝土施工中的振捣棒、平衡振动梁、搅拌机，钢筋加工中的钢筋弯曲机、钢筋调直机，路基施工中的各种挖掘机、渣土车、压路机等。这些机械设备是工程施工的必备条件。如在混凝土施工中，振捣棒的震动效果决定了混凝土施工是否密实，混凝土表面是否有蜂窝麻面。在路基施工中，压路机的压实效果决定了路基的压实度是否满足要求，同时也决定了路基施工的施工进度。

4. 施工方法因素

施工方法因素又称为技术因素，包括工程施工技术、工程试验技术、工程检验技术和工艺。在公路工程施工中，工程技术水平很大程度决定了工程的质量。工程技术水平的高低显示了一个企业的实力。在满足工程安全及使用功能的前提下，工程技术水平体现了质量管理水平。在国家推行的几项新技术中，井盖基础施工技术、防水混凝土技术、挂篮施工技术等，在预防质量通病方面起到了很大的作用。再例如，隧道施工技术包括明挖开挖技术、暗挖开挖技术和盾构开挖技术等，它们各有特点，要根据施工现场环境选择。同时，采用先进的试验检验方法也可以提高工程的质量。先进的工程试验技术和工程检验方法能够提升工程施工前原材料质量检验的效率、施工中工程质量检验项目的质量水平以及施工后各项质量检验指标，总体提升了工程项目质量管理水平。

5. 施工环境因素

影响项目施工的环境因素，包括客观自然环境、外界的社会环境、施工作业环境等。复杂的客观自然环境影响施工质量，不利的地质环境影响基础的稳定性和安全性，如天然砂土的自然承载力达到 150 MPa，可以在上面直接做垫层，作为箱涵的基础进行施工。地下水位较高的地质环境中，如果要做基坑开挖，那么首先要进行降水,再进行开挖,施工过程中要放坡开挖,并做好防水设施,防止降雨对工程的影响,不然基坑开挖过程中很容易造成边坡坍塌的现象,影响施工作业安全。

3.1.4 公路工程质量管理体系内容

根据公路工程建设的进程,公路工程质量管理体系主要内容可分为以下几个方面。

1. 质量目标

对于工程质量目标的确定,一般应由建设单位在招标文件中予以明确,施工单位在实施过程中严格按照合同约定的质量目标进行细化分解,并予以落实,严格过程质量管控,监理单位负责过程监督,以确保最终质量目标得以实现。

2. 质量组织机构

为了确保项目工程质量达到预期目标,建设各方均应成立相应的质量组织机构,配备满足管理需要的质量管理人员。特别是施工单位应按照国家、行业有关规定配备相应人员,全面负责项目实施过程的质量管控,确保工序质量合格,最终确保项目工程质量符合要求。

3. 岗位职责

建设单位主要对监理单位、施工单位过程质量管理工作实行监督;监理单位对施工单位质量管理履行监督职责;施工单位是项目质量管理的实施主体,应全面落实项目建设过程的质量管理责任,严格执行国家法律法规、规范标准、强制条文等有关规定,强化过程工序质量检验,确保工程质量合格。

4. 目标责任制

施工单位作为实施主体,公司与项目部,项目部与科室、班组,科室与科员应层层签订质量目标责任书,项目部应实行质量网格化管理,做到纵向到底、横向到边,杜绝管理盲区,确保全覆盖管理。

5. 质量管理制度

参建各方应建立健全项目质量管理制度,以督促各项质量管理措施的有效落实。施工单位应按照建设单位、监理单位、企业、项目制定的质量管理相关制度,有效落实质量管理举措,规范质量管理行为,落实质量管理责任,确保质量管理工作有效落实。

6.质量管理工作流程与职责

1)开工准备阶段管理

(1)设计交底、监督交底。开工准备阶段,建设单位应组织设计单位对施工单位、监理单位进行设计交底,使施工单位详细了解设计意图和相关指标,便于施工单位更好地按照施工设计图组织施工;同时根据项目所在地工程质量监督的权限归属,及时接受行业质量监督管理部门的交底,及时了解所在地行业主管部门的管理要求,确保工程建设符合国家和行业的相关规定。

(2)图纸会审。项目开工建设之前,施工单位应组织项目部相关技术人员对施工设计图进行详细会审,对发现的问题,应及时上报监理单位和建设单位,以便尽早与设计单位进行沟通、协调,及时进行变更优化,确保施工设计图符合现场实际施工条件和使用功能的需要。

(3)质量保证体系报审。质量保证体系方案应及时报监理单位、建设单位批准,建设单位和监理单位在工程实施过程中,负责监督施工单位质量管理行为,及时提出意见和优化建议,共同促进质量目标实现。

(4)实施性施工组织设计、专项方案报审。编制实施性施工组织设计,详细制定项目实施方案,对于技术负责或质量、安全风险较大的分项工程,应制定专门的技术方案,必要时应组织专家进行论证,确保方案安全可靠方能执行。监理单位和建设单位对施工单位上报的实施性施工组织设计和专项方案具有审核批复权,并监督施工单位落实工作,有权提出意见和建议。

(5)监理大纲和实施细则审批。监理单位应根据工程项目的特点和实际情况,制定监理大纲和实施细则,以规范项目实施过程中对施工单位质量的监督管理,确保现场施工质量合格,更好地促进工程质量的提高。

(6)工地试验室。施工单位、监理单位部分试验检测工作在得到建设单位同意的前提下,可以委托有资质的第三方试验检测机构承担或由建设单位指定具有资质的检测机构承担,确保项目实施过程各项试验检测结果的及时性和真实性,更好地服务工程质量管控,确保现场施工质量合格。

(7)施工单位、监理单位进场人员报审。施工单位、监理单位为完成工程项目而配备的项目管理人员,其数量、资格条件等信息应上报建设单位批准、备案,确保满足项目管理需要。

（8）总体开工报告审批。施工单位在项目开工前应组织编写项目开工报告，对完成项目所需的工、料、机等资源配置予以明确，并制定详细的施工计划，细化各分项工程施工技术方案等，并上报监理单位和建设单位同意后，方能开工。

2）施工阶段管理

（1）材料、机械及构配件进场报审。项目开始建设之前，施工单位应将进场的材料、机械设备及构配件的品牌、供应商、数量、规格、质检报告等相关资料上报监理单位和建设单位进行备案，确保材料、机械设备供应的信息可追溯，有利于材料、机械设备质量的保证。

（2）分部/分项工程开工报告报审。各分项工程开工前，应由施工单位组织编写各分部、分项工程的开工报告，细化各分部、分项工程所需的工、料、机等资源配置，明确施工工艺流程，便于分项工程的顺利实施。开工报告应及时上报监理单位，建设单位批准后方可开工。

（3）技术交底。各分项工程实施前，施工单位应组织项目总工对科室，科室对科员、班组，班组对操作工人的三级技术交底，交底内容应根据接受交底的对象不同而有针对性，确保技术交底到一线技术人员和操作工人，确保按照技术规范进行施工，确保工程质量。

（4）首件工程管理。项目实施过程中，由于资源配置条件的变化，把项目的每一类分项工程的第一个施工项目作为首件工程，实行"首件制"，通过对首件进行总结，完善优化施工组织，确保同类分项工程大面积施工的工程质量，从而确保整个工程的整体工程质量。

（5）过程质量管理。施工单位应定期、不定期开展工程质量检查，排查质量隐患，及时落实整改，解决质量通病，确保项目工程质量符合要求。监理单位负责对施工单位施工全过程实施质量监督，发现问题，及时命令施工单位予以整改，必要时上报建设单位，督促施工单位落实各项质量管理举措，确保工程质量。

（6）科技创新管理/四新技术管理。项目实施过程中，施工单位应积极推广应用"四新技术"，改进工艺，改良工法，积极开展"五小""微创新"等技术创新活动，通过科技创新实现机械换人、自动化换人，消除质量通病，提高质量、安全水平，进一步提高项目工程质量。

3）验收与缺陷责任期管理

（1）工程交工验收。项目完工，应由建设单位组织交工验收。建设单位在工程具备交工验收各项条件以后,向行业主管部门和质量监督机构提出验收申请,并及时组织验收。施工单位、监理单位负责配合做好交工验收的各项准备工作,确保验收顺利完成。

(2)缺陷责任期质量管理。缺陷责任期施工单位应建立顾客回访制度,对已经交付投入施工的工程进行质量跟踪,与建设单位、管养单位保持沟通,对于缺陷责任期发现的质量问题,属于施工单位责任的,应由施工单位及时整改,确保缺陷责任期满后工程顺利通过竣工验收。

(3)竣工验收。与交工验收类似,待工程缺陷责任期满,由建设单位向行业主管部门提出验收申请,及时组织竣工验收。

3.2 公路工程项目质量控制

3.2.1 公路工程项目质量控制概述

1. 公路工程项目质量控制的定义

公路工程项目质量控制可以定义为:为满足公路工程项目质量要求而采取的作业活动和技术。设计文件、项目合同、规范规定是控制质量的主要依据。所以,为了满足公路工程合同规定的质量标准,公路工程项目质量控制就成了实现这一目标所采取的具体措施。

根据实施主体不同,公路工程项目质量控制可分为自控和监控两种。自控主体是指直接从事质量性质工作的工作者(如施工单位、勘察设计单位);监控主体是指监控他人质量能力和效果的工作者(如各级政府、工程监理单位、监管部门)。工程项目建设各阶段分析如图3.1所示。

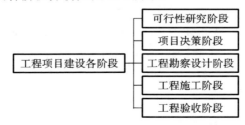

图 3.1 工程项目建设各阶段分析

2. 质量控制的过程

如图 3.2 所示,工序质量、分项工程质量、分部工程质量等工程项目质量的一系列系统控制过程即工程项目质量控制。

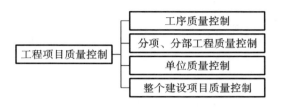

图 3.2　工程项目质量控制

3. 公路工程项目质量控制的依据

合同、设计图纸、文件、技术要求和业主要求是公路工程项目质量控制的依据。与此同时,应该用专门的规范和标准来控制在施工进行过程中的工序质量以及原材料、半成品、构配件的质量。比如,我国的《建设工程质量管理条例》《中华人民共和国公路法》《中华人民共和国招投标法》以及与公路建设主体的工程承发包、从业资格、勘察设计管理、工程质量管理监督、施工管理、建设监理等相关的规定都是在进行公路工程项目质量控制时必须遵循的法则和标准。

4. 公路工程项目质量控制的工作程序

"政府监督、法人管理、社会监理、企业自检"是公路工程项目的质量保障系统,为全面地控制质量和管理质量,公路工程项目以各项工作和各个阶段的重要环节为突破口,实现"质量岗位目标责任制"为主的、细节明确的施工管理目标。整体质量安全管理领导小组,在自控主体施工企业内进行质量控制时形成,这个小组包括该企业的项目经理、技术主管和主管安全生产的副经理;质检组的龙头部门是质检部门,还包括实验室、测量部门和统计分析部门,主要任务是对各阶段的质量管理、检查试验和统计分析的实施负责;自检小组是由施工过程中主要技术的负责人、施工工作人员以及负责自我检查的人员组成的,主要任务是在施工过程中保证施工过程控制和自我检查的顺利实施,从而实现用行政进行支持、用技术进行把关。小组建立办公室、驻地监理办事处的质量安全监测体系,目的是实现各负其责、责任明确、互相配合、互相监督、严格质量控制。如果单个工程或者总体工程完成,施工单位理应立刻向业主或者工程师提交检验质量的申请资料,为防止对工程进度造成影响或造成赔偿,业主或者工程师应该及时回应相关的信息,这样才能确保监控体系正常运行。

3.2.2 公路工程质量控制的统计分析方法

在质量管理过程中,需要对数据进行整理、分析、判断来确定工程质量的真实状态,并用图表表示出来。目前常用的数理分析方法有以下几种。

1. 统计调查表法

统计调查表法又称统计调查分析法,对质量数据进行收集、整理后进一步分析质量状态的一种方法。在公路工程质量控制活动中,控制人员可根据具体情况,设计出不同格式的统计调查表。实际操作中,统计调查表往往要同分层法结合起来应用,这样才利于找出问题的原因,为采取改进的措施打下基础。例如对梁场的 200 片 T 梁进行混凝土质量外观检查(表 3.1)。

表 3.1 混凝土 T 梁外观质量调查表

产品名称	调查总数	检查方式	质量缺陷					总计
			露筋	蜂窝	孔洞	裂缝	其他	
混凝土 T 梁	200 片	施工自检、全数检查	10	11	8	1	4	34

2. 因果分析图法

因果分析图法是利用因果分析并采用图形展现系统中某个质量问题与其产生原因之间的关系。因果分析图也称质量特性要因图、树枝图或鱼刺图。从图 3.3 可见,因果分析图由质量特性(即质量结果,指某个质量问题)、要因(产生质量问题的主要原因)、枝干(用箭线表示,表示不同层次的原因)最后汇集到主干(指较粗的直线,指向质量结果的水平箭线)组成。其分析质量原因简单明了。

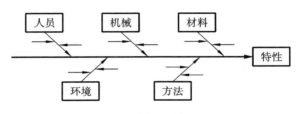

图 3.3 因果分析图

3. 直方图法

直方图法,用以描述质量分布状态的一种分析方法,所以又称质量分布图法。通过对直方图的观察与分析,掌握质量特性的分布规律,以便对质量状况进行分析判断。同时可估算施工生产过程总体的不合格品率,评价过程质量控制能力等。常见的直方图有以下几种,如图3.4所示。

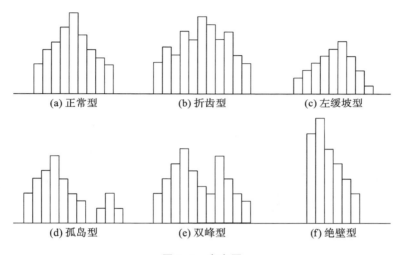

图 3.4　直方图

图3.4(a)为正常型,基本满足正态分布,表明生产正常,质量可控;图3.4(b)为折齿型,是由分组组数不当或组距确定不当造成的;图3.4(c)为左缓坡型,是由对上限控制太严造成的;图3.4(d)为孤岛型,是由原材料发生变化,或者临时他人顶班作业造成的;图3.4(e)为双峰型,是由使用两种不同方法或两台设备或两组工人进行生产,把两方面数据混在一起整理造成的;图3.4(f)为绝壁型,是由数据收集不正常,或者有意识地加工数据(去掉下限以下的数据)等人为因素造成的。

4. 控制图法

控制图用于判断工序是否处于稳定状态。控制图是在平面直角坐标系中画出三条平行于横轴的直线。其中,纵坐标表示需要控制的质量特性值及其统计量,横坐标表示样组编号。三条横线的中心线称为中心线,记为CL,表示生产正常。上面一条虚线称为上控制界限,记为UCL,超出上限表示生产不正常。下面一条虚线称为下控制界限,记为 LCL,超出下限同样表示生产不正常。控制图如图 3.5 所示。

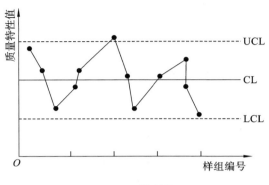

图 3.5 控制图

在画控制图时,把质量特性数据用点标在图上相应的位置,若点全部落在上、下控制界限控制之内,而且点的排列又没有什么异常情况(如链、倾向、周期等),那么可判断生产过程处于控制状态,否则就认为生产过程存在着异常波动,应立即查明原因并予以消除。

5. 散布图法

散布图又叫散点图,是用于分析两个变量之间相关关系的。以纵轴表示结果,横轴表示原因,用点表示分布形态,根据分布形态判断两者之间的相互关系。从图 3.6 中可以看出事件发生概率和发生原因之间的相关关系。散布图一般有四种形态:正相关、负相关、不相关、曲线相关。

3.2.3 公路工程质量控制的方法

对与工程相关的技术资料进行审核、对现场进行直接检查以及进行必要的试验是工程质量控制的主要手段。

1. 审核相关技术资料、报告或报表

审核相关技术文件、报告或报表,具体内容包括:审核相关技术资质证明文件;审核开工报告,同时在现场进行核实;审核施工方法、施工设计和技术手段;审核相关资料、半成品的检查说明;审核相关工序动态质量的统计材料或控制表;审核设计改动、变更图纸和技术审核书;审核相关质量问题的弥补方案;审核

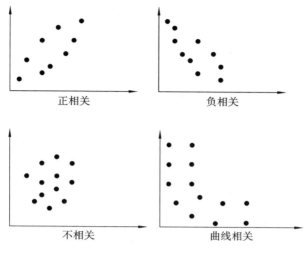

图 3.6 散布图

相关使用新材料、新工艺、新结构、新技术的技术审核报告;审核相关阶段交替检查,分部、分项工程质量检验说明;审核并签订现场有关技术方面的签证、文件等。

2. 现场质量检查

(1)施工前检查。监理工程师应重点确认是否具有开工资格、开工后是否能够连续地进行正常的施工,以及是否能够确保工程质量。

(2)工序交接检查。针对重点工序或对工程质量影响重大的工序,监理工程师应该以承包人自检为基础,领导专业工程师实现工序交接检查。

(3)关键工序签认。竣工后不能检查的重点工序,必须由监理工程师签字确认,并且保存相关的图像资料。没有经过监理工程师确认的工序,严禁继续实施下道工序。

(4)隐蔽工程检查。只要是隐蔽工程,必须经过监理工程师严格检查,在取得确认以后才能掩盖。

(5)停工后复工前的检查。由于质量问题或其他原因被迫停工,经过一段时间准备需复工时,也必须由监理工程师检验承认后才能复工;分项、分部工程竣工以后,必须由监理工程师检验确定,签订验收报告以后,才可以进行下面工程项目的施工;成品保护检查。对检查成品的保护措施进行检查,确保有可靠的保护措施。

(6)监理师现场巡查。监理师应该经常到现场进行巡查,有必要的话,还应该进行跟踪检查。

(7)现场质量检查的方法。现场检查质量的手段有三种,分别是实测法、目测法和试验法。

(8)工序质量控制的方法。原材料、安装工程质量施工过程中的各个阶段、结构和竣工后的总体质量是公路工程项目质量管理的目标。为了确保实现质量控制的标准,通常使用以下方法。①旁站。监理工作者对工程的有些部位或者环节,或对整个过程或部分过程进行现场监督,以此监督承包者在施工进行时使用符合技术标准规定的工艺。②巡视。监理工作者对施工现场和主要工程进行频繁检查。为有利于监理师按计划进行巡视任务,承包人需要提交完整的施工进度计划。③测量。测量是监理工作者检查和控制承包人的路线放样和相关几何尺寸的手段。④试验。监理工作者要尽量通过检验的数据结果对工程质量做出评价。试验是监理人员监控工程质量的重要手段。

(9)指令文件。承包人在施工进行时留存的质量隐患由监理工作者在发表指令文件时指出,这样做的目的是尽快引起承包人的注意并督促其改进,同时也可以将设计的变更、技术标准的补充等之类的要求发布在指令文件中。

(10)计算机管理。监理工作者最好建立和完善一个由指令文件和检验数据组成的有关质量的数组管理系统,这个系统可以加快管理信息的交流,保证有效控制工程质量。

3.2.4 公路工程全过程质量管理对策

公路工程项目全过程质量管理,是针对传统的只重视施工阶段质量管理模式的改进和完善,它强调建设单位应从项目决策阶段起就注意对质量进行管理,控制好前期的质量隐患,从而减轻施工阶段质量管理的工作量。根据施工进度,可以将全过程质量管理分为施工前期、施工阶段和施工后期(竣工验收阶段)三个阶段。

1. 施工前期质量管理

(1)投资决策阶段。公路项目可靠性、安全性、适用性以及经济性必须通过前期的投资决策质量控制得以保证。在决策阶段经过资源论证、市场需求预测来决定是否建设以及建设的规格档次,要避免盲目建设和重复建设,避免盲目追求高标准而缺乏质量经济性考虑的决策给项目建设后期造成的不良影响。决策阶段要有可行性研究报告和环境资源评估报告,还要确定工程项目的质量目标与水平,重点考核项目的可行性研究报告是否符合项目建议书或业主的要求,是否符合国民经济长远规划、国民经济建设的方针政策,是否具有可靠的自然、经济、社会环境等基础资料和数据,是否达到了内容、深度、计算指标的相应要求,从而为工程质量奠定坚实的基础。

(2)施工图纸设计阶段。施工图纸是项目建设的直接依据,其质量直接决定了后期施工阶段质量。建设单位在图纸设计前一定要对设计院有充分的考评。有些公路项目选择设计单位时,以竞标的方式让几家设计院出具各自的设计方案,然后建设单位就此展开评比,选择性价比最高的方案,以此来控制质量。另外,图纸设计完成之后的会审工作也是控制图纸质量的重要环节。图纸会审应由建设单位负责安排,召集施工单位和监理部门,三方专业工程师一起对各自专业内的设计内容进行审核,尤其是针对不同专业交叉的部位,以及路基下层的各类管道工程,要重点审核是否有标高和位置冲突。图纸会审完成之后应由各单位签字确认,在确保图纸无明显质量问题的基础上才能进入施工环节。

2. 施工阶段质量管理

(1)完善质量动态管理体系。质量动态管理是过程控制的重要手段,旨在及时发现影响工程质量的各种因素,对工程质量管理做好提前预判,达到提高施工质量的稳定性,减小变异系数的目的。为此,需要施工管理人员对施工一个周期内的质量参数(如路基压实度、马氏参数等)进行收集、整理和统计,找出内在规律并以动态控制曲线的形式表现出来,编制出相关的质量管理预算,然后在具体的施工中将实际工程质量和预测目标值进行对比并纠正偏差。例如,在沥青混合料的质量管理过程中,可通过燃烧炉法每天两次检测矿料级配和关键筛孔通过率来进行控制。把每天的筛分结果输入数据文件,形成数据曲线,与工程级配范围和施工允许波动范围相对照,若发现偏差过大,马上分析并查找原因,及时纠正。

(2)工程材料管理。公路项目建设的材料管理,首先应确保各项材料质量满足施工要求。现场应设置专职材料员,除了负责材料采购之外,还要联合监理部门完成材料进场的验收工作,验收内容包括材料出厂合格证、质量检测报告以及材料规格、型号、外观等内容是否满足施工要求。其次,应禁止在同一分项工程中使用不同规格的材料,尤其是热熔或电熔管道施工中,不同规格的材料壁厚是不一样的,如果主材使用品牌厚壁产品,而接口处以劣质产品代替,那么主材对

于工程整体质量而言毫无意义,因为接口处的薄壁材料在承压和热熔后的使用寿命上,都不能和品牌材料相比。

3. 竣工验收阶段质量管理

竣工验收是公路施工的最后环节,也是质量控制的最后一道关卡。首先,公路工程各合同段符合交工验收条件后,经监理工程师同意,由施工单位向建设单位提出申请验收。竣工验收由建设单位组织,地方质量监管单位、设计单位及监理单位共同参与,如果在竣工验收过程中,发现单项工程仍存在质量缺陷或质量隐患,应及时书面通知施工单位按期整改。其次,建设单位应重点检查施工单位提报的竣工图纸、质量合格证明材料、各种隐蔽工程记录、施工日记等工程质量记录资料。最后,对检查出的质量问题根据实际情况督促施工单位采取限期修补处理、返工处理等措施,如混凝土结构表面出现的蜂窝、裂缝、麻面等,经过调查分析不影响结构安全的情况下可以采用修补处理,而如果这是严重的结构质量问题,则必须采取返工处理。另外,工程项目竣工验收后,也要加强项目运营阶段的管理与维护,使项目达到设计寿命,完成项目全寿命管理。

3.3 公路工程项目质量检查与验收

公路工程质量检查与验收是一项非常严肃而重要的工作,它贯穿公路施工建设的全过程,在这个过程中,各责任主体必须依据国家有关法律法规、公路工程技术标准、设计文件和合同文件,按照规定的程序和内容,科学、客观、公正地对各分项工程、分部工程、单位工程和建设项目进行详细检查与验收,并按照规定提交齐全、完整的质量保证资料和检查验收资料。

3.3.1 公路工程质量检查验收的概念和作用

1. 概念

公路工程质量检查与验收主要包括工程施工前、施工过程中的质量管理和控制检查,各施工工序间的检查,交工时的质量检查验收,以及工程竣(交)工验收。相应地,其检查与验收的依据、主体、程序、范围、内容、资料也都有明确的规定。

施工过程中的质量检查是在材料检查合格的基础上进行的外形尺寸、工程质量和缺陷检查,其内容是全面、详细和系统的。

质量检查验收是在施工单位工序自检合格的基础上进行的交接验收,一般还须经工程监理单位或建设单位进行抽样检查。施工单位自检、监理单位抽查应按《公路工程质量检验评定标准》进行。

公路工程验收分为交工验收和竣工验收两个阶段。交工验收是检查施工合同的执行情况,评价工程质量是否符合技术标准及设计要求、是否可以移交下一阶段施工或是否满足通车要求,对各参建单位工作进行初步评价。竣工验收是综合评价工程建设成果,对工程质量、参建单位和建设项目进行综合评价。对于工程规模较小、等级较低的小型项目,可将交工验收和竣工验收合并进行。

交工验收阶段由项目法人组织监理单位按《公路工程质量检验评定标准》的要求对各合同段的工程质量进行评定。竣工验收阶段由质量监督机构按中华人民共和国交通运输部规定的公路工程质量鉴定办法对工程质量检测鉴定。

2. 作用

检查与验收是公路工程质量管理的法定程序、关键环节和必要手段,是工程内在质量、外观质量的基本保证,其意义和作用主要体现在以下几个方面。

(1)指导施工。在施工前对要求具备的条件(材料、设备、环境状况等)进行检查验收,在完工后进行验证、检查验收并指导下一步的施工。

(2)正确评价工程质量、施工水平和管理水平。优质优价、争优创先、树立标杆、奖勤罚懒,只有经过检查评比才能有依据。

(3)确认隐蔽工程和每道工序是否满足质量要求,能否继续施工。位置、尺寸、标高、坡度、承载能力是否符合设计,在此基础上施工是否能保证工程质量,没有检查与验收结果是很难评价的。

(4)防止使用不合格材料和偷工减料。通过检查、验收,禁止不合格的材料进场和在工程中使用,并避免偷工减料现象的发生。

(5)及时发现并消除质量缺陷和隐患。只有在检查与验收的基础上,才能把质量问题消灭在萌芽中,把质量缺陷解决在施工过程中。

3.3.2 公路工程质量检查与验收的依据

(1)法律、行政法规。法律和行政法规是确保公路工程质量检查与验收能够沿着依法、规范、高效的轨道健康发展的基础和根本依据。公路工程质量检查与验收的法律法规依据主要有:《中华人民共和国公路法》《中华人民共和国建筑法》等法律,《建设工程质量管理条例》等行政法规,《公路工程竣(交)工验收办法》《公路建设监督管理办法》《公路建设市场管理办法》等规章及其他规范性文件。

(2)公路工程技术标准体系。技术标准是指对标准化领域中需要协调统一的技术事项所制定的标准,其主要包括基础技术标准、产品标准、工艺标准、检测试验方法标准及安全、卫生、环保标准等。技术标准是工程质量检查与验收的技术基础,公路工程技术标准是公路工程质量检查与验收的基本依据,例如《公路工程技术标准》《公路工程质量检验评定标准》。

3.3.3 公路工程质量检查与验收的主体

交通主管部门及其所属质量监督机构、公路管理机构(养护部门)、质量检测机构、建设单位(项目法人、项目建设管理单位)、勘察设计单位、工程监理单位、施工单位、材料设备供应单位等,都是工程质量检查与验收的参与者,也是工程质量检查与验收的责任主体。

1. 参加竣工验收各方的职责

公路工程竣工验收委员会由交通主管部门、公路管理机构、质量监督机构、造价管理机构等有关单位的代表组成。对于大中型工程项目及技术复杂工程,应邀请有关方面的专家参加,国防公路应邀请军队代表参加。工程项目法人、设计单位、监理单位、施工单位、接管养护单位等,均应参加公路工程的竣工验收工作。

竣工验收委员会负责对工程实体质量及建设情况进行全面检查。按照中华人民共和国交通运输部规定的办法对工程质量进行评分,对各参建单位进行综合评价,对建设项目进行综合评价,确定工程质量和建设项目等级,形成工程竣工验收鉴定书。

根据我国的基本国情和多年工程实践经验,参加公路工程竣工验收各方的主要职责包括以下几个方面。

(1)质量监督机构负责建设项目的工程质量鉴定,在竣工验收前完成工程质量鉴定报告。

(2)项目法人负责提交项目执行报告及验收所需资料,协助竣工验收委员会开展工作。

(3)设计单位负责提交设计工作报告,配合竣工验收检查工作。

(4)监理单位负责提交监理工作报告,提供工程监理资料,配合竣工验收检查工作。

(5)施工单位负责提交施工总结报告,提供施工过程中各种资料,配合竣工验收检查工作。

2. 参加交工验收单位的职责

项目法人负责组织公路工程各合同段的设计、监理、施工等单位参加交工验收。拟交付使用的工程,应邀请运营、养护管理单位参加。

项目法人负责组织各合同段参建单位完成交工验收工作的各项内容,总结合同执行过程中的经验,对工程质量是否合格得出结论。设计单位负责检查已完成的工程是否与设计相符,是否满足设计要求。监理单位负责完成监理资料的汇总、整理,协助项目法人检查施工单位的合同执行情况,核对工程数量,科学公正地对工程质量进行评定。施工单位负责提交竣工资料,完成交工验收准备工作。

项目法人组织监理单位按照《公路工程质量检验评定标准》的要求,对各合同段的工程质量进行评定。监理单位根据独立抽检资料对工程质量进行评定,当监理按规定完成的独立抽检资料不能满足评定要求时,可以采用经监理确认的施工自检资料。项目法人根据对工程质量的检查及平时所掌握的情况,对监理单位所做的工程质量评定进行审定。

3. 施工单位在质量管理与验收中的工作

公路工程施工应根据全面质量管理的要求,建立完善有效的质量保证体系,实行严格的目标管理、工序管理与岗位责任制度,对工程材料(产品)和施工各阶段的质量进行检查、控制、评定,达到规定的质量标准,确保施工质量的稳定性。

施工质量管理与验收,包括工程施工前、施工过程中的质量管理与质量控制,各施工工序间的检查以及工程完工后的质量检查验收。主要包括以下几个方面。

施工单位必须设立工地试验室和专职质量检查人员,建立"横向到边、纵向到底、控制有效"的质量自检体系,认真执行自检、互检、交接检"三检"制度。施工单位应对进场的原材料、半成品、成品进行质量检验,在确保其合格后才能用于工程。禁止不合格材料进入施工现场,不合格的不得使用。施工单位在施工过程中随时对施工质量进行自检,保证达到规定的质量控制标准,严禁不合格的工序不经处置而转入下道工序。施工单位在施工过程中的质量检查,应采用动态管理方法进行分析评价,并根据检查结果不断总结经验和教训,以便指导下一步的施工质量控制和管理。在工程完工以后,施工单位应按照有关规定和划分的单元进行自检,在自检合格的基础上,提交检测结果和施工总结材料,申请交工验收。工程材料、构件生产单位应具有相应的生产资质、生产条件和质量保证体系,并加强对生产过程中的质量控制和检查,禁止不合格材料、构件出厂。

4. 工程质量检测机构的职责

具备相应工程质量检测资质并取得计量认证合格证书的工程质量检测机构可以接受项目法人的委托,依据国家有关的法律、法规和工程建设强制性标准,从事公路工程质量检测工作。检测机构应当建立健全质量保证体系,确保检测报告科学、客观、公正,并对检测报告的准确性负责。

5. 监理单位在施工中的职责

监理人员应对公路工程施工全过程进行检查、监督和管理,制止影响工程质量的各种不利因素,使施工单位提交的工程符合设计图纸、施工合同、技术标准、使用要求和验收标准。监理单位在施工中的职责主要包括以下几个方面:①明确工程质量标准,对工程进行质量抽查和抽检,评定工程质量;②提出保证工程质量的措施、手段和质量控制程序,监督、检查和测验工程质量;③采取巡视和旁站等手段,及时解决处理影响工程质量的问题;④系统记录并分析整理各项工程质量成果,提出质量控制分析报告。

3.3.4 公路工程质量检查与验收的程序

1. 施工过程的质量管理与检查

公路工程施工过程中的质量管理与检查,是确保公路工程质量的关键环节,主要包括施工单位进行的材料进场检验,材料、构件现场生产检验,施工作业过程中每个步骤的工艺跟踪检查,外形尺寸、工程质量过程控制和缺陷检查,以及工程监理单位和其他单位进行的抽查。

为了对施工作业步骤进行具体指导和控制,施工单位经常在每一个作业过程后,还要不断进行跟踪检查。如用某种压路机碾压几遍后,在浇筑混凝土的同时,对混凝土试块同条件养护,并在不同龄期进行试压,以此对混凝土质量进行跟踪检查,这对于确保混凝土工程质量具有非常重要的意义。

2. 公路工程质量检查验收

所建公路工程完工后,施工单位应对各分项工程按《公路工程质量检验评定标准》和相关标准规范所列基本要求、实测项目和外观鉴定进行自检,按《分项工程质量检验评定表》及相关施工技术规范提交真实、完整的自检资料,对工程质量进行自我评定。这是顺利通过竣(交)工验收的基础,应当按照有关评定标准逐项检查、认真对照、严格要求,发现问题,及早纠正。

工程监理单位应按照有关规定要求,对工程质量进行独立抽检,对施工单位自检评定资料进行签认,对工程质量进行评定。

建设单位根据对工程质量的检查及平时掌握的情况,对工程监理单位对公路工程所做的质量评定及等级进行审定。

工程质量监督部门、质量检测机构应按照《公路工程质量检验评定标准 第一册 土建工程》(JTG F80/1—2017)的要求和《公路工程竣(交)工验收办法实施细则》(交公路发〔2021〕65号)对工程进行质量鉴定。

3. 公路工程的交工验收

交工验收是检查施工合同的执行情况,评价工程质量是否符合技术标准及设计要求、是否可以移交下一阶段施工、是否已经满足通车要求,也是对各参建单位工作进行初步评价。

公路工程(合同段)交工验收应具备以下基本条件。①经过认真检查核对,合同约定的各项内容已完成。②施工单位按《公路工程质量检验评定标准 第一册 土建工程》(JTG F80/1—2017)及相关规定的要求对工程质量自检合格。③监理工程师对工程质量进行独立抽检,对施工单位检评资料进行签认,对工程质量评定为合格。④质量监督机构按照中华人民共和国交通运输部规定的公路工程质量鉴定办法,对工程质量进行检测(必要时委托有相应资质的检测机构承担检测任务),并出具检测意见。⑤公路工程竣工文件已按照中华人民共和国交通运输部规定的内容编制完成,经检查竣工文件的格式、内容等符合要求。⑥设计单位、施工单位和监理单位已完成本合同段的工作总结,经检查工作总结的格式、内容等符合要求。

公路工程各合同在具备上述交工验收基本条件后,经监理工程师同意,由施工单位向项目法人提出书面申请,项目法人应及时组织对该合同段进行交工验。

公路工程各合同段交工验收结束以后,由项目法人对整个工程项目进行工程质量评定,工程质量评分采用各合同段工程质量评分的加权平均值。

公路工程各合同段经过交工验收合格后,项目法人应按照交通规定的要求,及时完成项目交工验收报告,并向交通主管部门进行备案。国家、部重点公路工程项目中100 km以上的高速公路、独立特大型桥梁和特长隧道工程,应向省级人民政府交通主管部门备案,其他公路工程按省级人民政府交通运输主管部门的规定,向相应的交通运输主管部门备案。

公路工程各合同段经过验收合格后,质量监督机构应向交通主管部门提交工程项目的检测报告。交通主管部门在15 d内如果未对备案的项目交工验收报告提出异议,项目法人可以开放交通进入试运营期,试运营期一般不得超过3年。

4. 公路工程的竣工验收

公路工程竣工验收是对交工验收的继续,是综合评价公路工程建设成果,对工程质量、参建单位和建设项目进行全面评定,总结经验,吸取教训。

公路工程进行竣工验收应具备以下基本条件。①通车试运营期超过2年以上。②在交工验收时所提出的工程质量缺陷等遗留问题,已经全部处理完毕,并经项目法人和有关单位验收合格。③工程决算已按照中华人民共和国交通运输部规定的办法编制完成,工程竣工决算已经过审计验收,并经交通主管部门或其授权单位认定。④竣工验收的资料已按照中华人民共和国交通运输部规定的内容整理完毕。⑤需要进行档案、环保等单项验收的工程项目,已经过有关部门验收合格。⑥公路工程各参建单位已按中华人民共和国交通运输部规定的内容完成各自的工作报告。⑦质量监督机构已按中华人民共和国交通运输部规定的《公路工程竣(交)工验收办法实施细则》(交公路发〔2021〕65号),对工程质量检测鉴定合格,并形成工程质量鉴定报告。

公路工程符合竣工验收条件后,项目法人应按照项目管理权限及时向交通主管部门申请验收。交通主管部门应当自收到申请之日起30 d内,对申请人递交的材料进行审查,对于不符合竣工验收条件的,应当及时退回申请验收报告,并告知不符合竣工验收的理由;对于符合工程竣工验收条件的,应自收到申请验收文件之日起3个月内组织工程竣工验收,无特殊原因不得延误。

公路工程竣工验收工程质量评分采取加权平均法计算,其中交工验收工程质量得分权值为 0.2,质量监督机构工程质量鉴定得分权值为 0.6,竣工委员会对工程质量的评定得分权值为 0.2。工程质量评定得分大于等于 90 分者为优良,小于 90 分且大于等于 75 分者为合格,小于 75 分者为不合格。

公路工程竣工验收委员会应当按照中华人民共和国交通运输部规定的办法,对公路工程参建单位的工作进行综合评价。评定得分大于等于 90 分且工程质量等级优良者为好,小于 90 分且大于等于 75 分者为中,小于 75 分者为差。对于工作评定为差的参建单位,应当认真查找原因,吸取教训,制订整改措施,限期改正。

公路工程竣工验收建设项目综合评分,应采取加权平均法计算,其中竣工验收工程质量得分权值为 0.70;参建单位工作评价得分权值为 0.30,其中项目法人占 0.15,设计、施工、监理单位各占 0.05。评定得分大于等于 90 分且工程质量等级优良者为优良,小于 90 分且大于等于 75 分者为合格,小于 75 分者为不合格。

3.4 公路工程质量事故预防

近年来,我国交通建设蓬勃发展,尤其是公路工程的增加,无论是公路工程里程、便利程度还是工程质量,都取得了傲人的成绩。但是不容忽视的是,我国公路工程中仍然有很多不可小觑的问题存在。从工程质量上看,总体情况较好,质量事故不多,较好地满足了设计要求。但同时质量问题仍有不少,如路基整体及局部沉降、水泥路面的裂缝及断板、沥青路面的松散和坑槽等早期损坏、构造物表面粗糙、路面不平整。相当一部分桥梁桥头跳车等质量通病仍然存在,这很值得公路各类从业人员深思。对此,必须积极采取预防措施,保证公路工程质量。

下面就常见的六种工程质量通病进行逐一分析,并提出预防措施。

1. 防护工程和结构物表面粗糙

混凝土结构物表面不光滑,外观不美观,这在一些地区尤其严重,与其他先进省市相比差距很大。应采用以下方法进行预防。

(1)模板面要清理干净。

(2)尽量采用刚度好的大模板,浇筑混凝土前应用清水将模板清洗干净,不留积水,模板缝应拼严,控制跑模,防止漏浆。

(3)钢模隔离剂涂刷均匀,不得漏刷。

(4)加强混凝土配合比设计和生产过程中的质量管理,重视外掺剂的使用研究。

(5)混凝土振捣要密实,应不漏振不过振。

2. 高填土下沉

深填、高填、半填半挖、桥头引道高填土等填方,往往会在通车一段时间后下沉,究其原因,一方面在于施工因素,如压实控制不好、分层过厚、冬施措施不当等,另一方面在于材料因素,如最大干容重及最佳含水量有误、材料压缩系数过大、采用高塑性指数的黏性土等,均会出现此问题。高填土下沉会使路面变形、开裂或下陷,在工程中宜采用以下措施予以控制。

(1)按路面平行线分层控制填土标高,按试验路段路基填土厚度的90%来控制规模施工时的填土厚度。

(2)在新旧填土的衔接处,严格控制填土接茬台阶的最小长度,以避免接茬处超厚,压实不足。

(3)防止漏夯或夯实不足,严禁超厚填土。

(4)在机械难以压实的地方,用适当的小型机具进行补充夯实。

(5)冬季施工时应使土在未受冻的情况下回填压实,避免填土压实密度严重不均匀而造成土体下沉。

(6)回填几种土时,不能仅用某一种土的击实试验得出的密度标准作为所有填土的压实度标准,而应按填土的不同类别,做相应土的若干组击实试验,取值应符合相应规定。

3. 沥青路面早期破损

沥青路面早期破损是指路面在竣工后通车不久出现多处或大面积裂缝、破损。其产生原因主要有以下几种。①施工控制问题。目前,路面工程片面追求平整度,而忽视压实度的要求。②材料到场及终压温度偏低,甚至在低温情况下过度碾压。③材料配合比不当,基质沥青未达标。④路面基层甚至路床、基底承载力不足,弯沉值过大。另外,由路面基层材料收缩造成的沥青路面反射裂缝,也会引起早期破损。此危害是雨雪水沿道路裂缝渗入路面基层和土基,降低路基路面的稳定性和强度,造成局部变形,裂缝扩展成网状裂缝。虽然碾压中产生的细微裂纹及反射裂缝在初期不影响行车,但水分侵蚀及阳光照射成为面层沥青混凝土疲劳开裂的催化剂,大大缩短沥青路面寿命。

其预防措施有以下几种。

(1)不要片面追求个别指标不合理的高水平,要全面考虑基层、面层的综合强度、舒适性、安全性和耐久性。

(2)在沥青混合料摊铺碾压中,严格控制沥青混合料进场摊铺的质量,严格控制摊铺和初压、终压的沥青混合料温度,严格按碾压操作规程施工,防止横向裂缝的产生。

(3)严格按照《沥青路面施工及验收规范》(GB 50092—1996)做好纵横向接缝。

(4)控制沥青混合料所用沥青的延度,或采用改性沥青。拌制沥青混合料时,防止加热过度,避免沥青混合料"烧焦"。

(5)在特殊潮湿、寒冷、高温地区要使用新型沥青混合料。

4. 桥梁伸缩缝和桥头跳车

桥头填土的沉降与桥台沉降有差异,以及伸缩缝、桥头搭板做得不好,在桥台处形成台阶,影响行车的舒适和安全,并对桥梁产生很大的冲击力。为了控制桥头跳车及防护工程台背下沉,要求做到三背回填记录台账,这样既做到了现场控制,又做到了责任到人,将管理落到了实处。在施工过程中应注意以下几点。

(1)桥台后背填土应选用排水和压实性能好的回填材料,以达到最好的压实度,减少路堤填土的沉降量。

(2)对于桩柱式桥台,应先填方,待填方充分沉降后,再修建桩柱式桥台,从而减少结构物与填土的沉降差。

(3)选用性能好的伸缩缝,并精心施工,以保证桥面伸缩处平整、完好。

(4)采取有效措施尽量减少桥面铺装层的裂缝。

(5)做好桥头搭板或采用土工格栅等新技术进行过渡。

5. 路面不平

路面平整度是公路工程的主要舒适性指标,若施工控制不好,平整度会衰减很快。道路不平会降低车速、增加行车颠簸、加大冲击力、损坏车辆、降低舒适性、减少安全性、降低经济效益和社会效益。出现路面不平的主要原因有:基层平整度控制不严,甚至出现波浪式起伏;路面施工控制不力,摊铺机及压路机的操作人员水平较低;基准线或滑靴失控,从目前路面施工情况看,滑靴已基本取代基准线,但仍有其局限性。因此,施工时应从路基开始层层严格控制高程和平整度。还要在保证压实度的基础上,合理控制路面面层微观构造和外观构造平整度。

6. 台背墙背下沉

三背回填指桥涵台背、挡墙路肩墙等墙背的回填。为了进一步规范施工,提高全员质量意识,确保公路工程质量,实现预期质量目标,制定《三背回填作业指导书》,达到彻底治理三背回填质量通病的目的。

1)一般要求

(1)三背回填材料必须采用级配良好的透水性砂砾石料、碎砾土材料,最大粒径控制在 10 cm 以内,且 5 cm 以下的填料占到总体积的 50% 以上。

(2)三背回填的压实厚度控制:压路机碾压时 20 cm,小型设备夯实时 15 cm。

(3)三背回填施工时,填料的含水量不能小于最佳含水量。且填筑 3~5 层时要求用水沉法浸泡一昼夜。

(4)三背回填要在砌筑物强度达到 75% 时进行。对靠近结构物 30 cm 范围内要用小型设备夯实,不能用压路机碾压,以防造成结构物的损伤。压路机不能用强振碾压,尽量避免振动碾压。

2)挡墙路肩墙墙背回填

(1)高度在 1 m 以内的挡墙路肩墙,在施工完成后,混凝土强度达到 75% 时,进行墙背回填。回填时要确保自墙顶以下 80 cm 范围内大开挖用压路机压实,其余部分宽度狭小的,可以采用小型振动设备夯实填筑。对墙背宽度在 30 cm 以内的,砌筑时直接满砌或者用低标号片石混凝土回填。

(2)高度大于 1 m 的挡墙路肩墙,在砌筑 80~120 cm 时要停止砌筑进行回填,回填高度大于砌筑面 30 cm 左右以利于下次砌筑工作。对仰斜式挡墙限 80 cm,对俯斜式挡墙限 120 cm。

(3)对于在旧路外侧加宽砌筑的挡土墙,墙背回填时在分层夯实填筑的基础上采用水沉法。在墙顶以下 80 cm 范围内,拆除旧挡土墙大开挖,用压路机碾压填筑。

(4)对于在旧路侧面砌筑挡墙和路肩墙的,墙背回填时,除了按照以上要求进行,还要把原有的路肩部分挖除 20~50 cm,以确保回填范围内没有表面腐殖土层。对于原地面或者原旧路翻浆软弱部分,要先处理翻浆和软弱部分再进行墙背回填。

3）桥涵台背回填

(1)基础部分回填。若基础部分基坑小或者净尺寸开挖,可以采用小型设备分层夯实填筑。

(2)对于台背部分,要求从底层开始用压路机碾压填筑。并注意和旧路基或者原地面接触部分按照路基施工要求开挖台阶。

(3)对于旧涵洞接长利用的台背填土,采用小型设备夯实填筑。施工中注意接长部分和旧路基在纵向、横向的接触面要清除浮土,按照规范开挖台阶填筑。

(4)涵洞的台背填土要在八字墙或者一字墙施工完成、盖板吊装完成后再进行回填。

(5)桥头锥坡砌筑时要先填筑锥心土,分层夯实后,刷坡成型再砌筑。

4）资料要求

(1)三背回填的资料要及时做好,及时签认。

(2)在每个施工部位开始三背回填时,由各分部做好最底层验收现场的资料,要有回填情况描述,在回填的台墙背上用油漆画出填筑分层线,写上层数编号。层数编号由顶面至底层向下编号,一般此时填筑的总层数就已经确定。最好附上现场的照片。

(3)各分部在完成三背回填现场施工准备工作后请现场监理工程师和工地试验室进行检测验收。如有必要,由工地试验室检查后通知项目部工程科,现场监理工程师通知驻地办查验。以后完成分层填筑后由现场监理和工地试验室检测验收,签字认可。各分部要对三背回填情况建立台账备查,并将台账表格交给工地试验室一份,工地试验室要对验收情况及时登记台账,对三背回填检测试验情况进行记录。

总之,公路工程质量通病的治理必须思想上重视、管理上及时、技术上合理、措施上得力,建设、设计、监理、施工各方面、各环节齐抓共管,才能使公路质量有根本的改进,才能建成精品工程。

第 4 章 公路工程项目成本管理

4.1 公路工程项目成本管理概述

4.1.1 公路工程项目成本构成

对于公路建设项目而言,实施成本管理所涉及的要素包括人员、机械设备、原辅材料、技术工艺、组织管理等。例如,公路建设项目施工阶段所使用的各种材料物资(如砂石、水泥等)的采购价格高低,运输和施工现场存储过程是否损耗及损耗量大小,材料的质量及破损率等都是影响施工阶段成本管理的要素。而公路建设项目中的人工成本指的是各种劳力的成本,主要包括各类型施工人员及工程师、管理人员等,他们的劳动报酬是项目的主要成本。在项目施工阶段,这些施工人员的数量、岗位配置比例、生产效率等均对工程进度及劳动成本造成影响。机械设备的使用数量、配置比例、工作效率等也都会影响项目成本的大小,需要科学合理调度。公路建设项目的成本控制还涉及成本计划方案的科学性和合理性,成本目标的设置及实施等。

就我国当前实际情况而言,公路工程项目的成本构成如图 4.1 所示,包括建筑安装工程成本、设备工器具购置成本、工程建设其他成本以及预留费用。

4.1.2 公路工程项目成本管理的概念和基本原则

1. 概念

公路施工企业项目管理的任务包括:施工安全管理、施工成本管理、施工进度控制、施工质量控制、施工合同管理、施工信息管理、与施工有关的组织与协调。公路施工企业最突出的问题是公路工程项目成本管理。公路工程项目成本管理就是要在保证工期、安全和质量满足要求的情况下,采取措施把成本控制在计划范围内,并进一步寻求最大限度节约成本的方法;拓展公路施工企业经济效

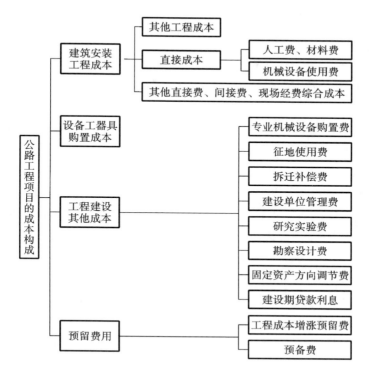

图 4.1 公路工程项目的成本构成

益空间,实现企业利益最大化目标。

2. 基本原则

科学有效的项目成本管理必须遵循一定的原则。这些原则是经过几十年的实践所验证过的,具有一定科学性,遵照这些原则来处理项目成本管理中遇到的各种问题,可以事半功倍。目前,我国公路工程项目成本管理的基本原则主要有以下几方面。

(1)动态控制原则。

我国当前对公路工程项目实施的动态控制的一般流程是"调查→分析→发现偏差→纠偏→再偏差→再纠偏"。这种动态控制方法对公路工程施工项目的成本管理具有非常重要的意义。公路工程项目一旦开始实施,大量的人力、物力和财力都将投入项目建设。由于以投资目标为核心的成本控制是动态的,而且渗透于整个项目生命周期,加之项目的进度也是动态的,因此,对投资成本的监督控制也必须是动态的。在工程项目的实施过程中,当项目的投资额或者成本的实际值与计划值发生偏离,就需要对此进行调查研究,找出发生偏离的原因,并采取有效的措施进行纠偏。在项目实施的各个阶段,都必须定期进行上述的循环控制工作,以实现对整个项目的成本控制。

(2)全面控制原则。

这里所说的全面控制主要包含三个方面。①对整个项目全过程的控制。即控制贯穿工程项目的全过程,从工程项目的准备阶段到缺陷责任期阶段。在这一过程中发生的所有费用支出,都会列入成本控制的范畴,然后对其实施动态控制,保证整个项目的成本管理能一直处在有效的管理控制之中。②全项目控制。即在整个企业实施项目成本管理,将项目成本管理渗透到企业的每个层面,无论是高层管理者还是基层员工,都必须加入项目成本的管理与控制体系。但由于管理层次不同,每个层次之间的职能各不相同。所以,整个企业要落实全面控制原则,就需要各个层级之间具有良好的组织协调能力,每个层级在发挥本层级职能的同时,也要注意与其他层级做好协调配合,进而使项目的成本控制在预算之内。③全员参加。实现对项目成本的控制,就必须将企业的所有成员都调动起来。人是执行主体,唯有将每个执行主体调动起来,一项政策、措施才有可能落实。无论是基层员工还是高层领导,都和项目的成本密切相关。项目成本是由企业的所有人共同决定的,项目成本管理与控制预期目标的实施,需要每位员工的参与。

(3)控制目标分阶段设置原则。

投资大、施工周期长、施工复杂、综合性强等是公路工程项目施工特点,为了准确地控制项目成本,必须将项目成本的控制目标阶段化和具体化,即将一个总体目标划分成若干个阶段目标。由于在每个施工阶段,项目施工内容是不同的,成本管理与控制的目标也随之不同。要想对项目成本的动态变化实施控制,就必须根据每个施工阶段的特性和实际状况设置具体的项目成本管理目标。

(4)设置成本控制目标原则。

一般情况下,成本控制目标的确立基准是成本预测的结果。同时,设置的目标应具备明确、可行、公平、可考核等特点。设定成本控制目标最大的好处就在于,在开展项目的目标管理工作中,借助目标设定和分解,管理者能够很容易厘清思路,确定管理方向和方案。管理工作最基本的方法和手段是目标管理,这一套管理理念同样也适用于成本控制。目标管理的基本流程是,首先设定目标,然后分解、执行目标,最后对执行的结果进行检查、分析评价,根据评价结果,对管理目标进行修正。这样一个目标管理计划就诞生了,然后实施此计划,检查实施结果,对相关问题进行处理解决,依次循环。

(5)其他原则。

我国的公路项目成本管理除了上述几项基本原则外,还有一些其他原则,例如节约原则、规范管理原则等。

开源节流是提高经济效益的基本手段,对于工程项目来说,节约就是借助一些科学合理的管理方法,对施工过程中不必要的人力、物力消耗加以控制,进而实现尽可能降低各方面开支的目的。节约在一个项目的成本管理中具有非常重要的作用,实施时需要从以下几方面着手:①要有明确的成本开支范围、标准以及相关的财务制度,同时严格执行上述的标准制度;②采取必要的成本失控预防措施,制止浪费;③优化施工方案,科学管理项目,提高项目的生产效率。

规范管理是指在工程项目的成本管理与控制过程中,无论是项目经理还是各部门的主管以及基层职员,各个层级的管理职能、权力、责任、义务必须明确化,形成一个完整的责任网络。与此同时,还具备相应的管理规章制度,严格按照规章制度办事,赏罚分明,只有这样,才能为企业各项工作的顺利开展提供有力保障。

4.1.3 公路工程项目成本管理的内容和程序

1. 内容

公路工程项目成本管理是公路建筑企业项目管理系统中的一个子系统,这一系统的具体工作内容包括:成本预测、成本决策、成本计划、成本控制、成本核算、成本分析和成本考核等。项目经理部在项目施工过程中,对所发生的各种成本信息,通过有组织、有系统地预测、计划、控制、核算和分析等一系列工作,促使工程项目系统内各种要素按照一定的目标运行,使施工项目的实际成本能够在预定的计划成本范围内。

(1)公路工程项目成本预测。

项目成本预测是根据成本信息和施工项目的具体情况,运用一定的专门方法,对未来的成本水平及其可能发展趋势做出科学的估计,其实质就是公路工程项目在施工之前对成本进行核算。通过成本预测,可以使项目经理部在满足业主和企业要求的前提下,选择成本低、效益好的最佳成本方案,并能够在工程项目成本形成过程中,针对薄弱环节加强成本控制,克服盲目性,提高预见性。因此,公路工程项目成本预测是工程项目成本决策与计划的依据。

(2) 公路工程项目成本计划。

公路工程项目成本计划是项目经理部对工程项目成本进行计划管理的工具。它是以货币形式编制工程项目在计划期内的生产费用、成本水平、成本降低率以及为降低成本所采取的主要措施和规划的书面方案,它是建立公路工程项目成本管理责任制、开展成本控制和核算的基础。一般来讲,一个公路工程项目成本计划应该包括从开工到竣工所必需的施工成本,它是该工程项目降低成本的指导文件,是设立目标成本的依据。可以说,成本计划是目标成本的一种形式。

(3) 公路工程项目成本控制。

公路工程项目成本控制指项目在施工过程中,对影响工程项目成本的各种因素加强管理,并采取各种有效措施将施工中实际发生的各种消耗和支出严格控制在成本计划范围内,随时揭示并及时反馈,严格审查各项费用是否符合标准,计算实际成本和计划成本之间的差异并进行分析,消除施工中的损失浪费现象,发现和总结先进经验。通过成本控制,使项目最终实现甚至超过预期的成本目标。

工程项目成本控制应贯穿公路施工项目从招投标阶段至项目竣工验收的全过程,它是企业全面成本管理的重要环节。因此,必须明确各级管理组织和各级人员的责任和权限,这是成本控制的基础之一,必须给予足够的重视。

(4) 公路工程项目成本核算。

公路工程项目成本核算是指工程项目施工过程中所发生的各种费用和成本的核算。它包括两个基本环节:①按照规定的成本开支范围对工程施工费用进行归集,计算出公路工程项目施工费用的实际发生额;②根据成本核算对象,采取适当的方法,计算出该工程项目的总成本和单位成本。

工程项目成本核算所提供的各种成本信息是成本预测、成本计划、成本控制、成本分析和考核等各个环节的依据。因此,加强工程项目成本核算工作,对降低工程项目成本、提高企业的经济效益有积极的作用。

(5) 公路工程项目成本分析。

公路工程项目成本分析是在成本形成过程中,对工程项目成本进行的对比评价和总结。它贯穿工程项目成本管理的全过程,也就是说工程项目成本分析主要利用工程项目的成本核算资料(成本信息),将其与目标成本(计划成本)、预算成本以及类似的工程项目的实际成本等进行比较,了解成本的变动情况,同时也要分析主要技术经济指标对成本的影响,系统地研究成本变动的因素,检查成本计划的合理性,并通过成本分析,深入揭示成本变动的规律,寻找降低工程项目成本的途径,以有效地进行成本控制,减少施工中的浪费,促使企业和项目经理部遵守成本开支范围和财务纪律,更好地调动广大职工的积极性,加强工程项目的全员成本管理。

(6)公路工程项目成本考核。

公路工程项目成本考核,就是公路工程项目完成后,对工程项目成本形成中的各责任者,按工程项目成本责任制的有关规定,将成本的实际指标与计划、定额、预算进行对比和考核,评定工程项目成本计划的完成情况和各责任者的业绩,并以此给予相应的奖励和处罚。通过成本考核,做到有奖有罚、赏罚分明,才能有效地调动企业每一个职工在各自的岗位上努力完成目标成本的积极性,为降低工程项目成本和增加企业的积累做出贡献。

综上所述,工程项目成本管理系统中每一个环节都是相互联系和相互作用的。成本预测是成本决策的前提,成本计划是成本决策所确定目标的具体化。成本控制实则是对成本计划的实施进行监督,保证决策的成本目标实现,而成本核算又是成本计划是否实现的最后检验,它所提供的成本信息又为下一个工程项目成本预测和决策提供基础资料。成本考核是实现成本目标责任制的保证和实现决策的成本目标的重要手段。

2. 公路工程项目成本管理程序

公路工程项目成本管理应遵循下列程序。①掌握生产要素的市场价格和变动状态。②确定项目合同价。③编制成本计划,确定成本实施目标。④进行成本动态控制,实现成本实施目标。⑤进行项目成本核算和工程价款结算,及时收回工程款。⑥进行项目成本分析。⑦进行项目成本考核,编制成本报告。⑧积累项目成本资料。

4.2 公路工程项目成本预测

4.2.1 成本预测概述

1. 成本预测的概念

成本预测是运用科学的方法,综合各种因素,判断和评估某一个项目、一件

产品、一种劳务未来的成本水平以及变化趋势，作出成本目标和水平估计。成本预算可以对未来工程项目、产品以及劳务的发展进行成本预测，了解未来的成本水平和变化趋势，以减少工程项目、产品等方面的决策盲目性，为企业投资决策作出科学评估。成本预测是施工单位组织项目成本决策和编制成本计划的前提，可以了解未来项目、产品和劳务的成本发展和变化趋势，将未来发展的未知因素转变成为已知因素，提高企业管理者的自觉性，减少企业经营活动过程中出现的不利因素，避免企业在项目、产品等方面成本决策的片面性和局限性，有助于编制出正确的成本计划。

成本预测是企业经营决策和成本计划的基础和前提，成本决策和成本计划是成本预测的产物。通过成本预测，可以有助于企业实施全面成本管理，帮助企业建立全生命周期管理理念，加强企业的事前、事中、事后成本控制。成本预测是企业成本管理的重要内容，是企业实行全面经营管理的重要部分，可为企业项目、产品成本目标指明方向。

2. 公路工程项目成本预测原则

（1）整体性原则。公路工程项目成本涉及人力费用、土地拆迁赔偿款、材料费用等内容，在成本预测时，只有做好全面的评估，才能确保成本预测的整体性。

人力资源作为企业的重要财产，在成本支出中占有较大比例，在成本预测的时候，需要将公路工程的成本预测落实到每一个员工，确保员工在项目建设中不断提高施工质量，降低施工成本。

（2）动态性原则。公路工程是一种施工周期比较长的项目，项目建设是不断发展的过程，在不同阶段影响项目成本的因素不同，成本预测也有一定的差异。因此，成本预测是一个动态的过程，需要建设单位在不同阶段进行完善。因此，公路工程施工的各项技术标准必须符合相应的规定，同时实行动态化管理，以使工程各个阶段的成本符合要求。

（3）目标性原则。成本预测要求将公路工程项目的成本控制在一定的范围内，以免施工造成环境的破坏和资源的浪费。在公路施工过程中，成本预测必须遵循成本目标，坚持目标性原则，让公路工程项目成本的预测符合成本控制目标的要求。因此，只有遵照公路工程项目成本控制的目标，才能确保公路工程低成本、高质量地完成，实现公路工程的成本预算目标。

（4）节约原则。成本预测的目标是控制公路工程项目成本，让公路工程在预算内高质量完成，最大限度确保建设单位的经济效益。公路工程项目成本预算是在质量控制和成本控制的基础上降低工程建设成本。因此,节约是公路工程项目成本预算最基本的原则。

4.2.2 公路工程项目成本预测的内容

成本预测是成本计划的基础,为编制科学、合理的成本控制目标提供依据。因此,成本预测对提高成本计划的科学性、降低成本和提高经济效益具有重要的作用。公路工程项目成本预测是使用科学的方法,结合中标价并根据公路项目的施工条件、机械设备、人员素质等对成本目标进行预测。主要包括以下内容。

1) 工料费用预测

(1) 首先分析工程项目采用的人工费单价,再分析工人的工资水平及社会劳务的市场行情,根据工期及准备投入的人员数量分析该项工程合同价中人工费是否包含住宿。

(2) 材料费占建安费的比重极大,应作为重点予以准确把握,分别对主材、辅材、其他材料费进行逐项分析,重新核定材料的供应地点、购买价、运输方式及装卸费,分析定额中规定的材料规格与实际采用的材料规格的异同,对比实际采用配合比的水泥用量与定额用量的差异,汇总分析预算中的其他材料费(如在混凝土实际操作中要掺一定量的外加剂等)。

(3) 机械使用费:投标施工组织设计中的机械设备的型号、数量一般采用定额中的施工方法套算,与工地实际施工有一定差异,工作效率也不同,因此需测算实际将要发生的机械使用费。同时,还需计算可能发生的机械租赁费及需新购置的机械设备费的摊销费,对主要机械重新核定台班产量定额。

2) 施工方案及相关费用变化的预测

(1) 施工方案费用变化的预测。工程项目中标后,必须结合施工现场的实际情况制定技术上先进可行、经济上合理的实施性施工组织设计,结合项目所在地的经济、自然地理条件、施工工艺、设备选择、工期安排的实际情况,比较实施性施工组织设计与标书编制时或定额中所采用的施工方法的不同,以据实做出正确的预测。

(2) 辅助工程费的预测。辅助工程量是指工程量清单或设计图纸中没有给定,而又是施工中不可缺少的工程(例如混凝土搅拌站等),也需根据实施性施工组织设计进行预测。

(3) 大型临时设施费的预测。大型临时设施费的预测应详细地调查,充分地比选论证,从而确定合理的目标值。

(4)小型临时设施费、工地转移费的预测。小型临时设施费涉及临时设施的搭设,需根据工期的长短和拟投入的人员、设备的多少来确定临时设施的规模和标准,按实际发生并参考以往工程施工中包干控制的历史数据确定目标值。工地转移费应根据转移距离的远近和拟转移人员、设备的多少核定预测目标值。

4.2.3 影响公路工程项目成本的因素

了解成本的构成还不能达到积极地对成本进行有效管理的目的,还必须了解成本构成中的各类成本影响因素。一般认为,成本由工作量、每个工作单位的物质消耗量和每个单位的物质消耗量的价格这三项组成。在工作量一定的条件下,物质消耗越低(定额越先进),成本越低。前两项相对不变时,单价越低,成本就越低。在市场经济体制不断健全的趋势下,市场价格甚至内部市场价格对成本的影响越来越重要。

综合成本构成和以上三个因素,可将影响因素分为以下几方面。①架料、模板等周转材料投入量越大,则固定成本越大,反之固定成本越小,因此必须优化施工方案,选用先进的脚手架支撑方案减少投入量。②合理选用机械设备,减少投入,合理组织机械进退场,以降低固定成本。③尽量减少临建设施的搭设,减少临建费用以降低固定成本。④压缩管理人员与非生产人员的编制,以减少现场管理费用。⑤缩短工期,降低分摊固定费用的比例。⑥优化技术措施,合理确定进料规模,以节约材料。⑦减少现场材料的浪费。⑧减少材料采购成本。⑨合理组织材料进场,减少二次搬运。⑩防止计划外用工、重复开工,防止返工费用发生。⑪适当降低劳务用工的取费。

4.2.4 成本预测模型分析

传统的成本预测方法主要有单位生产能力法、生产规模指数法、分项比例法、指标法、资金周转率法、系数法。传统成本预测方法的核心在于根据以往项目的历史数据,结合实际经验,套用规模指数或者系数公式,对拟建项目进行概略预测。其缺点在于只是对项目的成本与规模或者设备价值进行单一线性分析,预测精度会因已完成项目与拟建项目的类似程度和预测人员水平而差异显著。

为了消除传统成本预测方法的弊端,近年来,众多学者逐渐将数据建模与成本预测进行结合,以区别于传统的成本预测方式,数据建模可以从大量的历史数据中提炼出变量之间的相互影响关系。结合前文对国内外成本预测现状的研究,本书对出现频率较高的成本预测方法进行介绍。

(1)回归分析。

1877年,英国著名的统计学家高尔顿(F. Galton)首次提出了"回归"这个名词,用于描述两个变量之间的相互关系。回归分析以大量的实验和研究为理论基础,研究了隐藏在那些似乎不可能确定的客观事物变量中的各种统计学规律。回归模型分析的常见模型有一元线性回归、多元线性回归、逐步回归、含定性自变量回归和违背基本假设回归。回归模型汇总如表4.1所示。

表 4.1　回归模型汇总表

回归模型	理论回归方程	自变量特点
一元线性回归	$y = \beta_0 + \beta_1 \chi + \varepsilon$	一个变量
多元线性回归	$y = \beta_0 + \beta_1 \chi_1 + \beta_2 \chi_2 + \cdots + \beta_p \chi_p + \varepsilon$	多个变量
逐步回归	将变量一个个引入,引入一次,进行一次F检验,剔除不显著变量,重复直至无不显著变量	
含定性自变量回归	$y_i = \beta_0 + \beta_1 \chi_i + \beta_2 D_i + \varepsilon_i$	定性变量
违背基本假设回归	回归分析假定变量之间具有相同的方差、独立或者不相关、无多重共线性,出现违背假设的回归时需要进行修正。 ①异方差:加权最小二乘法对原模型进行加权,消除异方差。 ②自相关:德宾两步法进行修正。 ③多重共线性:逐步回归法剔除不显著变量;增大样本容量	

在实际操作过程中,运用数学软件、统计学软件、微软Office系列软件中的Excel、数据库软件对已收集的历史工程项目数据进行分析,求出回归方程,再将拟建项目与自变量对应的特征值输入方程,从而求出成本预测值。

(2)模糊聚类预测法。

模糊聚类的基本思想是用隶属度的概念对没有明显边界的研究对象进行分类。实操过程中,评价指标对应项目特征,指标值对应项目特征值,基准序列为拟建项目,比较序列为历史工程,对建立好的评判矩阵设定不同的阈值进行聚类划分,从而筛选相似度较大的项目,最后根据算术平均法推算出新建项目的总投资。

(3)灰色关联分析法。

在控制论中,人们常用颜色的深浅来形容信息的明确程度,一般用"黑色"表示数据未知,用"白色"表示信息明确,而"灰色"则表示介于二者之间。在客观世界中,成本预测的影响因素众多,生产环境复杂多变,常用的回归分析法在解决非线性问题和多因素影响问题时就变得难以处理。灰色系统理论就提出了一种新的分析方法,即系统的关联度分析法。该方法的机理是通过事物发展趋势相似或者相异的大小程度来衡量因素间的关联性。序列曲线几何形状越相似,表明关联度越大,反之则关联度越小。

在实际预测过程中,将拟建项目作为评估对象,拟建项目与类似历史项目之间的工程特征视为评价指标,通过德尔菲法、层次分析法、因子分析法、主成分分析法、熵值赋权等权重确定方法来判断各评价指标的权重,通过计算拟建项目与类似历史项目的灰色加权关联度预测拟建项目成本数值。

(4)人工神经网络预测方法。

人工神经网络是19世纪末,在多门学科的基础上,通过模拟人脑神经元网络建立的一门交叉学科。标准的神经网络包含输入层、隐含层和输出层,当信号的流动方向是由输入层传递到输出层时称为前馈神经网络,反之则称为反馈神经网络。

在实际预测过程中,积累的大量历史数据构成神经网络的训练样本,工程特征值为输入层,成本值是输出层,设置误差值和次数,神经网络结构可以在样本数据中多次反复计算,直至满足高精度要求,此时便形成了BP神经网络模型,再将拟建项目工程特征值输入,即可在输出层获得成本预测值。

为了更好地优化成本预测模型,学者们将不同模型进行结合,如将灰色关联模型与BP神经网络模型进行串联,将灰色关联的输出值作为神经网络模型的输入值,从而得到误差较小的最终预测值。

通过以上分析可以得出,预测模型的选择会直接影响预测的精度,不同的项目类型应根据项目自身的特点选择合适的模型或者进行模型组合。本书对各种预测模型的优势、不足、已应用领域进行对比分析,如表4.2所示。

表4.2 基于数理统计的成本预测方法对比表

模型名称	优势	不足	已应用领域
回归分析	计算简单;表达式直观易理解,容易被决策方认可	假设条件严格,会出现违背假设的异方差、自相关、多重共线性;忽略各变量之间的差异性	公共建筑、民用建筑、装饰工程、海外工程

续表

模型名称	优势	不足	已应用领域
模糊聚类	多指标、多层次的复杂问题	特征向量的确定主观性强	公共建筑
灰色关联	信息缺失、数据不足条件下的多因素、非线性问题	未考虑各项目特征对工程造价影响的差异性	高速公路、住宅工程
人工神经网络	复杂非线性关系网络中的逼近问题	模型训练库需要大量的历史、前期工作量大，估算过程无法可视化	土木工程、模式识别、图像图形处理、智能化控制、组合优化、经济管理与预测

4.3 公路工程项目成本计划

项目成本计划是项目成本管理的一个重要环节，是实现降低项目成本任务的指导性文件，也是项目成本预测的继续。公路工程项目成本计划的过程是动员项目经理部全体职工挖掘降低成本潜力的过程，也是检验施工技术质量管理、工期管理、物资消耗和劳动力消耗管理等效果的过程。

4.3.1 公路工程项目成本计划的特点和组成

1. 特点

(1)动态控制的过程。项目不仅在计划阶段进行周密的成本计划，而且要在实施过程中将成本计划和成本控制合为一体，不断根据新情况（如工程设计的变更、施工环境的变化等）随时调整和修改计划，预测项目施工结束时的成本状况以及项目的经济效益，形成一个动态控制过程。

(2)采用全寿命周期理论。成本计划不仅针对建设成本，还要考虑运营成本。在通常情况下，若施工项目的功能要求高、建造标准高，则施工过程中的工程成本会增加，但使用期内的运营费用会降低；反之，如果工程成本低，则运营费用会提高。这就在确定成本计划时引发了争执，于是通常通过对项目全寿命周期作总经济性比较和费用优化来确定项目的成本计划。

(3) 具有积极主动性。成本计划不再仅仅是被动地按照已确定的技术设计、工期、实施方案和施工环境来预算工程的成本,更注重技术经济分析,从总体上考虑项目工期、成本、质量和实施方案之间的相互影响和平衡,以寻求最优的解决途径。

(4) 成本目标的最小化与项目盈利的最大化相统一。盈利的最大化经常是从整个项目的角度分析的。如经过对项目的工期和成本的优化选择一个最佳的工期,以降低成本。但是,如果通过加班加点适当压缩工期,项目提前竣工投产,根据合同获得的奖金高于工程成本的增加额,从项目的整体经济效益出发,提前完工是值得的。

2. 组成

1) 直接成本计划

公路工程项目直接成本计划的具体内容如下。

(1) 编制说明。编制说明指对工程的范围、投标竞争过程及合同条件、承包人对项目经理提出的责任成本目标、项目成本计划编制的指导思想和依据等的具体说明。

(2) 项目成本计划的指标。项目成本计划的指标应经过科学的分析预测确定,可以采用对比法、因素分析法等进行测定。

(3) 按工程量清单列出的单位工程成本计划汇总表,见表4.3。

表4.3 单位工程成本计划汇总表

序号	清单项目编码	清单项目名称	合同价格	计划成本
1				
2				
……				

(4) 按成本性质划分的单位工程成本汇总表,根据清单项目的造价分析,分别对人工费、材料费、机械费、措施费、企业管理费和税费进行汇总,形成单位工程成本计划表。

(5) 项目成本计划应在项目实施方案确定的前提下进行编制,因为不同的实施方案会导致直接工程费、措施费和企业管理费不同。成本计划的编制是项目成本预控的重要手段。因此,应在工程开工前编制完成,以便将成本计划目标分解落实,为各项成本的执行提供明确的目标、控制手段和管理措施。

2)间接成本计划

公路工程项目间接成本计划主要反映施工现场管理费用的计划数、预算收入数及降低额。间接成本计划应根据工程项目的核算期,以项目总收入费中的管理费为基础,制定各部门费用的收支计划,汇总后作为工程项目管理费用的计划。在间接成本计划中,收入应与取费口径一致,支出应与会计核算中管理费用的二级科目一致。间接成本计划的收支总额应与项目成本计划中管理费一栏的数额相符。各部门应按照节约开支、压缩费用的原则制定《管理费用归口包干指标落实办法》,以保证该计划的实施。

4.3.2 公路工程项目成本计划编制的依据和要求

1)公路工程项目成本计划的编制依据

(1)承包合同。合同文件除了合同文本外,还包括招标文件、投标文件、设计文件等,合同中的工程内容、数量、规格、质量、工期和支付条款都将对工程的成本计划产生重要的影响,因此,承包方在签订合同前应认真地研究分析合同内容,在正确履约的前提下降低工程成本。

(2)项目管理实施规划。以工程项目施工组织设计文件为核心的项目实施技术方案与管理方案,是在充分调查和研究现场条件及有关法规条件的基础上制定的,不同实施条件下的技术方案和管理方案,会导致工程成本的不同。

(3)可行性研究报告和相关设计文件。

(4)生产要素的价格信息。

(5)反映企业管理水平的消耗定额(企业施工定额)以及类似工程的成本资料等。

2)公路工程项目成本计划的编制要求

公路工程项目成本计划的编制应满足下列要求。

(1)由项目经理部负责编制,报组织管理层批准。

(2)自下而上分级编制并逐层汇总。

(3)反映各成本项目指标和降低成本指标。

4.3.3 公路工程项目成本计划编制的程序和方法

1. 编制程序

成本计划的编制程序,因项目的规模大小、管理要求不同而不同。大中型项目一般采用分级编制的方式,即先由各部门提出部门成本计划,再由项目经理部汇总编制全项目工程的成本计划;小型项目一般采用集中编制方式,即由项目经理部先编制各部门成本计划,再汇总编制全项目的成本计划。公路工程项目成本计划编制程序如图 4.2 所示。

图 4.2 公路工程项目成本计划编制程序示意图

2. 编制方法

1) 按实计算法

按实计算法,就是工程项目经理部有关职能部门(人员)以该项目施工图预算的工料分析资料作为控制计划成本的依据,根据工程项目经理部执行施工定额的实际水平和要求,由各职能部门归口计算各项计划成本。

(1)人工费的计划成本,由项目管理班子的劳资部门(人员)计算。计算见式(4.1)。

$$人工费的计划成本 = 计划用工量 \times 实际水平的工资率 \qquad (4.1)$$

式中:计划用工量=$\sum$(分项工程量×工日定额);工日定额可根据实际水平,考虑先进性,适当提高定额。

(2)材料费的计划成本,由项目管理班子的材料部门(人员)计算。计算见式(4.2)。

$$\begin{aligned}材料费的计划成本 =& \sum(主要材料的计划用量×实际价格)\\ &+\sum(装饰材料的计划用量×实际价格)\\ &+\sum(周转材料的使用量×使用期×租赁价格)\\ &+\sum(构配件的计划用量×实际价格)\\ &+工程用水的水费\end{aligned}$$

(4.2)

(3)机械使用费的计划成本,由项目管理班子的机管部门(人员)计算。计算见式(4.3)。

$$\begin{aligned}机械使用费的计划成本 =& \sum(施工机械的计划台班数×规定的台班单价)\\ &+\sum(施工机械计划使用台班数×机械租赁费)\\ &+机械施工用电的电费\end{aligned}$$

(4.3)

(4)措施费的计划成本,由项目管理班子的施工生产部门和材料部门(人员)共同计算。计算的内容包括现场二次搬运费、临时设施摊销费、生产工具用具使用费、工程定位复测费、工程交点费以及场地清理费等费用的测算。

(5)间接费用的计划成本,由工程项目经理部的财务成本人员计算。一般根据公路工程项目管理部内的计划职工平均人数,按历史成本的间接费用以及压缩费用的人均支出数进行测算。

2)施工预算法

施工预算法,是指以施工图中的工程实物量套以施工工料消耗定额,计算工料消耗量并进行工料汇总,然后统一以货币形式反映其施工生产耗费水平。以施工工料消耗定额所计算的施工生产耗费水平基本是一个不变的常数。一个工程项目要实现较高的经济效益(即较大降低成本水平),就必须在这个常数基础上采取技术节约措施,以降低单位消耗量和降低价格等,来达到成本计划的目标。因此,采用该方法编制成本计划时,必须结合技术节约措施计划,以进一步降低施工生产耗费水平。用式(4.4)来计算。

施工预算法的计划成本＝施工预算施工生产耗费水平(工料消耗费用)
－技术节约措施计划节约额

(4.4)

3)成本习性法

成本习性法是按照成本习性,将成本分成固定成本和变动成本两类,以此计算计划成本。具体划分可采用按费用分解的方法。

(1)材料费:与产量有直接联系,属于变动成本。

(2)人工费:在计时工资形式下,生产工人工资属于固定成本,因为不管生产任务完成与否,工资照发,与产量增减无直接联系。如果采用计件超额工资形式,其计件工资部分属于变动成本,奖金、效益工资和浮动工资部分,亦应计入变动成本。

(3)机械使用费:其中有些费用随产量增减而变动,如燃料费、动力费等,属于变动成本。有些费用不随产量变动,如机械折旧费、大修理费、机修工和操作工的工资等,属于固iance成本。此外,机械的场外运输费和机械组装拆卸、替换配件、润滑擦拭等修理费不直接用于生产,也不随产量增减呈正比例变动,而是在生产能力得到充分利用、产量增长时,所分摊的费用就少些,而在产量下降时,所分摊的费用就要大一些,所以这部分费用为介于固定成本和变动成本之间的半变动成本,可按一定比例划为固定成本和变动成本。

(4)措施费:水、电、风、汽等费用以及现场发生的其他费用。措施费多数与产量发生联系,属于变动成本。

(5)施工管理费:其中大部分在一定产量范围内与产量的增减没有直接联系,如工作人员工资、生产工人辅助工资、工资附加费、办公费、差旅交通费、固定资产使用费、职工教育经费、上级管理费等,基本上属于固定成本。检验试验费、外单位管理费等与产量增减有直接联系,则属于变动成本。此外,劳动保护费中的劳保服装费、防暑降温费、防寒用品费,劳动部门都有规定的领用标准和使用年限,基本上属于固定成本。技术安全措施费、保健费,大部分与产量有关,属于变动成本。

在成本按习性划分为固定成本和变动成本后,可用式(4.5)计算:

工程项目计划成本＝工程项目变动成本总额＋工程项目固定成本总额

(4.5)

4）技术节约措施法

技术节约措施法是指以工程项目计划采取的技术组织措施和节约措施所能取得的经济效果为项目成本降低额，然后求工程项目计划成本的方法。可用式(4.6)计算：

工程项目计划成本＝工程项目预算成本－技术节约措施计划节约额（成本降低额）
(4.6)

4.3.4 成本计划偏差及调整

成本计划编制并不是一次性完成的。在实施过程中，由于内外环境的变化、工程变更的发生，在执行期内，计划及时调整是正常的现象，引起成本计划调整的原因有以下几种。

（1）由于建设单位原因，工期不能按原计划进行，可能造成架料、模板和机械设备不能按计划进退场的情况，应对上述费用作相应调整。

（2）由于发生设计变更，出现工程量增减的情况，应对相关费用作相应的调整。

（3）由于材料市场、劳务市场价格发生重大变化的情况，应对计划成本作相应调整。

（4）因其他一些未预见的因素发生而对成本造成较大影响的情况，可对计划成本作相应调整。

（5）由于项目自身管理的原因，对成本造成较大影响的情况，不应对计划成本进行调整，而应由上级派员对项目经理进行指导，以提高其经营管理能力。

4.4 公路工程项目成本分析与考核

4.4.1 公路工程项目成本分析

项目成本分析，就是根据统计核算、业务核算和会计核算提供的资料，对项目成本的形成过程和影响成本升降的因素进行分析，以寻求进一步降低成本的途径（包括项目成本中有利偏差的挖潜和不利偏差的纠正）。通过成本分析，可从账簿、报表反映的成本现象看清成本的实质，从而增强项目成本的透明度和可控性，为加强成本控制、实现项目成本目标创造条件。由此可见，公路工程项目成本分析也是降低成本、提高项目经济效益的重要手段之一。

1. 项目成本分析的原则

（1）要实事求是。在成本分析的过程中，必然会涉及一些人和事，也会产生表扬和批评。受表扬的人当然高兴，受批评的人未必都能做到"闻过则喜"，因而常常会有一些不愉快的场面出现，乃至影响成本分析效果。为此，在成本分析过程中依据一定要是实际存在的，对事物的分析和评价应实事求是，同时尽量做到恰当。

（2）要用数据说话。在工程施工过程中应做好成本的统计以及核算，成本分析应在此基础上进行定量分析。定量分析对事物的评价更为精确，更令人信服。

（3）要注重时效。注重时效，即应及时进行成本分析，及时发现问题，及时解决问题。反之，则可能错过解决问题的时机，甚至有可能造成问题成堆，造成更大的损失。

（4）要为项目服务。成本分析除了要找出成本失控的问题，还要分析产生成本失控的原因，提出解决成本失控的有效措施。只有这样才能让大家信服，从而得到各级管理层的配合和支持，以确保公路工程项目的成本分析健康发展。

2. 公路工程项目成本分析的主要内容

项目成本分析的内容就是对项目成本变动因素的分析。一般来说，公路工程项目成本分析的内容主要包括以下几个方面。

（1）人工费用水平的合理性。在实行管理层和作业层两层分离的情况下，项目施工需要的人工和人工费，由项目经理部与施工队签订劳务承包合同，明确承包范围、承包金额和双方的权利、义务。对项目经理部来说，除了按合同规定支付劳务费以外，还可能发生一些其他人工费支出，这些费用支出主要有：①因实物工程量增减而调整的人工和人工费；②定额人工以外的估点工工资（已按定额人工的一定比例由施工队包干，并已列入承包合同的，不再另行支付）；③对在进度、质量、节约、文明施工等方面做出贡献的班组和个人进行奖励的费用。

项目经理部应分析上述人工费的合理性。人工费合理性是指人工费既不过高，也不过低。如果人工费过高，就会增加工程项目的成本，而人工费过低，工人的积极性不高，工程项目的质量就有可能得不到保证。

（2）材料、能源利用效果。在其他条件不变的情况下，材料、能源消耗定额的高低，直接影响材料、燃料成本的升降。材料、燃料价格的变动，也直接影响产品成本的升降。可见,材料、能源利用的效果及其价格水平是影响产品成本升降的重要因素。

(3)机械设备的利用效果。施工企业的机械设备有自有和租用两种类型。

在机械设备的租用过程中,存在着两种情况。①按产量进行承包,并按完成产量计算费用。如土方工程,项目经理部只需按实际挖掘的土方工程量结算挖土费用,而不必过问挖土机械的完好程度和利用程度。②按使用时间(台班)计算机械费用。如塔吊、搅拌机、砂浆机等,如果机械完好率差或在使用中调度不当,必然会影响机械的利用率,从而延长使用时间,增加使用费用。

自有机械设备也要提高其完好率和利用率,因为自有机械设备停用,仍要负担固定费用。因此,项目经理部应该给予一定的重视。

(4)施工质量水平的高低。对施工企业来说,提高工程项目质量水平就可以降低施工中的故障成本,减少未达到质量标准而发生的损失费用,但这也意味着为保证和提高项目质量而支出的费用就会增加。可见,施工质量水平的高低也是影响项目成本的主要因素之一。

(5)其他影响项目成本变动的因素。其他影响项目成本变动的因素,包括除上述四项以外的措施费用以及施工准备、施工组织和管理所需要的费用。

3. 公路工程项目成本分析的方法

项目成本分析应采用比较法、因素分析法、差额分析法和比率法等基本方法;也可采用分部分项成本分析、年季月(或周旬等)度成本分析、竣工成本分析等综合成本分析方法。

1)项目成本分析基本方法

(1)比较法。

比较法,又称"指标对比分析法",就是通过技术经济指标的对比,检查目标的完成情况,分析产生差异的原因,进而挖掘内部潜力的方法。这种方法,具有通俗易懂、简单易行、便于掌握的特点,因而得到了广泛的应用,但在应用时必须注意各技术经济指标的可比性。

比较法的应用,通常有下列形式。

①将实际指标与目标指标对比。以此检查目标完成情况,分析影响目标完成的积极因素和消极因素,以便及时采取措施,保证成本目标的实现。在进行实际指标与目标指标对比时,还应注意目标本身有无问题。如果目标本身出现问题,则应调整目标,重新正确评价实际工作的成绩。

②本期实际指标与上期实际指标对比。通过这种对比,可以看出各项技术经济指标的变动情况,反映施工管理水平的提高程度。

③与本行业平均水平、先进水平对比。通过这种对比,可以看出本项目的技术管理和经济管理与行业平均水平和先进水平的差距,进而采取措施赶超先进水平。

(2)因素分析法。

因素分析法又称"连环代替法"或"连锁置换法",可用来分析各种因素对成本的影响程度。在进行分析时,首先要假定众多因素中的一个因素发生了变化,而其他因素不变,然后逐个替换,分别比较其计算结果,以确定各个因素的变化对成本的影响程度。

因素分析法的计算步骤如下。①确定分析对象,并计算出实际数与目标数的差异。②确定该指标是由哪几个因素组成的,并按其相互关系进行排序。③以目标数为基础,将各因素的目标数相乘,作为分析替代的基数。④将各个因素的实际数按照上面的排列顺序进行替换计算,并将替换后的实际数保留下来。⑤将每次替换计算所得的结果,与前一次的计算结果相比较,两者的差异即为该因素对成本的影响程度。⑥各个因素的影响程度之和,应与分析对象的总差异相等。

因素分析法是把项目施工成本综合指标分解为各个相互联系的原始因素,以确定引起指标变动的各个因素的影响程度的一种成本费用分析方法,它可以衡量各项因素影响程度的大小,以便查明原因,明确主要问题所在,提出改进措施,达到降低成本的目的。

以各个因素的计划数为基础,计算出一个总数。逐项以各个因素的实际数替换计划数。每次替换后,实际数就保留下来,直到所有计划数都被替换成实际数为止。且每次替换后,都求出新的计算结果。最后将每次替换所得结果,与其相邻的前一个计算结果比较,其差额即为替换的那个因素对总差异的影响程度。

(3)差额分析法。

差额分析法是因素分析法的一种简化形式,它利用各个因素的目标与实际的差额来计算其对成本的影响程度。

(4)比率法。

比率法是指用两个以上指标的比例进行分析的方法。它的基本特点是:先把对比分析的数值变成相对数,再观察其相互之间的关系。常用的比率法有以下几种。

①相关比率法。由于项目经济活动的各个方面是相互联系、相互依存又相互影响的,因而可以将两个性质不同而又相关的指标加以对比,求出比率,并以此来考察经营成果的好坏。例如:产值和工资是两个不同的概念,但它们的关系又是产出与投入的关系。一般情况下,都希望以最少的工资支出完成最大的产值。因此,用产值工资率指标来考核人工费的支出水平,就很能说明问题。

②构成比率法(又称比重分析法或结构对比分析法)。通过构成比率,可以考察成本总量的构成情况及各成本项目占成本总量的比重,同时也可看出量、本、利的比例关系(即预算成本、实际成本和降低成本的比例关系),从而为寻求降低成本的途径指明方向。

③动态比率法。动态比率法就是将同类指标不同时期的数值进行对比,求出比率,用以分析该项指标的发展方向和发展速度。动态比率的计算通常采用基期指数和环比指数两种方法。

2)项目综合成本分析方法

所谓综合成本,是指涉及多种生产要素,并受多种因素影响的成本费用,如分部分项工程成本、月(季)度成本、年度成本等。这些成本都是随着项目施工进展逐步形成的,与生产经营有着密切的联系。因此,做好上述成本的分析工作,无疑会促进项目的生产经营管理,提高项目的经济效益。

(1)分部分项工程成本分析。

分部分项工程成本分析是施工项目成本分析的基础。分部分项工程成本分析的对象为已完成分部分项的工程。分析的方法是:进行预算成本、目标成本和实际成本的"三算"对比,分别计算实际偏差和目标偏差,分析偏差产生的原因,为今后的分部分项工程成本寻求节约途径。

分部分项工程成本分析的资料来源:预算成本来自投标报价成本,目标成本来自施工预算,实际成本来自施工任务单的实际工程量、实耗人工和限额领料单的实耗材料。

由于施工项目包括很多分部分项工程,不可能也没有必要对每一个分部分项工程都进行成本分析。特别是一些工程量小、成本费用微不足道的零星工程。但是,对于那些主要分部分项工程则必须进行成本分析,而且要做到从开工到竣工的系统成本分析。这是一项很有意义的工作,因为通过主要分部分项工程成本的系统分析,可以基本上了解项目成本形成的全过程,为竣工成本分析和之后的项目成本管理提供一份宝贵的参考资料。

(2)月(季)度成本分析。

月(季)度的成本分析,是施工项目定期的、经常性的中间成本分析。对于有一次性特点的施工项目来说,有着特别重要的意义。因为,通过月(季)度成本分析,可以及时发现问题,以便按照成本目标指示的方向进行监督和控制,保证项目成本目标的实现。

月(季)度的成本分析的依据是当月(季)的成本报表。分析的方法,通常有以下几种。

①通过实际成本与预算成本的对比,分析当月(季)的成本降低水平;通过累计实际成本与累计预算成本的对比,分析累计的成本降低水平,预测实现项目成本目标的前景。

②通过实际成本与目标成本的对比,分析目标成本的落实情况,以及目标管理中的问题和不足,进而采取措施,加强成本管理,保证成本目标的落实。

③通过对各成本项目的成本分析,可以了解成本总量的构成比例和成本管理的薄弱环节。例如:在成本分析中,发现人工费、机械费和间接费等项目大幅度超支,就应该对这些费用的收支配比关系认真研究,并采取对应的增收节支措施,防止今后再超支。如果是属于预算定额规定的"政策性"亏损,则应从控制支出着手,把超支额压缩到最低限度。

④通过主要技术经济指标的实际与目标的对比,分析产量、工期、质量"三材"节约率、机械利用率等对成本的影响。

⑤通过对技术组织措施执行效果的分析,寻求更加有效的节约方法。

⑥分析其他有利条件和不利条件对成本的影响。

(3)年度成本分析。

企业成本要求一年结算一次,不得将本年成本转入下一年度。而项目成本则以项目的寿命周期为结算期,要求从开工、竣工到保修期结束连续计算,最后结算出成本总量及其盈亏。由于项目的施工周期一般较长,除进行月(季)度成本核算和分析外,还要进行年度成本的核算和分析。这不仅是为了满足企业汇编年度成本报表的需要,也是项目成本管理的需要。因为通过年度成本的综合分析,可以总结一年来成本管理的成绩和不足,为今后的成本管理提供经验和教训,从而可对项目成本进行更有效的管理。

年度成本分析的依据是年度成本报表。年度成本分析的内容,除了月(季)度成本分析的六个方面以外,重点是针对下一年度的施工进展规划提出切实可行的成本管理措施,以保证施工项目成本目标的实现。

(4)竣工成本的综合分析。

凡是有几个单位工程而且是单独进行成本核算(即成本核算对象)的施工项目,其竣工成本分析应以各单位工程竣工成本分析资料为基础,再加上项目经理部的经营效益(如资金调度、对外分包等所产生的效益)进行综合分析。如果施工项目只有一个成本核算对象(单位工程),就以该成本核算对象的竣工成本资料作为成本分析的依据。

单位工程竣工成本分析,应包括以下三方面内容:①竣工成本分析;②主要资源节超对比分析;③主要技术节约措施及经济效果分析。

通过以上分析,可以全面了解单位工程的成本构成和降低成本的来源,对今后同类工程的成本管理很有参考价值。

4.4.2 公路工程项目成本考核

成本考核主要是指定期考察查核成本计划指标的完成情况,确定成本超支或降低的程度,评价成本管理工作的成绩,据以衡量经营管理水平,考察项目经理部的经济责任,调动节约耗费、降低成本的积极性,努力提高经济效益。

公路工程项目成本考核,首先根据施工项目汇编成本分析报告,综合分析成本完成情况,与预算成本、计划成本和上级下达的成本指标对比,并按成本各项目分析说明节约和超支的主客观原因。在分析时,应突出论述左右成本的重大问题和采取技术组织措施造成的浪费和节约情况。在分析的基础上总结正反面经验和教训,有针对性地提出改进措施和建议。

公路工程项目成本考核,可以分为两个层次:一是企业对项目经理的考核;二是项目经理对所属部门、施工队和班组的考核。通过层层考核,督促项目经理、责任部门和责任者更好地完成自己的责任成本,从而形成实现项目成本目标的层层保证体系。

1. 企业对项目经理考核的内容

主要包括五方面内容。

(1)项目成本目标和阶段成本目标的完成情况。

(2)建立以项目经理为核心的成本管理责任制的落实情况。

(3)成本计划的编制和落实情况。

(4)对各部门、各作业队和班组责任成本的检查和考核情况。

(5)在成本管理中贯彻责权利相结合原则的执行情况。

2.项目经理对所属各部门、各作业队和班组考核的内容

（1）对各部门的考核内容：本部门、本岗位责任成本的完成情况；本部门、本岗位成本管理责任的执行情况。

（2）对各作业队的考核内容：对劳务合同规定的承包范围和承包内容的执行情况；劳务合同以外的补充收费情况；对班组施工任务单的管理情况，以及班组完成施工任务后的考核情况。

（3）对生产班组的考核内容（平时由作业队考核）。

以分部分项工程成本作为班组的责任成本。以施工任务单和限额领料单的结算资料为依据，与施工预算进行对比，考核班组责任成本的完成情况。

公路工程项目的成本考核，可分为月度考核、阶段考核和竣工考核三种。为贯彻责权利相结合原则，应在项目成本考核的基础上，确定成本奖罚标准，并通过经济合同的形式明确规定，及时兑现。由于月度成本考核和阶段成本考核属假设性的，因而，实施奖罚应留有余地，待项目竣工成本考核后再进行调整。

项目成本考核奖罚的标准，应通过经济合同的形式明确规定。因为，经济合同规定的奖罚标准具有法律效力，任何人都无权中途变更，或者拒不执行。另外，通过经济合同明确奖罚标准以后，职工群众就有了奋斗目标，因而也会在实现项目成本目标中发挥更积极的作用。

在确定公路工程项目成本考核奖罚标准的时候，必须从本项目的客观情况出发，既要考虑职工的利益，又要考虑项目成本的承受能力。在一般情况下，造价低的项目，奖金水平要定得低一些；造价高的项目，奖金水平可以适当提高。具体的奖罚标准，应该经过认真测算再行确定。除此之外，项目经理还可对完成项目成本目标有突出贡献的部门、作业队、班组和个人进行随机奖励。这是项目成本奖励的另一种形式，显然不属于上述成本考核奖罚的范围，但往往能起到很好的效果。

4.5 公路工程项目成本控制

4.5.1 工程项目成本控制的含义

广义的工程项目成本，一般泛指工程项目设计投标到建设完成的全寿命周

期过程中需要消耗的各类成本费用及支出的总和。由于工程项目具有一次性，也可以将整个工程项目的建设成本看成是各个建设阶段的所有成本之和。广义的工程项目成本分类如表 4.4 所示。狭义的工程项目成本是指工程建设施工企业在进行工程施工过程中所耗费的所有资金。

表 4.4 工程项目成本分类

成本类型	概念
决策成本	工程建设企业需要花费大量的财力、物力和人力对现在市场行情进行实地考察，掌握市场上的第一手资料，并对工程项目进行可行性分析，作出工程可行性研究报告，未完成这些工作耗费的全部资金费用支出，就是工程的决策成本，发生在工程项目的第一个阶段
招标成本	工程项目为招标所花费的费用被称为工程项目的招标成本，发生在工程的第二个阶段
勘察设计成本	在招标成功后，根据第一阶段的工程可行性研究报告对工程施工现场进行实地勘探考察，根据勘探后的实际情况进行工程设计，所耗用的资金费用支出就是工程项目的勘察设计成本，发生在工程的第三个阶段
施工成本	根据前期项目部制定的工程施工计划，在实际施工阶段为完成项目各分部分项工程耗费的所有资金费用被称为工程项目的施工成本。包括人工费、原材料费、机械设备的使用费、施工管理费和维护措施费等，发生在工程的第四个阶段

工程项目的施工建设成本是工程总成本最重要的一部分。在工程决策和设计正确的情况下，工程的施工成本一般都占工程建设施工总成本的 80% 以上。因此，工程的成本控制很大程度上是对工程施工成本的控制。

4.5.2 施工成本控制的概念、特点及原理

1)施工成本控制的概念

施工成本控制是指在建设工程项目施工阶段，依据建设工程施工合同，按照事先制定的目标成本与成本计划，对施工过程中影响成本管控的所有内外界因素进行监督管理，分析成本发生的原因，并制定相应的解决措施予以纠偏，从而改善施工成本控制的现状，提高成本控制效果与水平，从而使得实际的施工成本能够被控制在合理的范围之内。

2)施工成本控制的特点

根据施工成本控制的概念可知,施工成本控制是一项复杂的系统工程,其具备一定的特点。

(1)施工成本控制具有不确定性、多次性。建设工程项目实施周期较长,在整个实施周期内,存在多种能够直接或者间接影响项目施工成本的因素。

(2)施工成本控制具有一定的层次性,这是由项目的组成决定的。依据其组成建设工程项目可被划分为单项工程、单位工程、分部工程与分项工程。施工成本控制同样也是依据项目组织实施的。

(3)施工成本与质量、进度是相互影响、相互作用的,即研究施工成本控制不可能将其与质量、进度控制割裂开来,在分析影响成本控制的各种因素以及制定成本控制措施时应充分考虑进度与质量两大目标的影响。

3)施工成本控制的原理

施工成本控制是一个不断循环往复的动态控制过程。在项目实施过程中,必须实时监控成本计划的执行情况,将实际成本与目标成本进行对比,找出偏差,并按照事先建立的反馈机制,采用合适的方法对偏差做出评价,再基于此,采取合理的纠偏措施,改进原先的成本管控措施,不断缩小目标成本与实际成本之间的偏差,之后进入下一个循环过程。建设工程项目施工成本控制原理如图4.3所示。

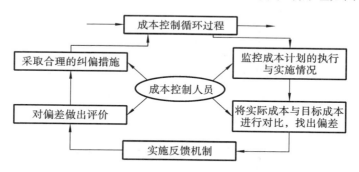

图4.3 建设工程项目施工成本控制原理

4.5.3 公路工程项目施工成本控制流程

1. 招投标阶段的成本控制

当前国家加大了对公路等基础设施的投入力度,但是越来越多的施工企业投入其中，造成竞争非常激烈，从而使标价降低。在此情况下，在施工过程中挖潜堵漏、降低成本就成为企业壮大、提高利润的重要前提。因而，公路工程项目施工成本控制应贯穿工程项目的全过程。在前期，从工程项目招投标阶段便要开始对成本进行有效的控制。首先，要对工程招投标的方法进行分析，根据招投标的文件，结合大形势下的市场标准，预测大致成本，再分析参与投标的其他企业的实力，并结合自身实力，给出自己的投标价格。中标后，根据工程项目的大小、难度的高低、工期的长短，组建项目实施队伍，并依据标书要求的内容确定项目的成本目标，下达给项目经理，这样才能对前期成本预算进行有效的控制。

2. 施工准备阶段的成本控制

在施工前，要根据工程施工的相关图示以及有关的技术资料，分析机械租赁、材料供应、运输路程等因素，制定出大致的目标责任成本。同时要充分考虑施工现场的地质、水文、交通等情况，结合项目所在地的经济、自然地理条件，因地制宜，制定技术上先进、经济上合理的可操作性强的施工组织设计，确定流畅、节约、先进的施工工艺，按照合同中的建设时限要求，结合自身实力、当地气候条件，编排好施工工期，做好原始记录，以便为之后的成本控制提供依据。

3. 施工阶段的成本控制

施工阶段的成本控制是公路工程项目施工成本控制的重中之重。在制定施工成本的过程中，首先要以科学的技术作为依据，其次是必须合理掌握制定成本的依据，要根据市场，对施工过程中的工、料以及费用方面进行严格的控制，同时要严把安全关，确保不出现大的安全责任事故。

(1) 要建立分工明确的考核制度。

要建立一个以施工项目经理为核心，项目全体管理人员、施工人员为成员的工程建设成本管理组织，将工程施工中发生的机械租赁费、材料购置费、机械台班费、后勤管理费等诸类费用分解，细化到施工的每一个阶段、每一道工序、每一台机械、每一车石料，进而分解到参与项目的每一个职工身上。在下发任务后，对各责任部门、责任者的成本控制情况进行定期检查，奖优罚劣，形成全方位的、严密的成本管理控制。

(2) 要优化施工组织方案。

首先要优化工序施工方案。要根据路线走向、结构物的分布、桥梁的设计、料场的安置位置等条件，制定出顺畅、合理的工序施工方案，以完美体现立体交叉流水作业过程，保证各工序之间一环接一环、一环扣一环，环环相扣、合理推进。其次要结合职工素质，制定合理的施工方案。选取的施工队伍的素质对参与施工的工程质量、进度、成本有着直接的影响。做同样一项工程，经验丰富、业务能力强的施工队伍能够又快又好地完成，而经验不足而又管理不善的队伍，不仅多耗时、耗工，还有可能所做工程质量不合格甚至还要返工。因此，要对自己的施工队伍的构成、技术人员的多少、优秀操作人员的有无、业务是否熟练、好不好管理做深入的了解，并根据队伍特点编制施工组织方案，实施高效的施工组织。

(3) 要加强对材料成本的控制。

公路工程量巨大，对各类材料的使用是一个大问题。能否管理好各类材料的购置、使用，能否挖潜堵漏，严防跑、冒、滴、漏现象的发生，对工程项目的利润有着极大的影响，因此要加强对材料成本的管理控制。控制材料成本主要从以下几个方面落实。一是压低材料价格。认真研究市场行情，在保质保量的前提下，货比三家，实行买价控制，必要时可以采取招标的办法选择物料供应商。选取附近的供货厂家，以减少运输里程，节省运费。二是要合理确定物料用量，尽最大可能降低材料储备。材料用量要坚持按定额实行限额领料制度，每月对完成的工程量和材料消耗情况进行比对，对于生产过程中耗用材料数量异常情况要及时找出原因，设法纠偏。在施工过程中要根据具体情况及时改进施工技术，推广使用降低物料消耗的新技术、新工艺、新材料，降低物料消耗水平。三是加强施工现场的管理，合理堆放，避免材料二次转运，降低堆放、仓储损耗。

(4) 要加强机械使用费的控制。

合理安排施工生产，加强设备租赁计划管理，减少由安排不当引起的设备闲置。加强机械设备的调度工作，尽量避免窝工，提高现场设备利用效率。加强现场设备的维修保养，避免由不正当使用造成的机械设备停置，提高设备的利用率和完好率。要计划好机械设备易损易耗件，以备急用，避免机械台班的浪费。做好机上人员与辅助生产人员的协调与配合工作，提高施工机械台班产量。

(5) 要加强施工安全管理。

公路修建时间长、工艺复杂，施工中总会出现一些安全问题或事故，会影响工人的情绪，影响施工进度，从而增加施工成本，因而必须加强安全和质量管理。要在全员中树立"安全就是效益"的观念，严格执行奖惩制度，促使全体施工人员都树立良好的安全意识，从源头上消除安全隐患。

(6)要加强工程的质量管理。

施工企业必须重视施工过程中的质量管理工作,要建立技术人员负责制,明确施工一线各级技术人员的管理职责,要求他们加强旁站,实行现场监督、现场管理,尽量减少施工消耗,保障工程质量,尽量减少由各类施工技术问题造成的事故和质量通病,降低工程建设成本。

4. 竣工验收阶段的成本控制

工程项目竣工验收是项目建设过程的最后一道工序,在做好工程前期、工程施工期间的各项成本控制工作后,做好这最后一项工作才能实现整个项目的完美控制。

(1)要做好竣工决算工作,保证各项资料的完整、齐全、规范。

(2)复核各项工程量。对施工的各项工程量进行复核,既要杜绝弄虚作假和高估冒算,又要据理力争、寸步不让。

(3)及时转移人员和机械设备。本项工程结束后,除留下必要的人员回收工程款项外,将其他人员、机械迅速转移到新的施工现场。

(4)及时收回工程款项。及早申请工程交验,尽快完成对工程尾款和保留金的支付。

(5)加强内部审计。要组织人员对工程的建设情况、产生的费用、获得的利润以及各种开支进行分析研究,为今后的工程施工提供经验教训,促进企业良好发展。

综上所述,一项工程的成本控制涉及工程建设的每一个过程,涉及参与施工的每一个员工,只有从项目初期开始就对成本严加控制,全面落实成本目标责任制,才能控制好工程建设成本,达到预期成本控制目标。

4.5.4 施工成本控制的方法

公路单位可以在开展长期实践过程中选择合适度最高的控制成本方法,具体包括预算控制法、责任成本法等。目前应用广泛和极具代表性的控制成本方法有以下几种。

1. 作业成本管理法

作业成本管理法(ABCM)以提高客户价值、增加企业利润为目的。作业成本管理法是以作业成本法(ABC)为基础的新型集中化管理方法。该方法借助确认作业、计量作业成本对产品成本进行计算,并在作业层次中渗透成本计算理念,促使企业可以动态追踪和及时反馈作业活动,进而在以分析作业、分析动因为代表的分析成本链过程中,将准确信息提供给进行企业决策的公路建设单位。对公路建设企业如何执行必要作业提供指导,积极对不具备价值创造能力的作业予以精简和销售,促使成本降低、效率提高等目标实现。

作业成本管理法的实施步骤:第一,对核心作业内容进行确定;第二,对成本库费用进行归集;第三,在产品和劳务科目计入收入成本库成本。

目前公路施工建设单位广泛应用作业成本管理法,但作业成本管理法的应用仍然存在局限性,具体包括公路涵盖环节具有独立属性,确定主要作业的难度较大;公路企业量化作业成本的难度较大,所以确认费用、确认劳务、确认相关成品等较为困难。

2. 预算成本管理法

预算成本管理法的实施步骤:第一,制定带有可容忍属性的成本(目标成本);第二,以实际成本为依据计算实际成本、目标成本间的差距,并分析偏差出现的原因;第三,寻找减少偏差的有效方法,促使偏差逐渐降低。

借助数量化的手段建立管理工作标准是编制预算的基础。编制预算应该精细演算和精细管理财务、人力、行政、养护等层面的成本,让成本费用得到最大限度降低。虽然使用预算成本管理法能够对费用偏差、费用偏差出现的原因等有清晰了解,但有时会存在预算目标混淆企业目标问题。同时,部分管理者对控制费用予以过多关注,导致企业目标实现进程被阻断。

3. 目标成本法

目标成本法以市场为导向,借助目标成本确定、成本计划制定、管控成本力度加强、考核成本行为实施、成本产生原因分析等手段来严格控制项目成本,促使企业实现增加效益、提高质量的目标。

目标成本法所具备的特征:目标成本法所设定的控制范围涵盖全部过程、全体人员、所有方位。目标控制需要在事前环节、事中环节、事后环节予以体现,各个阶段需要落实精细化的指标,在分解过程和调整过程中逐步减少存在不合理问题的成本部分。因为公路行业具有很强的特殊性,所以在建设公路和运营公路的过程中,需要在目标成本管理体系构建时加入可控成本指标、不可控成本指标,并在分解目标的基础上剔除不可控的费用支出。同时,对可控的成本实施全面分析和合理控制,促使繁杂化预算流程问题、不精准控制目标问题等得到解决。

4. 挣值法

在项目管理过程中，协同管控进度、成本的有效方法是挣值法。该方法可以汇总实施项目所存在的过程中产生的差异化项目节点进度数据、差异化项目节点成本数据等，借助量化信息手段来直观展现项目进展的具体情况，促使带有目的性的部分决策被全面制定。挣值法需要对以下的依托挣值行为实施来划定的基本参数进行测量和计算：①计划完成工作的预算成本（BCWS）；②已完成工作的实际成本（ACWP）；③已完成工作的预算成本（BCWP）。同时，对上述基本参数两两比较后产生的偏差进行研究，最终得出成本偏差（CV）数值、进度偏差（SV）数值、成本绩效指数（CPI）数值、进度绩效指数（SPI）数值，并积极管控上述数值。挣值法计算公式如表 4.5 所示。

表 4.5　挣值法计算公式

序号	参数/变量名称	计算公式
1	已完成工作的预算成本	BCWP＝已完成工作量×预算定额
2	已完成工作的实际成本	ACWP＝已完成工作量×实际定额
3	计划完成工作的预算成本	BCWS＝计划工作量×预算定额
4	成本偏差	CV＝BCWP－ACWP
5	进度偏差	SV＝BCWP－BCWS
6	成本绩效指数	CPI＝BCWP/ACWP
7	进度绩效指数	SPI＝BCWP/BCWS

BCWP 就是挣值，即借出货币来对项目进行评估并在检查某个环节后所获得的绩效数值；CV 指标、SV 指标带有绝对属性，CPI 指标、SPI 指标带有相对属性；CV 和 CPI，SV 和 SPI 取得了一致的评估效果，这意味着实施具体操作可以计算带有绝对属性的指标，也可以计算带有相对属性的指标。

从参数重要程度层面进行分析后发现，挣值可以显著影响项目进度评估情况、成本评估情况，所以挣值法在运用过程中提出了项目评估可以运用适当方法的要求，即适当方法的运用将成为挣值获得的基础，而且可以提高偏差准确性。

第5章 公路工程项目安全管理

5.1 公路工程安全管理体系建立

5.1.1 公路工程项目安全管理的概念

公路工程项目安全管理是指在日常的公路工程施工生产活动中,运用管理的方法和手段,对影响施工安全生产的人、机械设备、环境等因素进行控制,确保各类危险源在正常的范围内,降低生产安全事故发生的概率,达到预防生产安全事故的管理目标。

5.1.2 公路工程项目安全管理体系构建的目标与原则

1. 公路工程项目安全管理体系构建目标

以安全管理相关原理和方法为理论依据,以无安全事故为安全管理目标,构建一个以建设项目为对象,以建设单位为核心,以其他参建单位为相关方,与各参建方的安全管理体系衔接的由建设单位主导的安全管理体系。公路工程项目安全管理体系构建目标包括:①应能解决因安全管理主体缺位、错位、不到位而引起的安全管理责任不清的问题,使各参建方在安全管理体系下有序地分工协作,安全生产责任制落实到位,安全生产方针中的"综合治理"真正贯彻到位;②应能转变建设参与各方的安全管理理念,实现事后管理向事前预防、事中控制转变,使安全生产方针中的"安全第一,预防为主"执行到位;③应能改变安全管理缺乏活力的局面,形成"你追我赶,奋发向上"的安全生产氛围,最终提高公路建设中"人-机-环境"系统的安全性,实现安全建设的管理目标。

2. 公路工程项目安全管理体系构建原则

(1)以人为本原则。公路工程项目安全管理体系的构建应遵循以人为本的原则。公路工程安全管理是围绕人的生命安全与财产安全进行的,只有把以人为本作为安全管理的重要理念,才能正确引导和教育员工的安全意识,减少安全事故的发生。保障项目施工安全人人有责,只有每个员工都投身于项目施工安全管理制度的落实中,才能更好地降低施工现场事故率。因此,我们应号召所有项目相关人员共同参与到项目的安全管理工作中,让员工从被动地执行安全管理制度转化成员工自觉遵守安全管理制度,并将安全管理体系落实到位。另外,企业领导的安全意识对于项目的顺利进行也非常重要,因为只有领导对项目安全生产足够重视,才能确保有足够的资金、人员等投入来保证安全管理的落实。因此,公路工程项目应坚持贯彻以人为本的安全管理理念,从根本出发,让所有项目的参与者都主动维护其应有的安全权益,只有这样才能控制施工现场的安全状况,实现项目生命周期的"零"事故。

(2)法制化原则。公路工程项目安全管理体系的构建应遵循法制化原则。一切安全管理体系构建都是在相关法律法规的基础上建立的。对于公路工程项目安全管理体系的构建要遵循以下几个方面:①我国发布的相关法律、法规;②相关建设行业制定的规范标准;③对危险源的识别与分析;④公路工程所在地区的相关法律法规以及规范标准;⑤项目施工所选择的施工方案的特点;⑥业主以及与之相关质量监督部门对于项目质量的要求等。

(3)全员参与原则。公路工程项目安全管理体系的构建应遵循全员参与的原则。在公路施工中,任何一个人、环节的失误都会对现场安全产生不同的影响。人作为项目施工主体,在施工过程中具有不同的安全责任。只要项目相关人员都意识到安全管理的重要性,并且都参与进来,正确执行相关安全管理制度,听取管理人员的指挥,相互之间关系融洽,发挥出各自的主动性和积极性,减少安全事故所导致的损失,就能最大限度地保证施工现场的安全。

(4)全方位原则。公路工程项目安全管理体系的构建应遵循全方位原则。公路工程的全寿命周期涉及了多个参建单位,每个项目相关方的工作都会对项目施工过程中的安全管理产生不同的影响。因此,我们需要构建一个安全管理体系,激发公路工程施工中每个人员的主动性,使他们积极参与安全管理活动,主动履行各自的职责,相互协作,保障建设顺利实施。

(5)全过程原则。公路工程项目安全管理体系的构建应遵循全过程原则。公路工程项目建设中,从可行性研究到交付使用的每个阶段都非常重要,不能只关注施工阶段的安全管理,因为前期的安全管理对施工阶段的安全生产有很大的影响。

(6)主动原则。公路工程项目安全管理体系的构建应遵循主动原则。建设工程项目应一贯坚持"安全第一,预防为主,综合治理"的方针政策,公路工程项目也不例外。为了避免事故的发生,我们必须将安全隐患扼杀在"摇篮"里。做好事前控制,对可能导致安全事故的危险因素进行识别、分析,积极主动地采取措施消除安全隐患显得尤为重要。

(7)动态原则。公路工程项目安全管理体系的构建应遵循动态原则。公路工程施工中,其所处的环境是不断变化的,可能是狂风暴雪,也可能是风和日丽。因此我们应不断调整安全管理体系,构成一个周而复始的动态循环管理过程,这样才能使安全管理体系得到有效的实施,最大限度地消除施工现场的安全隐患,使安全管理体系的实施效果达到最大。

(8)实用性原则。公路工程项目安全管理体系的构建应遵循实用性原则。在公路工程施工安全管理体系的构建中,需要考虑施工现场环境、作业人员、施工工艺和方法等因素,还需要考虑其他与项目有关的单位,注意构建的体系可以与现有的安全管理体系有效承接,方便其他项目相关方可以快速熟悉和应用体系,有利于体系的持续改进。

5.1.3 公路工程项目安全管理体系

公路工程项目安全管理是复杂的系统工程,影响管理成效的因素多,安全管理体系应从安全管理组织体系、安全管理制度体系、安全技术管理体系、安全投入保障体系、安全培训教育体系、安全应急管理体系和安全考核奖惩体系七个方面进行构建,体系结构如图5.1所示。组织体系是安全管理工作的核心,制度体系是安全管理工作的依据,技术管理体系是安全管理工作的基础,投入保障体系

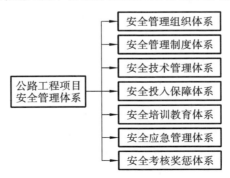

图 5.1 公路工程项目安全管理体系结构图

是安全管理工作的保障,培训教育体系是安全管理工作的根本,考核奖惩体系是安全管理工作的必要手段。

公路工程项目安全管理体系具体包括以下方面。

1. 安全管理组织体系

1)安全管理中各参建方的关系分析

参与建设的主体主要有建设、勘察、设计、监理和施工等单位,通过合同或委托关系共同参与工程项目建设,各参建方关系如图 5.2 所示。构建由建设单位主导的公路建设安全管理体系,应理清各参建方在建设中的内在关系,才能明确他们在安全管理中应承担的责任,构建出合理的体系架构,为体系的有效运行提供组织基础。

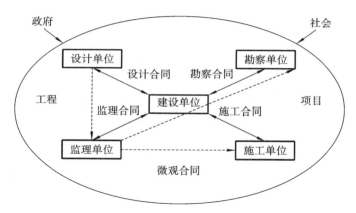

图 5.2 公路工程项目各参建方关系图

(1)建设单位与设计单位的关系。在建设单位与设计单位的合同委托关系中,建设单位是设计的主导者,设计单位是按建设单位的要求进行设计,在委托设计的合同文件中,应包含安全设计和安全责任的条款要求,该条款对设计单位的设计行为产生较大的约束力,使设计质量得到保证。

(2)建设单位与监理单位的关系。监理单位是建设单位在项目管理中的代言人,建设单位对承包人的指令与意见大多由监理单位负责督促落实和检查。

(3)建设单位与施工单位的关系。建设单位与施工单位是委托合同关系。由于建设单位是工程发包方,在安全管理中表现得较为主动,而施工单位是工程承包商,在安全管理中往往处于被动接受管理的状态。

(4)监理单位与设计单位的关系。监理单位与设计单位在工程建设中没有直接的合同关系，监理单位在建设单位授权范围内，行使管理、监督、检查的权力，协调处理工程建设有关设计事项。如无委托则与设计单位是协作、配合的关系。

(5)监理单位与施工单位的关系。监理单位与施工单位在工程建设中没有直接的合同关系，监理单位与施工单位是一种监管与被监管的关系。监理单位监管的侧重点受建设单位影响。

(6)设计单位与施工单位的关系。设计单位与施工单位之间没有直接的合同关系，在项目建设过程中存在着工作联系，联系是通过建设单位建立的，设计单位不能向施工单位直接发出工作指令。在法律法规上虽然也规定了设计单位的安全责任，但只包括其部分行为，由设计原因带来的施工阶段安全隐患问题普遍存在。施工单位影响不了设计单位的行为，只能通过建设单位反映施工方的诉求，处于被动的地位，难以从设计上消除施工阶段的安全隐患。

从以上对参建方在公路工程项目安全管理中的关系的分析可以看出，建设单位在公路工程项目安全管理中居于核心主体地位，是公路工程项目安全管理的主导者、组织者和指挥者，由其主导公路工程项目安全管理工作最为有效。

2)安全管理组织结构

公路工程项目安全管理组织的建设应遵循安全管理基本原则，应体现多方协作关系，满足工程建设的安全管理横到边、纵到底的特点。建立的安全管理组织要具备科学性、合理性和有效性，确保管理组织能满足建设安全管理需要。安全管理组织应包括建设、勘察、设计、监理和施工等多家单位派出的项目安全管理机构，这些机构必须履行两方面安全工作职责，既要满足本单位内部的安全管理要求，又要符合所参与的建设项目的安全管理需要。建设单位承担着工程建设全面管理的责任，是安全管理责任的第一责任主体，其他各参建方在建设单位主导下各负其责，做好安全管理工作，是安全管理责任的次要责任主体。公路工程项目安全管理组织结构如图5.3所示。

(1)建设单位。

建设单位应建立三级安全管理组织。首先成立工程建设项目安全生产领导小组，由建设项目总经理任组长，主管安全生产的副总经理和总监办总监任副组长，成员包括各参建方项目负责人、建设项目安全办和总监办安全管理部负责人等，全面领导、协调、监督公路建设的安全生产工作；其次设立安全管理办公室（简称安全办），负责工程建设项目安全工作领导小组安排的具体工作，由办公室主任、安全工程师、专职安全员、业主代表等组成；最后是业主代表，为建设单位日常派驻施工现场的代表，负责协调、监督、检查所管理合同段的安全生产工作。

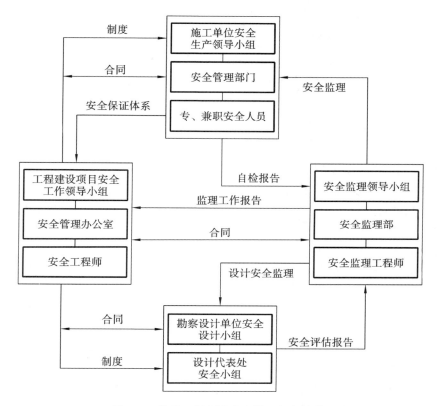

图 5.3　公路工程项目安全管理组织结构

(2) 监理单位。

监理单位应建立三级安全管理组织。首先成立总监办安全工作领导小组，由总监任组长，分管安全的副总监、安全管理部负责人任副组长，成员包括驻地高监、部门负责人、安全监理工程师，负责审查或批准施工、勘察设计等单位提交的安全方案；其次是设立安全管理部，负责按法规要求落实建设单位和总监办内部的安全生产工作，成员包括安全管理部负责人、安全监理工程师、专职安全员；最后是驻地办设立驻地专职安全工程师和兼职安全员，负责现场的安全生产监理工作。总监办成立以上三级安全管理组织机构后，经法人单位批准后上报建设单位备案。

(3) 勘察、设计单位。

勘察、设计单位应建立二级安全管理组织。首先设立项目设计安全工作小组，由院长或总经理任组长，主管安全的副院长、总工程师、项目设计负责人任副组长,成员包括项目设计技术负责人、各专业负责人、审查负责人等,负责项目勘察、设计的安全设计审查;其次设立设计代表处安全工作小组,由设计代表处负责人任组长,其他设计代表为成员,负责设计的安全技术交底、优化设计方案以降低工程安全风险等安全管理工作。勘察、设计单位成立项目安全工作管理机构后应报建设单位备案。

(4)施工单位。

施工单位应建立三级安全管理组织。首先应成立以项目经理为组长的项目安全生产领导小组,小组成员包含分管安全的副经理、部门负责人、安全工程师、分包单位项目负责人等,全面组织领导从开工到竣工全过程的安全生产工作;其次设立安全生产办公室,负责施工安全生产的日常工作,成员包括安全办主任、安全工程师、专职安全员;最后设立专业施工队安全生产小组,由专业施工队长任小组长,成员包括专业施工队专职安全员和施工班组长(为兼职安全员),具体落实工点施工的安全生产工作。

3)各参建方的安全管理责任

(1)建设单位。

建设单位对建设项目的安全管理负总责。主要责任有:组织建立完善项目安全管理体系,监督其他参建方在项目安全管理体系框架下完善各自的安全管理体系;组织制定建设项目安全管理制度文件,监督其他参建方在制度规定内制定相应的管理细则;组织其他参建方识别、评价和筛选重大危险因素,带头预控和监督其他参建方预控危险源;指导制订项目安全管理方案;带头遵守并监督其他参建方遵守安全生产相关法律法规;与其他参建方签订安全生产责任制,监督其他参建方层层落实安全生产责任制;监督检查各参建方的安全教育培训;及时协调解决安全管理中的重大问题,定期组织召开安全生产会议;保证足额的安全生产费用投入,监管、审查其他参建方的安全生产费用的使用;组织安全检查,对各参建单位安全管理绩效进行检查和考核;参与重大安全实施方案的研讨;决定启动和终止建设项目安全生产事故应急状态、应急响应、应急救援行动,协助政府有关部门做好应急工作等。

(2)监理单位。

监理单位承担建设项目的安全监理责任。主要责任有:遵守安全法律法规;按建设项目安全管理体系要求健全自身的管理体系;按要求制订安全监理计划和细则;审查所监理标段制定的制度文件、危险辨识与控制方案、安全专项方案和应急救援预案,并对其实施过程监控;核查施工机械设备和安全设施的验收手续;开展施工现场日常安全检查,对高危的关键工序和重大危险源的安全旁站监理,及时制止违规作业;监督检查安全生产费用的使用。

(3)勘察、设计单位。

勘察、设计单位对建设项目的安全设计负责。主要责任有:遵守安全法律法规;按建设项目安全管理体系要求健全自身的管理体系;按照国家有关标准、规范的规定要求及勘察成果进行工程设计和安全设计;识别设计阶段的工程建设重大危险因素,在设计文件中提出关于工程安全方面的要求及控制措施;科学测算工程建设的安全生产费用,保证估算、概算和预算中的专项费用能基本满足建设的安全需要;向建设、施工、监理等参建方进行详细的安全技术交底;委派设计代表现场解决设计文件中涉及的安全问题;要根据项目进展情况,不断优化设计方案,降低工程安全风险;配合建设工程安全项目验收。

(4)施工单位。

施工单位对建设项目施工安全负责。主要责任有:遵守安全法律法规;按建设项目安全管理体系要求建立健全自身的管理体系;落实一岗双责,层层落实安全生产责任制;制订安全管理目标、指标、管理方案;制定符合实际的施工组织设计安全专项方案和安全生产应急预案;识别本合同段的危险因素,筛选重大危险因素,制订预控措施方案;对参建人员进行安全教育与培训,倡导文明施工和安全生产;保证安全投入,合理使用安全生产经费,确保安全设施到位和施工机械设备具有良好的安全性能;层层进行安全技术交底,落实各项安全措施;每日进行安全生产巡回检查,确保设施的正常运行和各项措施的有效性,建立安全管理台账;负责安全生产事故抢险、救灾工作等。

2. 安全管理制度体系

完善的安全管理制度对消除或抑制安全事故的发生起着关键的作用。安全管理强调全员参与、各负其责,科学合理的安全管理制度可以避免人的不安全行为,有效排除物的不稳定状态,堵塞管理漏洞,从源头上避免或降低安全风险的发生。安全管理制度不但要科学合理,而且制度的设计和制定必须遵循安全管理学的基本原理,有效提高制度的可行性和可操作性,否则会出现安全工作人人参与、人人都不负责的现象。

1)制度建设

公路工程项目安全管理工作是一项复杂的系统性工程,涉及各个环节和各参建方,需要制定全面系统、科学合理的安全管理制度,使各参建方的安全管理有规可依、有章可循，使安全管理规范化、系统化、程序化，为实现公路建设安全目标提供制度保障。安全管理制度建设应综合考虑各方面因素，用安全管理系统原理、强制原理的思想和方法，把项目建设安全理念的指导思想、目标和行为要求固化为制度，不仅要求制度本身要逻辑严谨、权责清晰、符合项目实际，而且要求制度之间要相互配合、形成闭环，构成以安全责任为中心的安全管理制度体系。

建设单位应在项目筹建初期，制定项目的安全生产实施纲要，作为工程建设安全管理工作的实施总纲，并以安全生产责任制度为核心建立健全各项安全管理制度，规范安全管理工作。勘察、设计、监理和施工等单位要按照建设单位的安全生产实施纲要、安全管理制度和安全生产相关法规、标准的要求，结合工程实际和自身管理情况，制定各参建方的项目安全管理制度、操作规程、安全监理实施细则和安全管理表格。安全管理主要制度如表5.1所示。

表5.1 安全管理主要制度

序号	制度名称	制度执行方			
		建设单位	勘察、设计单位	监理单位	施工单位
1	安全生产责任制度	√	√	√	√
2	安全生产教育与培训制度	√	√	√	√
3	安全生产费用保障制度	√	√	√	√
4	安全管理机构设置及专职人员配置制度	√	√	√	√
5	安全生产检查制度	√	√	√	√
6	安全考核与奖惩制度	√	√	√	√
7	安全会议与报告制度	√	√	√	√
8	安全事故应急救援制度	√	√	√	√
9	安全专项方案编制与审查制度	√	√	√	√
10	安全生产风险抵押金制度	√	√	√	√
11	安全技术交底制度			√	√
12	安全技术措施管理制度			√	√
13	安全标准化管理规定				√
14	工种安全操作规程				√
15	特种作业人员持证上岗制度				√
16	起重机械和设备设施验收登记制度				√

2)制度落实

制度的生命在于落实,制定安全管理制度只是公路工程项目安全管理体系建设的第一步,杜绝或减少安全事故发生的关键是要把安全管理制度落实到日常工作中。落实好制度,要抓好以下几个关键环节才会有成效:①提高全员认识,真正树立"安全第一,预防为主,综合治理"的思想;②完善制度,使之符合项目实际;③做好制度的宣贯和员工的教育培训;④明确安全管理的责任主体,区分管理与监督的职责;⑤制定奖惩机制,实施工程建设安全生产风险抵押金制度,运用激励手段,对制度执行情况进行督查和考核。

3. 安全技术管理体系

安全技术管理体系是基于安全技术及其管理的一套安全保障体系,是公路建设安全管理体系的重要构成。安全技术管理体系包括危险源控制管理、施工组织设计、安全技术(生产)专项方案、安全技术交底、安全技术规范和操作规程等。

在安全管理中,制定的安全技术措施和安全保障措施应把安全技术、工程技术和管理方法融为一体,只有这样安全措施才能有针对性地控制人的不安全行为、物的不安全因素和环境不安全条件,并保证物和环境安全、可靠,使生产具有良好安全环境和条件。

在公路安全管理中,应运用安全系统工程原理及其方法,在设计和施工阶段开展危险源辨识评价和预控,制定相应的安全技术控制措施和安全保障措施,对易发生事故伤害的分部分项工程、关键工序还应严格按照安全技术规范和操作规程的规定制定安全技术(生产)专项方案,使排查出的危险因素和安全隐患在建设实施前得到预防,在实施中得以控制,为作业人员提供安全、良好的劳动条件,保证人身健康安全和施工建设的顺利进行。制定的安全措施和方案必须进行认真评审,经批准后才能实施,以确保措施方案可行可靠,同时在实施前要进行层层的安全技术交底,保证安全措施方案落实到位。

1)危险源控制管理

公路工程项目安全管理的核心工作是要做好危险源控制管理,危险源控制管理包括危险源辨识、危险源风险评价和危险源控制三个方面。要做好公路工程项目的危险源控制管理,应采取主动预防的安全管理方式,用安全系统工程的理论和方法,对公路工程项目的危险源进行辨识和风险评价,有针对性地采取安全防范措施,及时实施有效控制,将安全风险降到最低。公路工程项目的危险源主要有:人的不安全行为,包括违反法律法规、部门规章、标准、规范及规程、制度、图纸、方案、措施等;物的不安全状态,包括施工机械、设备、材料、机具等;管理缺陷,包括设计方案缺陷、技术措施缺陷、作业环境和场所的安全防护措施设置不当、防护装置和用品缺少等。

(1)危险源辨识。

危险源辨识应根据公路工程的特点及内容做好危险源辨识目标的选择。危险源辨识目标有:原材料的采购、储存和运输;施工设备的运行、维护与保养;施工生产作业活动、施工工艺的选用;气候、地理环境及其他外部环境影响;其他辅助活动。

危险源辨识应正确、全面、系统、多角度、不漏项。除了分析正常施工、操作时的危险因素外,还必须充分考虑组织活动的三种时态(过去、现在、未来)和三种状态(正常、异常、紧急)下潜在的各种危险因素。

危险源辨识过程主要包括资料的收集、不确定性分析、危险源的确定、编写危险源辨识报告等,危险源辨识过程如图5.4所示。

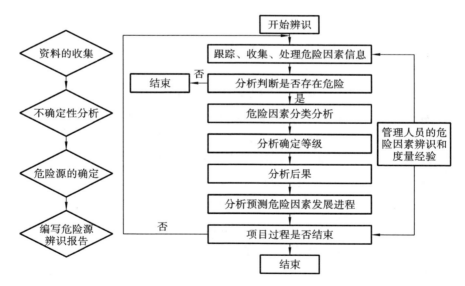

图5.4 危险源辨识过程

(2)危险源风险评价。

根据公路的工程特点与难点,对相关的危险源进行筛分,选出影响最大的重大危险源,分析风险产生机理,同时结合对建设单位、设计单位、监理单位和施工单位的安全工作状况调查情况,进行综合评估,形成危险源风险评价报告,为后续制定、选择安全控制措施提供依据。

危险源风险评价分三个阶段。

第一阶段:成立危险源辨识和评价工作组,由建设单位安全负责人牵头,安全总监具体组织落实,成员包括安全监理工程师、设计单位代表、施工单位的项目安全负责人、总工程师、施工班组长、安全员等。

第二阶段:由工作组和外聘的安全咨询机构对危险源的初始风险进行评价,结合设计图纸等相关文件和现场作业环境等实际情况,逐个分析各个风险因素,厘定等级,形成重大危险源清单。

第三阶段:依据风险评价结果和接受准则,拟定相应的方案和对策;对危险源的风险进行再评估,理出残留风险等级和相应的控制措施。

(3)危险源控制

危险源的控制工作是一项非常复杂的工程,其涵盖整个工程项目的施工过程。因此,在对危险源进行控制的时候,需要尽可能降低控制危险源阶段所带来的消耗,提升最终的控制效果。为了达到控制危险源的目的,需要明确危险源控制的几项原则:①危险源的控制需要建立在消除和降低危险的基础之上,将个人的安全防护落实在实践上;②将预防措施作为主要措施,采取防控结合的手段,建立其危险源预防的方案以及事故发生以后的紧急应急措施,采取联动机制;③以动态跟踪的形式加强对危险源的辨识,注意重点控制,针对危险源的状态变化采取应变性策略。对于不可承受危险的危险源,需要采取禁止作业的措施。对于重大的危险源,需要立刻改正其影响条件。对于中度的危险源,也要在规范的期限内做好调整;对于轻度的危险源,则需要加强监督和管理,做好保护措施,对于一些可以被忽略的危险源,做好日常的管理工作。

2)施工组织设计

施工组织设计是对公路施工活动实行科学管理的重要手段,是指导施工活动包括安全生产活动的重要技术文件。它是根据工程设计文件要求和企业自身施工条件,基于对原始资料的调查分析编制的。施工组织设计对施工活动进行了统筹布置,体现了从工程设计转为实体工程的要求,明确了施工各阶段的准备工作内容,明确了保证施工正常进行所要采取的安全技术措施和安全保障措施及相应的资源、设备,明确了施工过程中各单位、工种和资源间的相互关系。

在公路工程项目安全管理中,施工组织设计应满足如下要求:应按规定要求事项编制施工组织设计;施工组织设计中的安全技术措施应依据危险源编制;安全技术措施应完善;施工组织设计应按审批程序审批、应有技术负责人等审批人员的签字。施工组织设计的质量好坏对公路建设安全生产有直接影响,因此,编制施工组织设计应符合规定要求,保证编制质量,为施工活动有序安全进行提供依据。

3) 安全技术(生产)专项方案

安全技术(生产)专项方案主要是为保证公路工程项目中危险性比较大的分部分项工程、关键工序施工,确保工程建设的安全。公路工程项目中的安全技术(生产)专项方案主要是针对桥梁桩柱、高边坡、隧道、脚手架或支架工程、塔吊及龙门吊、拌和和预制场等存在较大危险性的工程制定的。安全技术(生产)专项方案制定后应由专业技术人员及监理工程师进行审核,审核合格后由施工单位技术负责人、监理单位总监理师审查并签字批准。施工单位应对危险性较大的方案组织不少于5人的专家组对已编制好的安全技术(生产)专项方案进行论证评审。

在公路工程项目安全管理中,安全技术(生产)专项方案应满足如下要求:应按规定要求对专业性强和危险性大的施工项目单独编制有针对性的安全技术(生产)专项方案;安全技术(生产)专项方案应按规定经过有关单位和技术负责人审批签字;安全技术(生产)专项方案应按规定进行计算和图示;施工单位技术负责人应组织方案编制人员对方案的实施过程进行跟进、反馈、复查。

4) 安全技术交底

安全技术交底是公路工程项目安全管理中一项技术性很强的工作,对保证工程项目安全十分重要。安全技术交底是为了明确相关参建方及人员的安全技术管理责任和要求,使项目建设安全技术管理工作规范化、程序化。在施工前,建设单位应组织设计单位对施工单位、监理单位相关安全技术人员进行设计文件的安全技术交底并留交底记录。施工单位的安全技术交底应分阶段、分不同工种、分不同作业对象进行层层交底,当两个及以上工种或施工队配合施工时,工班负责人要按工程进度定期或不定期地向各施工队或工班负责人进行交叉作业的书面安全技术交底。施工单位的安全技术交底内容主要包括:①根据现场实际作业条件,对施工组织设计、方案的安全技术措施进行细化和补充,特别是施工中的特殊问题和危险部位所应采取的安全技术措施;②要将操作者的安全注意事项讲明白、讲清楚,保证施工作业人员的人身安全。

在公路工程项目安全管理中,安全技术交底应满足如下要求:应按规定要求进行各级安全技术交底工作；应对各级安全技术交底要求和内容进行详细规定；安全技术交底应有书面记录并应有相应的签字。

5）安全技术规范和操作规程

安全技术规范和操作规程是作业人员进行作业操作的依据，是为了确保安全而从技术角度统一、规范施工作业人员的操作而制定的标准，目的是尽量避免操作不当而导致事故发生。施工单位应确保采用的安全技术规范和操作规程现行有效和无缺陷，应要求施工人员严格按照安全技术规范和操作规程进行作业，规范和约束施工人员安全行为，施工单位所采用的安全技术规范和操作规程应向监理单位报批或报备。

在公路工程项目安全管理中，安全技术规范和操作规程应满足如下要求：与施工活动相关的安全技术规范和操作规程应是现行有效的；采用的安全技术规范和操作规程应是无缺陷的；采用的安全技术规范和操作规程应按程序报备或报批。

4. 安全投入保障体系

安全投入就是为参与建设的人员提供必要的安全生产条件，创造一个良好的建设安全环境，保证与安全保障功能相关的人力、物力、财力等方面的投入，保障建设工程项目的顺利实施。在公路建设中，最主要的安全投入主体是建设单位和施工单位，它们投入是否合理、能否满足生产需要对建设安全起着关键性作用。

1）建设单位的安全投入

在项目决策阶段，建设单位应依据设计文件、建设环境、技术的难易程度等进行安全预评价，根据评价结果及其应采取的防范控制措施情况，充分预测建设所需的安全生产费用，并把预测的安全生产费用列入投资总额、工程概预算。在工程招标阶段，建设单位应依据设计文件、建设环境、工程技术难度、同类已完工项目安全投入等情况，预测各标段可能存在的危险源，并根据危险源的多少、大小及其合理的防控措施测算各标段的安全生产费用，作为标底价的构成部分，同时在招标文件的合同中合理规定安全投入的数额、项目清单、支付计划、使用要求、调整方式等条款内容。在施工阶段，建设单位应要求各施工单位结合作业环境和施工方案，进行危险源辨识评价，制定危险源控制措施；建设单位应根据工程进度和危险源情况及时预付安全生产费用，确保安全防范控制措施得以投入和落实;同时,建设单位应制定安全生产费用管理制度,规范和约束安全费用的计量、支付、使用,开展专项检查,加强安全经费监管,规范使用范围,确保安全生产费用专款专用。

2)施工单位的安全投入

施工单位的安全投入要合理充分,否则难以保证实现项目的安全生产和盈利。施工单位的安全投入是生产总投入中的一部分,是一种生产成本,和其他成本投入一样会有产出,只是其产出效益带有隐形性、滞后性,被许多施工单位所忽视。大部分施工单位的安全投入仍是被动、不合理的投入,直接威胁到施工的安全生产。施工单位应树立正确的安全生产观、安全经济观,主动且充分投入实施安全技术措施和安全保障措施所必需的安全经费,消除危险源,避免安全事故的发生。

施工单位应遵循安全经济规律,按《中华人民共和国安全生产法》《建设工程安全生产管理条例》《公路水运工程安全生产监督管理办法》《企业安全生产费用提取和使用管理办法》等规定要求,以最佳的安全投入产出为原则,科学合理配置和使用安全资源,使安全投入能满足正常的安全生产所需,确保安全投入不低于保证性安全成本(事故预防费用消耗),按需合理使用安全生产费用,使有限安全资源发挥最佳成效,为生产安全进行提供保障。在施工生产中,施工单位应科学测算和合理安排安全措施费,使投入的安全生产管理人员能满足生产管理需要;使全体施工人员能得到安全教育和培训而树立良好的安全生产意识,减少或杜绝违章指挥和违反操作规程行为的发生;使施工机械设备、安全防护设施得到更新和维护而保持良好的工作性能和状态;使专项安全防护措施落实到位而避免了建设人员受到伤害,从而为人员的健康安全和生产建设的顺利进行提供基本保障,为实现较好的经济和社会效益提供可能。

施工单位在投标时应根据规定,按公路工程建安造价的 1.5% 计提安全生产费用,不得删减,按相关规定列入标外管理。在施工时施工单位应按合同文件规定要求编制和提供相关材料,及时向建设单位申请安全生产费用,严格在规定范围内使用安全费用,不得挪作他用。

5. 安全培训教育体系

公路工程项目安全管理中,建设单位应根据项目安全管理的理念、目标主导安全教育培训的管理,对安全教育培训的基本要求、形式、内容、时间、效果评价做出规定。尤其应加强建设单位业主代表、施工单位工程技术管理人员、监理单位专业监理工程师等公路工程安全技术管理关键岗位人员的培训考核,强化安全生产技术管理力量;要加强对主要负责人、安全生产管理人员和特种作业人员等"三类"岗位人员的安全培训,确保员工持证上岗;强化对一线员工的培训教育,重点抓好一线生产人员特别是公路施工农民工的安全培训工作。

为保证安全教育培训效果,安全教育培训应按如下几方面的要求和内容开展。

(1)安全教育培训的基本要求:各参建方应建立安全教育培训制度,应建立单位安全宣传教育培训活动档案和从业人员安全教育培训个人档案,应保证安全教育培训所需经费和设施;各参建方安全教育要覆盖所有进场人员,安全教育宣传的方式可通过单位专栏、展架、互联网等多种形式;从业人员调整工作岗位或离岗一年以上重新上岗时,应进行岗前安全生产教育培训;实施"四新"时应对相关从业人员进行有针对性的安全知识和技能培训;凡是违章指挥和违章作业的人员,经济上要给予处罚,同时要办班进行专门的安全教育,提高他们的思想认识。

(2)安全教育培训的形式:安全教育培训的开展应注重寓教于乐,脱产与业余相结合。可采取的形式要灵活丰富,如组织相关人员收看(听)安全生产影视、广播;开办劳动保护、安全技术展览;举办安全技术操作演练以及安全生产座谈会、报告会等;张贴安全标语、安全挂图,布置安全板报等。

(3)安全教育培训的内容:安全生产法律法规,本单位安全管理制度和劳动纪律、岗位安全操作规程;危险源辨识、事故防范措施及事故应急措施;事故案例、典型经验系统安全教育等。

(4)安全教育培训的时间:对危险性较大岗位的人员安全生产岗前教育培训时间应保证最少在48学时以上,一般岗位新进从业人员安全生产岗前教育培训时间应保证最少在24学时以上。各参建方每月至少开展1次经常性安全教育学习活动,施工班组每周至少开展1次经常性安全教育学习活动。

(5)安全教育培训的效果评价:各参建方应进行常态化的安全教育效果评价,组织开展安全生产考核或知识竞赛等活动。安全生产考核可分为书面考核、现场提问考核和实际操作考核。对考核不合格的人员必须责令其重新参加安全教育培训,再次考试合格后才能上岗。

6. 安全应急管理体系

公路建设的安全应急管理体系是一个由建设单位主导、其他参建方分工合作的统一指挥、反应灵敏、协调有序、运转高效、覆盖全员的应急管理系统。公路建设安全应急管理是以应急预案为核心，从应急队伍建设、人员培训、物资储备、装备配备、危险源辨识、预案演练到事故的应急救援、恢复重建、预案改进等方面进行全面管理，切实提高各参建方的预控、控制事故的能力。应急管理工作包括预防与预警、准备、响应、结束、恢复、评估等阶段，如图5.5所示。

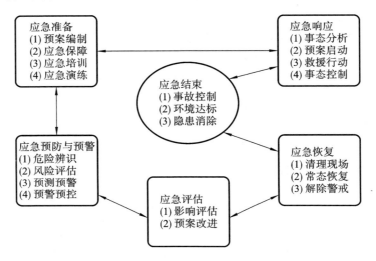

图 5.5 应急管理工作框图

各参建方要正确认识安全应急管理工作的责任、性质和重要性，做好应急管理工作，在建设单位主导下，建立良好的沟通协调机制，保持沟通渠道的畅通，相互配合、相互协作、相互监督，共同做好建设项目的安全生产管理工作。

7.安全考核奖惩体系

开展安全考核和奖惩是做好公路工程项目安全管理的有效手段。

1) 安全考核

公路工程项目安全考核工作应由建设单位主导，由其安全管理办公室定期对各参建方及相关人员进行考评，考评内容为单位安全管理情况，将考评与奖惩挂钩以提高参建方及其相关人员的工作积极性，增强员工的安全管理意识，提高安全管理水平，减少"三违"现象发生。

(1) 考核对象。具体考核对象包括监理、勘察设计、施工单位。

(2) 考核时间。安全考核应有合理的频率，针对考核对象规定不同的考核时间，安全考核时间可按季度和年度进行考核。对施工单位的考核宜每季度进行，对监理、设计单位考核宜每半年进行。

（3）考核内容。安全考核的内容包括基础管理和现场管理两个方面。监理单位的考核评分中，建设单位对其的安全工作检查评分和监理单位所监管单位的合计总分应各占一定比例。施工单位的考核评分中，监理评分的平均值与建设单位评分的平均值应各占一定比例。年度考核以季度考核的平均成绩为依据。设计单位的考核评分应由建设单位安全管理办公室和总监办负责进行，检查评分结果直接由检查小组根据评分表计算得出，如出现设计缺陷造成事故、不及时进行设计变更或设计优化造成事故、出现事故不及时配合的情况，一律被评定为不达标。

（4）考核结果。根据安全生产检查评分标准，检查人员综合评定参建方的安全生产分数。考核结果和评分排名情况将在整个工程项目内通报，并视情况抄送上级有关部门或各参建方的上级和主管部门。考核结果作为参建方在本项目的年度信用评价依据。

2）奖惩办法

（1）安全奖励经费来源。安全奖励经费主要来源于建设单位的优质优价预算和劳动竞赛的部分费用，还来源于各级单位对建设项目安全奖励经费和对各参建方在安全方面的罚款。

（2）奖惩兑现。对安全考核优秀的单位、个人分别进行奖励，被奖励人所在单位不得对个人奖励资金进行任何形式的截留。对月度安全考核不达标的单位和不称职的个人进行处罚，将处罚资金列入安全奖励经费进行管理，同时还应于规定时间内制定安全整改措施报送建设单位安全管理办公室。

5.1.4　公路工程项目安全管理体系运行

1. 安全管理体系的策划

公路工程项目安全管理体系的策划应在项目筹建阶段进行，由建设单位（项目筹建处）成立安全管理体系工作组进行体系的策划和设计。工作组应依据上级部门的安全管理要求，制定项目安全管理体系建立和实施计划。工作组应结合项目路线走向所涉及的人文、地质环境、技术等影响项目建设的条件因素，确定安全管理目标、安全管理模式、安全组织体系框架，制定安全管理方案或纲要、安全管理制度体系等，建立初步的项目建设安全管理体系。

2. 安全管理体系的实施

公路工程项目从项目立项到竣工的安全管理，都应依据项目建设安全管理体系的内容和要求来开展。在招标工作中，参建方应把安全管理体系相关的要求反映到招标文件和具体的合同条款中，作为投标响应条件，把执行项目建设安全管理体系以合同的形式确定；参建方应按规定科学测算确定安全生产费用，满足安全生产需要。在确定中标单位后，签订安全生产责任协议，成立由建设、勘察设计、监理、施工等单位共同组织的工程建设项目安全工作领导小组，领导、协调、监督、检查安全生产工作有关事宜。参建方应按安全管理体系要求设置安全管理机构和配备安全管理人员，层层签订安全生产责任书，全面落实体系规定。在工程实施中，参建方应按体系要求进行勘察设计、施工阶段的危险因素（源）辨识排查，提出或制定安全技术措施和安全保障措施建议或方案，并进行预控；参建方应按体系要求实行逐级安全技术交底；参建方应按合同、体系的规定要求投入或使用安全生产费用，监督检查费用的投入使用情况；参建方应按体系要求落实安全生产的跟踪监督检查，及时发现和纠正违规行为。

3. 安全管理体系的检查

公路建设过程中，安全管理存在着很多不确定因素，需要不断进行安全管理体系运行检查。对整个项目安全管理工作、体系运行进行全面的总结评估，才能确定管理体系是否达到预期效果及是否持续有效地运转。安全管理体系运行检查应由建设单位组织主导，其他参建方参与，可分开工前检查、月度检查、季度检查、年度检查等阶段进行。检查应主要从人、机、环境、管理四方面进行，应分析公路建设中仍然存在的安全隐患及其成因，找出问题并与前一次检查评估结果进行比较，评价现时的安全管理工作、体系运行情况。

4. 安全管理体系的持续改进

公路工程项目安全管理体系持续改进阶段的主要工作环节包括问题整改与验收和总结提高。

建设单位或检查单位应对运行中发现的问题，及时进行书面通报，发出安全管理问题整改通知单，要求存在问题的单位进行问题成因分析并采取措施整改落实，对整改落实情况还要进行验收检查和抽查。对建设单位存在的问题，应由工程建设项目安全工作领导小组中的监理单位和施工单位人员共同督促整改并验收;对设计、施工单位存在的安全问题,应由监理单位督促整改并验收,建设单位进行抽查;对监理单位存在的问题,应由建设单位督促整改并验收;对上级主管部门在安全督查中发现的安全问题,各存在问题单位整改落实后,由建设单位对整改落实情况进行验收,并把整改落实情况报上级主管部门。

工程建设项目安全工作领导小组对安全管理体系实施过程进行全面、系统的讨论、总结,对安全管理体系的适宜性、充分性和有效性进行系统的评价,总结管理经验,确定体系改进和变更的事项。对成功的管理要给予肯定,并把它制度化;对于存在的不足、尚未解决的问题、新出现的问题等体系改进和变更的事项继续在实施中找出解决方法。

公路工程项目安全管理体系要运用戴明循环原理(PDCA 循环原理)进行管理,不断策划、实施、检查发现问题、整改落实,使安全管理工作和安全管理体系每循环一次都有新的改进,保持安全管理体系的持续有效,实现项目安全管理目标。

5.2 施工现场管理与安全事故预防

5.2.1 公路工程施工现场管理

1. 施工现场管理的价值

在公路工程施工中,施工现场管理作为一种有效的措施,对提高公路质量至关重要。公路工程的质量与施工企业形象、区域经济发展、人民生命财产安全等存在必然联系,针对性地实施公路工程施工管理是保证公路工程建设的关键。另外,施工现场管理对公路成本、施工进度、工程质量等影响重大,因此,管理人员需要深入现场,对每个施工细节进行仔细检查,并充分掌握各细节的相关原理与要点,在保证公路工程质量的基础上,加快施工进度,提高公路工程整体效益。进行施工现场管理时,管理人员必须从企业现状、工程实际运行状态出发,根据实际情况制订具有针对性的施工现场管理措施,提高管理工作的全面性与系统性,保证公路工程的顺利开展。

2. 施工现场管理现状

我国道路交通事业发展迅速,公路工程越来越多,同时也出现了一些问题,具体表现在以下方面。①部分工程监理人员专业水平不足,相关主管部门对监理人员重视不足,导致现场施工监理工作无法落实到位。②施工前,施工技术交底不够详细,导致施工人员不了解施工技术应用要点以及施工过程中的一些难点,在施工过程中出现了大量的问题,影响了施工质量和施工进度。③存在普遍性工程质量问题,主要表现为无法彻底克服质量通病,即已经克服的质量通病,由于管理不严再次出现,或旧的通病处理完成后,新的通病又出现。

3. 施工现场管理存在的难点

(1)工程物料控制难。公路施工项目施工工序复杂、投入物料量大、种类繁多,很难做到全面把控。主要原因是,监理工程师在进行质量评价时,以质量测试或产品检验报告为主,对人员情况了解不够充分,无法对操作人员进行实时操控,进而无法全面控制材料使用与进场,导致工程物料控制难。

(2)机械设备把控度有限。公路现场施工管理中,安全性问题一直是一个控制难点。若机械设备防护不足或性能不够,很容易引发各种安全事故,不仅增加施工人员风险,还拖延工程进度。因此,公路工程施工管理人员需要对其高度重视,加大控制力度。

(3)操作人员控制难。操作人员的专业水平、责任心、工作态度等都是影响工程质量的关键性因素,从安全问题与工程质量问题角度分析,加大操作人员的管理力度,是保证工程安全性、质量的主要措施。若未能有效把控操作人员,不仅容易引起工程质量问题,还会对作业人员的人身安全构成威胁。操作人员管控难点主要体现在,操作人员专业水平不足,其作业结果无法达到要求;操作人员责任心不强,未按照施工图纸进行作业,导致工程质量受到主观性影响等。

4. 加强施工现场管理的办法

1)施工前充分准备

为进一步提高施工现场管理质量,施工前充分准备意义重大。主要准备工作如下。

(1)对公路施工所需的自然条件、技术标准、工期要求、机械设备能力、材料供应等需要充分考察,制订最佳施工方案。

(2)绘制施工现场关键工序操作管理框图,如质量检测、事故处理、计量支付、试验操作流程、设计变更、工艺流程图等。

(3)施工前,需要对相关工作人员进行专业培训,如业务培训、技术交流、技术培训等,保证工作人员对各环节相关工作充分了解,如资料整理、技术指标、操作流程、质量控制等。

(4)施工前,充分调研现场地质、地理环境、气候等因素,根据施工现场情况、合同协议科学、合理地编制预算,将其作为支出控制、工程进度统计、技术培训、经济核算等的依据。

(5)对施工图进行详细的审查,及时发现图纸中存在的问题,并进行修改调整,在保证图纸合理、规范后,开展施工放样等相关工作。

(6)施工前,需要对施工路段进行仔细调查,罗列出可能对施工造成影响的不利因素,并以平面位置图形式呈现,利于工作人员进行论证与探讨。

(7)施工前,需要建立健全的制度,如约束机制、激励机制、考核机制等,对各环节工作人员进行约束管理。

2)施工资源合理配置

在整个施工现场管理中,人力资源、机械配置、原材料等处于变动状态,因此,在进行资源配置时,需要根据现场实际情况进行合理调整,维持各事项之间的平衡。例如,进行编制,根据施工进度与天气调控人力资源,根据主导设备合理配置附属设备,根据实际使用情况与原材料供应情况,对材料进行调控与储备。

3)加强施工现场质量管理

要加强施工现场的质量管理,可以采取以下措施。

(1)严格控制线型与线路标高。近年来,随着我国公路建设事业的发展,施工现场管理工作中,对于公路路线标高、线型等的要求不断提高。公路的外观质量、使用品质等会受到纵横坡度不适、平整度差等因素影响,同时也会对施工企业社会形象、经济效益产生影响。因此,需要加大施工质量管理力度,相关监理人员需要层层检查,尽早发现不符合规定的问题,并及时进行返工处理,以保证工程质量。

(2)对桥涵与路基接头处进行合理处理,避免因操作不合格导致接头处存在质量问题,影响公路使用年限。

(3)对软土路基进行处理,严格把控质量。路基施工时,应分层压实与填筑,同时地表清淤工作必须到位,且对非连续地段,如路基填挖方交接处、施工分段接头等严格把控质量。

5.2.2 安全事故概述

1. 安全事故的内涵

安全事故是人们在为达到或完成某种目的的过程中,突然发生的、有悖于人的意志的,使活动进程受到影响或停止,造成人员伤亡或财产损失的意外事件。

2. 公路施工安全事故的特点

(1)事故的类型较为分散。我国公路工程的施工安全事故原因多样。公路施工安全事故多表现在坍塌、高处坠落、车祸、意外触电、重物打击与碰撞方面,这些类型的事故约占总体事故量的80%。因此,公路施工安全事故的类型相对分散,这就使得施工安全管理的难度进一步加大。

(2)事故后果严重。当前,公路工程逐步成为刺激经济发展的重要因素,各类公路工程总体上呈现出线路长、规模大的特征,一旦在施工过程中出现了安全事故,轻则造成材料设备损坏、人员轻微受伤,重则可能会造成重大的人员伤亡,甚至会造成工程长期停工。

(3)事故的突发性强。很多的公路工程项目由于整体的线路较长,施工可能跨越多个不同的区域环境,甚至可能会面临极端恶劣的施工环境。因此,公路工程施工安全事故具有一定的突发性,这种特点使得公路工程施工安全事故的预防相对困难。在实际的施工过程中,工程企业要不断总结经验,分析各类安全事故发生的原因、时间段等,采取针对性的安全防范措施。

5.2.3 公路施工安全事故预防原理与基本原则

1. 公路施工安全事故预防原理

公路施工安全事故的预防原理是通过有效的组织管理和科学技术等手段,达到防止从业人员的不安全行为和设施、设备的不安全状态出现以及改善施工环境的目的,从而降低施工安全事故的发生概率。

公路施工安全事故预防具有两方面的意义:一是预防可能出现的安全事故,辨识施工危险源,研究可能出现的事故类型和成因,提出有针对性的预防方法和解决方案,避免安全事故的发生;二是预防重复事故的出现,对多次重复出现的事故类型进行研究,找出事故发生的原因,提出有针对性的建议,避免同类事故再次发生。

2. 公路施工安全事故预防基本原则

公路施工安全事故预防应遵循以下基本原则。

(1)预防原则。对有可能发生的安全隐患做好事前预防工作。

(2)消除原则。及时去除出现的不安全因素或隐患,以免后患。

(3)削弱原则。对存在的不安全因素,应尽可能削弱它的影响或能量。

(4)隔离原则。采取隔离措施,限制不安全因素的影响范围。

(5)连锁原则。当出现的不安全因素或隐患很难控制时,要采取连锁方法环环紧扣控制,阻断其影响传播。

(6)警告原则。对不安全因素可能存在的区域,应有相关的警示、警告标志,告诫相关人员远离危险。

5.2.4 公路施工安全事故预防对策

1. 公路施工从业人员的安全事故预防对策

(1)配备足够的安全管理人员和提高安全管理人员的素质。公路施工人员的安全离不开有效的安全管理,因此可以从安全管理人员入手,提升安全管理的质量。一方面,必须配备足够的安全管理人员,安全管理岗位宜选用技术过硬、经验丰富的人员,既具备公路施工经验又有安全专业背景的则更好。另一方面,通过组织安排安全管理人员学习、交流、培训等方式,提高安全管理人员的实践操作能力和理论水平。

(2)提高施工人员的专业素质。应加强对作业人员的岗前培训和安全教育。同时,也要提高技术工人在施工人员中的比例。此外,应针对作业人员制定完善的培养机制,如:新工人应该有一段实习过渡期,在熟练工人的"传、帮、带"下,逐步掌握熟悉自身业务后才能独立上岗作业;有组织地开展技术、经验交流学习活动,提高施工团队的专业技能水平等。

2. 公路施工设施与设备管理的安全事故预防对策

(1)加强公路施工设备的现场管理,严格贯彻执行设备维护保养制度。公路施工企业应配备专人负责机械设备的使用和保养,使机械设备在使用期间保持良好的性能。施工机械应该进行定期保养，避免由保养不及时或不保养导致的施工机械运行状态不佳现象。负责机械维护保养的部门或人员，应该重点关注使用频率高、易损耗的机械设备，定期检查设备状态，变事后修理为事前维护。若机械发生异常，应立即停止使用，尽早报备维修，严禁使用有安全隐患的施工器械。

施工单位应该健全设备维护保养制度，制定详细的设施设备日常运行、维护、保养措施，明确设备管理人员的权力和责任。设备管理人员的主要职责包括检查是否存在违规操作现象、设备是否调试正常、施工机具是否定期保养等。设备管理人员的权力包括：在设备的使用上具有的审批权、对故意损坏施工设备或不按规定操作设备导致设备受损的行为具有处罚权。

（2）完善安全设施和防护管理。对于有较大安全隐患的施工场地或有关设施，如炸药库房、隧道、桥梁等，必须设置安全警示标志。机械安全装置必须按规定正确使用，绝不能为了方便将其拆掉不使用。机械设备使用的刀具、工夹具以及加工的零件等一定要装卡牢固，不得松动。

（3）提高设备管理干部、操作人员和维修人员的素质。通过定期或不定期的技术、业务培训，提高设备管理干部、操作人员和维修人员的理论水平和业务能力。设备操作人员应做到懂原理、懂性能、会使用、会保养、会排除一般故障。特种设备的操作者必须是通过相关专业考试，取得"操作证"后方可上岗操作。设备维修人员必须进行技术培训，掌握设备的原理，对设备进行预防性维修，建立完善的设备维修和保养档案，操作者与维修人员必须报告设备运转及修理情况，保证施工设备及时排除故障，安全使用。

3. 公路施工作业环境的安全事故预防对策

（1）防暑降温的主要措施。夏季高温作业极易导致施工人员中暑，因此可以采取小换班、增加工作休息次数、延长午休时间等方法缩短工人的高温作业时间。休息地点应设在通风阴凉处，并备有风扇、洗澡设备等。最好在休息室安装空调或采取其他防暑降温措施。同时也要加强个人防护，高温下作业的从业人员应穿不吸热、活动方便的工作服，并要佩戴工作帽、防护眼镜、隔热靴等。

（2）生产性粉尘和噪声的预防与控制。对于粉尘作业较多的施工段，建议设立粉尘监测制度，定期对粉尘浓度高的工点进行检测，采取有效的技术手段降低作业环境的粉尘浓度。例如可以通过湿式作业法来减少施工现场扬尘。对于噪声控制可以从两方面进行：一是采用低噪声、低振动的施工设备，从源头上减少噪声；二是通过一些降噪措施减少噪声给现场作业人员和周边居民带来的危害。

(3)针对复杂的施工条件制定详细的施工组织设计。公路的施工条件往往很复杂,因此施工前必须对现场地形地质、气象水文、雨期冬歇期等施工条件了解清楚,认真审阅施工图设计文件,了解工程的重点和难点,针对施工现场的具体情况制定详细施工组织设计,做好人工、材料、机械的进场安排、工期安排、流水作业等。

4. 公路施工组织管理的安全事故预防对策

根据公路施工的特点,从以下两个方面给出公路施工组织管理的安全事故预防对策。

1)建立完善的施工安全管理与监督机制

建立施工安全管理与监督机制由两方面组成:一方面是构建建设各方的安全管理组织机构职能,明确建设单位、监理单位、施工单位的机构组成和机构职责;另一方面是确立安全生产责任制与监督检查机制,明确各级工作人员的安全生产岗位职责和安全监督职责。

(1)建设各方安全管理组织机构职能。

①建设单位安全管理机构设置及机构职责。建设单位安全管理机构的职责包括:对公路建设施工进行全过程监督和指导;核查施工现场是否符合安全文明开工条件;负责监督施工单位安全工作落实情况;制定安全文明奖惩措施,对安全隐患下达整改指令,开展专项整治;组织检查安全文明施工标准在现场的实施情况;定期开展分析和总结工作,提出有利于施工安全的建议。建设单位安全管理机构如图5.6所示。

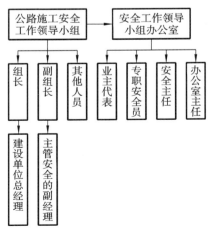

图 5.6 建设单位安全管理机构

②监理单位安全管理机构设置及机构职责。监理单位安全管理机构的职责包括:负责施工现场的安全监督工作;督促承包商履行合同规定的安全职责和义务;审查施工单位上报的安全管理机构、施工组织设计、安全文明施工方案、现场应急预案等;每日巡视施工现场,对违章行为、违规操作提出纠正和整改意见;协助施工现场事故调查处理;定期召开安全例会,通报不符合安全文明的情况等。监理单位安全管理机构如图 5.7 所示。

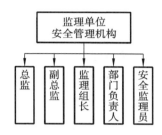

图 5.7　监理单位安全管理机构

③施工单位安全管理机构设置及机构职责。施工单位安全管理机构的职责包括:遵守国家制定的安全管理相关的政策法规;建立健全施工安全管理体系;服从建设单位、监理单位的管理,遵守建设合同规定的各项条款;编制施工组织设计、现场应急预案,并上报监理审核;组织技术交底,对施工关键部位编制专项施工方案;按业主或监理单位的要求对安全隐患进行整改等。施工单位安全管理机构如图 5.8 所示。

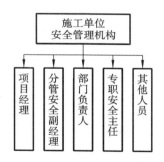

图 5.8　施工单位安全管理机构

(2)安全生产责任制与监督检查。

①公路施工安全生产责任制。安全生产责任制是为确保企业的生产安全,根据"安全第一,预防为主,综合治理"的方针,对各级领导、各职能部门安全生产责任加以明确的一种制度。公路施工必须建立健全的安全生产责任制度,从上

至下层层明确相关安全生产责任人,以管理人员的岗位职责为依据制定安全生产责任书。

安全生产责任人的具体要求:项目经理是公路施工安全生产的第一责任人,对项目的安全生产工作全面责任;分管安全管理的负责人是直接责任人,对安全管理负有直接领导责任;其他负责人对各自分管业务范围内的安全管理负领导责任。安全生产责任人必须具备公路施工技术,经相关部门举办的安全培训教育取得安全资质后才能持证上岗。

安全生产责任书的具体要求:安全责任书要责权明确,层次分明,并明确奖惩措施。施工单位内部的安全生产责任书必须落实到施工班组,监理单位必须明确到部门和监理组。

②公路施工安全监督与检查。公路在施工过程中安全监督与检查是必不可少的一个环节。公路的安全监督与检查要明确安全监督职责,建立健全定期安全检查制度,明确重点检查对象,及时处理安全问题,落实隐患排查整改,记录检查处理情况。

公路施工的具体检查内容:检查各级主要负责人对相关安全生产法律、法规、规范、标准和安全管理职责的掌握情况;检查安全制度是否建立健全,安全生产责任制是否落实到班组;检查施工组织设计是否合理;检查相关教育培训是否开展;检查各项制度的落实情况;检查事故处理情况。

2)加强施工安全教育培训

(1)公路施工安全教育的含义、要求与形式。

公路施工安全教育是为了避免或减少伤亡事故,顺利完成施工任务而对施工单位职工进行安全知识的宣传、指导和培训以使职工掌握安全知识、具备操作技能和形成良好安全态度的行为。公路施工安全教育应贯彻"以人为本,坚持安全发展,坚持安全第一、预防为主、综合治理"的安全生产方针。

各施工单位应建立从业人员的安全教育培训档案,健全安全教育培训制度。各施工单位要对所有进场人员进行安全教育学习活动,严格按照国家相关的法律法规、文件和行业标准要求执行。各施工单位要重视安全生产宣传工作,通过单位专栏、橱窗、局域网等多种渠道,营造浓厚的安全氛围,加强安全文化建设,提高员工的安全意识。

(2)公路施工安全教育的主要内容。

公路施工安全教育内容主要集中在:行业相关规章制度和规范标准,安全施工管理与安全技术知识,事故防范、应急救援及事故调查处理方法,工程相关的法律、法规、政策，重大危险源辨识与管理等。

（3）生产安全事故应急预案。

生产安全事故应急预案是指事先制定的关于生产安全事故发生时进行紧急救援的组织、程序、措施、责任及协调等方面的方案和计划，是对特定的潜在事件和紧急情况发生时所采取措施的计划安排，是应急响应的行动指南。编制应急预案的目的是避免紧急情况发生时出现混乱，确保按照合理的响应流程采取适当的救援措施，预防和减少可能随之引发的职业健康安全和环境影响。

生产安全事故应急预案体系由三部分组成，分别是综合应急预案、专项应急预案及现场处置方案。①综合应急预案。综合应急预案是从总体上阐述事故的应急方针、政策，应急组织结构及相关应急职责，应急行动、措施和保障等基本要求和程序，是应对各类事故的综合性文件。②专项应急预案。专项应急预案是针对具体的事故类别（如基坑开挖、脚手架拆除等事故）、危险源和应急保障而制定的计划或方案，是综合应急预案的组成部分，应按照综合应急预案的程序和要求组织制定，并作为综合应急预案的附件。专项应急预案应制定明确的救援程序和具体的应急救援措施。③现场处置方案。现场处置方案是针对具体的装置、场所或设施、岗位所制定的应急处置措施。现场处置方案应具体、简单、针对性强。现场处置方案应根据风险评估及危险性控制措施逐一编制，做到事故相关人员应知应会，熟练掌握，并通过应急演练，做到迅速反应、正确处置。

生产安全事故应急预案编制的主要内容包括以下几个方面。①制定应急预案的目的和适用范围。②明确应急预案救援组织机构、参加部门、负责人和人员及其职责、作用和联系方式。③确定可能发生的事故类型、地点、影响范围及可能影响的人数。④通告程序和报警系统。⑤应急设备与设施。⑥明确应急反应人员向外求援的方式。⑦保护事故现场的方式方法，明确可授权发布疏散作业人员指令的负责人，明确疏散人员的接收中心或避难场所。⑧事故后的恢复程序。⑨定期培训、演练计划及定期检查制度，对应急人员进行培训，并确保合格者上岗。⑩应急预案的维护，更新和修订应急预案的方法。

各级安全生产监督管理部门、施工单位应采取多种形式开展应急预案的宣传教育，普及生产安全事故预防、避险、自救和互救知识，提高从业人员安全意识和应急处置技能。

施工单位应当制定本单位的应急预案演练计划，根据本单位的事故预防重点，每年至少组织一次综合应急预案演练或专项应急预案演练，每半年至少组织一次现场处置方案演练。

5.2.5　公路施工安全事故预防具体管理措施

1. 用电安全管理

(1)严格遵守《施工现场临时用电安全技术规范》(JGJ 46—2005)的规定,搞好本合同段工程的用电安全工作。

(2)工地供电采用 TN-S 系统三相五线制系统。用电线路采用高架或埋地铺设,原则上不准明铺。场内架设电线应绝缘良好,架空高度及线间距应符合电业部门的安全规定。

(3)各种电气设备,符合一机一箱、一闸一保的用电要求。

(4)现场接灯照明时,凡用电危险场所及潮湿环境应使用安全电压;灯具应安装在工作时触碰不到的地方;保持一灯一开关且有防雨装置。

(5)各种电气设备的检查维修,应停电维修,并挂上警示牌。严禁在施工现场使用金属体替代熔断丝。

(6)工地安装的变压器必须符合电业部门的要求,变电房要做好安全防护措施,整个施工用电量要通过计算核定,严禁用电超负荷运行。

(7)移动式电气机具设备应用橡胶电缆供电并有接地保护。

(8)施工现场要有自备电源,以免电网停电造成工程损失和发生事故。变电房室内严禁存贮易燃易爆物品,发电机组电源和电网之间严禁并列运行。

(9)电工人员要持证上岗。

2. 起重安全管理

(1)起重作业前起重指挥人员必须检查所用的吊具、吊索是否良好,不符合安全要求的要及时更换不得凑合使用。起吊前必须了解吊物的尺寸、形状、重量、起吊高度、跨距和吊装地点,选用合理的吊具和吊索,不得冒险作业和超负荷起重作业。吊车通道、吊运方向有障碍物必须及时清理。

(2)起重作业时必须要有专人指挥,指挥者应站在起重驾驶和吊装作业人员都能看到的地方,按规定信号和哨声进行起重作业。

(3)起重作业时要戴好安全帽,高处临边作业要系好安全带或安全绳,禁止在雾雨天、视线不清的情况下进行起重作业,夜间起重作业要有足够的照明设施。

(4)对吊物的绑扎、吊点的选择应按起重作业的有关规范进行,不得随意和马虎。当用一条吊绳时,绳扣应在吊物重心位置;当用二条吊绳时,吊绳与水平线夹角应大于45°,起吊圆筒或硬棱角物时,绑扣处应垫麻袋或胶皮,以防吊绳滑脱和受损伤。

(5)起吊前先将吊绳拉紧,复查绳扣是否绑牢,吊点位置是否正确,吊钩是否垂直,吊物上是否有杂物。起吊过程中如果发现吊物不平衡,应将吊物降至地面进行调整,不得在空中纠正。

(6)起吊时必须徐徐起落,吊物上严禁站人,严禁有人跨越受力钢丝绳或站立其旁,严禁有人在吊物下穿行或逗留。

(7)使用的滚筒要平直,不得有裂纹和弯曲情况,两头不得有毛刺,添放滚筒时拇指要在外,不得满手抓以防伤手,使用撬棍时要注意站立位置,以防脱手或反弹伤人。

(8)起重设备要做好日常安全检查和保养维护工作,要有检查和保养维护记录,并由检查和保养维护人签名。

(9)起重作业区域要有专人警戒,严禁无关人员进入起重作业区域。

(10)钢丝绳安装时应防止钢丝绳打环、扭结、弯折、粘上杂物。起重作业前应对钢丝绳作全长检查,但特别要注意钢丝绳运动和固定的始末端部位,通过滑轮组或绕过滑轮的绳段,特别是吊载期间绕过滑轮的任何部位。钢丝绳检查内容包括断丝的性质和数量、绳端断丝情况、断丝的局部聚集程度、断丝的增加率、绳股断裂、由绳子芯损坏引起的绳径减小、弹性减小、外部及内部磨损、变形等情况。

3. 高空作业安全管理

(1)高空作业时要随时保证工作台良好状况,工作步行板不准有搭空、断裂现象,平台的四周必须设置防护栏。

(2)临边、悬空作业人员必须按规定系安全带,并遵守高空作业安全操作规程,严守各自岗位职责。

(3)施工过程中严禁擅自拆除吊带,以及其他安全防护装置,如保险钢丝绳等。因工作需要,确需拆除时,须经施工技术人员的同意,并采取临时加固措施后方可拆除。

(4)当遇大雾、大雨、五级以上大风等恶劣天气时,应停止高空作业。

(5)定期对从事高空作业人员进行体检,凡发现有不宜登高作业的病症的人员,不得参加高空作业。

(6)高空作业人员应衣着灵便,穿软底防滑鞋。杜绝穿拖鞋、硬底鞋和带钉易滑的鞋。作业时系好安全带。严禁酒后登高作业。

(7)高空作业所需材料要事先准备好,所需工具应放在工具袋内;传递工具不得抛掷或将工具放在平台和木料上,更不得插在腰上。

(8)高处绑扎钢筋,要搭设好操作平台和挂好安全网。

(9)用于上下攀登设施的脚手架,应将脚手架上的存留材料、杂物等清理干净,按自上而下,先装后拆、后装先拆的顺序进行。

4. 爆破施工安全管理

(1)管理、保管、使用和押运爆炸物品的人员,必须政治可靠、责任心强、经过必要的业务培训和安全教育、熟悉爆炸物品性能和操作规程。爆破员、安全员、保管员、押运员必须持证上岗。

(2)爆炸物品的安全管理,由储存、运输、使用爆炸物品的单位的主要领导人负责。并成立爆破施工安全领导小组,设置爆破安全管理部门或管理人。

(3)涉爆单位应与爆破施工队签订爆破安全合同及责任书,明确各方的管理责任。爆破施工队必须具备相应的工程爆破施工资质和安全生产能力,信誉良好。

(4)涉爆单位必须制定爆炸物品的各项安全管理制度和安全技术操作规程,建立岗位责任制并严格执行。

(5)爆破作业必须严格控制在当地有关主管部门明确划定的爆破区域内进行,需要扩大爆破范围时,必须严格履行报批手续。

(6)爆破器材包括各类炸药、雷管、导火索、导爆管、非电导爆系统、起爆药和爆破剂。

第6章 公路工程项目合同管理

6.1 公路工程项目合同管理概述

6.1.1 合同及企业合同管理的概念

合同,也可以称作合约,是合同订立的双方在法律的基础上通过平等协商订立的条款。合同是一种法律行为。合同经过盖印后即可生效,其中规定的各类条款就具有了合法承诺和约束。通常情况下,合同在法律上是法律意义行为,可以分为债权合同、物权合同、身份合同等。项目合同,是合同的一个类别,以承包的项目(一个整体工程由几个项目构成)计算咨询费用的合同,是发包方(项目法人)与项目承包方为完成指定的投资建设项目而达成的、明确相互权利与义务关系的具有法律效力的协议。

企业合同管理,实际上是指企业对自身为当事人的合同依法进行订立、履行、变更、解除、转让、终止以及审查、监督、控制等一系列行为的总称。其中订立、履行、变更、解除、转让、终止等属于合同管理的内容,审查、监督和控制则是属于合同管理的具体手段,二者是内容和方法的关系。

6.1.2 公路工程合同管理的目的和原则

1.公路工程合同管理的目的

(1)促进公路建设市场的规范和发展。我国公路建设通过改革合同的订立方式(采用招投标制),规范合同订立的内容(采用公路工程标准文件作为合同文件通用化、标准化的示范文本),保证了我国公路工程合同订立的合法性、全面性、准确性和完整性,从而对我国公路建设市场的形成和发展起到了积极的推动作用。但目前我国公路建设市场仍然存在很多不规范的地方,这些现象主要源于我们合同意识淡薄,法治观念不强,不重视合同管理。因此,我们必须规范公路建设市场主体和监管部门的行为,完善市场价格的形成机制,健全市场交易方式,形成开放、有序的有形公路建设市场,切实提高合同的履约率和履约质量,从这些方面认真做好合同管理工作,以促进我国公路建设市场规范、健康地发展。

(2)促进公路建设市场主体建立现代企业制度。公路建设市场主体包括业主、承包商和监理等中介咨询服务单位,各单位之间的法律地位是平等的,而维系它们之间关系的桥梁和纽带是合同。能否认真签订合同,全面、适当履行合同,正确对待变更与索赔,既是工程项目能否顺利实施和完成的前提,又反映了业主法人责任制的落实程度、承包商法人治理的完善程度。建设市场主体是否建立和健全以"产权清晰、权责明确、政企分开、管理科学"为特征的现代企业制度是公路工程合同管理是否落到实处的关键,同时通过合同管理,又可以促使公路建设市场主体建立现代企业制度。

(3)形成以合同管理为核心的项目管理体系,全面实现项目管理的各项目标。公路工程合同体系严密,内容全面,既有合同双方责、权、利、义明确而全面的描述,又有施工规范、计量规则、变更办法、索赔程序等具体的操作性很强的规定。因此,通过加强合同管理,提高合同履约质量,可以使业主实现"五控"和"两管"(质量、进度、投资、安全、环保控制和合同、信息管理),使承包商实现经营目标和经营战略,使监理促进业主和承包商的目标实现。

2. 公路工程合同管理的原则

(1)依法管理的原则。依法管理的原则是公路工程合同管理的基本原则。要求管理者树立法治观念,强化合同意识,根据现行相关法律法规、《公路工程标准文件》等开展合同管理工作,做到有法必依、执法必严、违法必究。

(2)全面管理的原则。公路工程合同从横向来看是一个体系,从纵向来看是一个系统。因此,合同管理必须实行全面管理的原则,做到"全员""全方位""全过程"管理。"全员"管理,就是将合同责任分解,落实到每一个相关人员;"全方位"管理,就是针对公路工程合同是一个体系的特点,实行全方面管理,防止疏漏;"全过程"管理,就是通过加强基础管理和过程控制,使合同管理各个环节都能得到有效控制。

(3)实现共赢的原则。公路工程合同体系涉及的关联方较多。要想顺利地实施合同任务和履行合同义务,合同各方必须在为己方利益着想时,也考虑他方利益,加强管理和控制,认真履行合同,实现共赢。

(4)注重效益的原则。效益原则是一切管理行为都必须坚持的原则。合同管理注重效益的原则是指在合同管理的过程中应遵循经济规律,注重通过合同管理来实现预期的经济目的。

6.1.3 公路工程合同管理的主旨和内容

1. 公路工程合同管理的主旨

合同管理是项目主管部门以及相关的金融单位、监理单位、承包企业根据相关的法律法规,通过行政及法律手段,对合同关系进行全面管理的行为。合同管理的重要内容就是对订立合同双方的合法权益进行维护,避免违反合同的行为,同时对违反合同的行为进行预防和制裁,确保项目能够在合同规定的范围内得到贯彻实施。

公路建设项目合同的管理大致可以分为两个层面,一个是对单项合同进行管理,另一个是对整个项目的合同进行管理。单项合同管理是从某个合同开始一直到项目最后一个合同执行结束,合同双方对公路建设不同阶段合同的提出、文本的起草与签订,直到项目全部完成。对整个项目的合同进行管理是将整个项目作为单一合同进行管理,通过在项目中发挥特殊作用的部门或者人员实施的合同管理。但是,不同单位或人员,例如施工方、项目业主等在整个工程项目中有不同的工作,起着不同的作用,工作重点、工作内容以及工作性质都各有不同。

项目业主单位是整个工程项目的发包人,在项目合同管理中处于主导和核心地位。项目管理、勘察设计、施工承包、工程监理、金融机构、工程保险公司、物资供应等单位围绕项目业主单位提出的项目管理大纲及合同要求分工开展各项工作,保证公路建设项目建设目标的实现。

2. 公路工程合同管理不同阶段的内容

(1)招标投标阶段的合同管理。合同招标投标的管理也称为合同总体策划。在招标投标这一阶段,投标人要理解招标文件的各项内容,根据自己的实际情况,在价格合理的范围内,采用有竞争力的、先进并且可行的施工技术方案最大限度地满足招标人的要求。

(2)签订阶段的合同管理。合同签订代表合同生效,并从法律意义上确定合同的执行。合同订立的双方经过了工程的招标投标活动的充分理解、充分洽谈、协商一致,使各自的风险能够减少到最小,以便于建立起工程合同的法律关系。

(3) 实施阶段的合同管理。合同双方经过上述两个阶段的管理工作,应该认真履行合同规定的组织和管理工作,根据合同规定的具体内容,充分履行各自的义务,行使相应权利。因此,在这个阶段,合同管理人员更多的是要重视合同实施的保障系统,对工程合同实施进行全程管理,并对合同实施的情况进行详细的分析,并对合同的变更等工作进行管理。同时合同的各个相关主体应该有相应的风险管理、质量管理等措施。

(4) 运营阶段的合同管理。工程项目在施工完成交付使用后,就进入了工程维修期,在这个阶段,合同管理的重点内容就是根据合同规定的标准实施项目总结、维修等管理工作。

6.1.4 公路工程合同的特点及管理方法

1. 公路工程合同的特点

(1) 合同标的具有特殊性。公路工程合同标的物——公路建设项目具有建设周期长、造价高、风险大、项目内容变动性大和多样性、一次性、不可逆性等不同于一般合同标的物的特点。因此,对合同管理提出了更高的要求。

(2) 具有很强的计划性和程序性。公路工程建设项目要经过规划、可行性研究、立项、设计、概预算批复等程序才能进行招投标,再经过法定招标程序才能签订合同,合同实施期间也要经过很多规定程序才能最后竣工验收,竣工后还要进行后评价。

(3) 合同主体的限定性。为了规范公路建设市场,确保工程质量,国家对公路建设市场主体进行了严格规定。对业主的经济能力、管理能力、技术能力进行了具体限定;对承包商和中介机构(如监理、造价咨询、设计)等实行严格的资质管理制度,禁止没有资质的单位从业,不允许超越资质等级和范围从业等。

(4) 合同监管的严肃性。公路工程属于国家重要基础设施,关乎国计民生。因此,国家对公路建设承包合同实行特殊的管理、监督,对合同的订立和履行实行行政监管;对合同的拨款、结算进行银行监督,保证专款专用;对合同的履行情况进行严格专项审计;对项目的运行效益进行科学的后评价。

（5）合同体系的复杂性。公路工程，特别是高速公路等大型项目，建设过程中涉及的部门和单位很多，相关单位之间又存在错综复杂的协作关系，如总承包商与分包商的关系等。

2. 公路工程合同的管理方法

（1）健全法规，规范市场。市场经济是法制经济，也是信用经济。合同是联系法制和信用的重要纽带，法制和信用则是合同具有生命力的基础。因此，公路工程合同管理首先应建立健全法律体系，特别是项目法人制、招投标制度，完善合同管理制度，维护法律、法规的统一性、严肃性和程序性。其次，要规范公路建设市场，减少政府管制，增加透明度，加大违法惩处力度，促使公路建设市场全面实现从"无形到有形、隐蔽到公开、无序到有序"的转变，形成统一、开放、竞争、有序的市场。

（2）推行合同管理目标责任制，形成正向激励。将合同管理的预期结果和最终目标数字化和责任化，促使各级管理人员相互配合，协同一致，通过提高管理水平和效率来实现合同目标，从而获得合同利益。同时，有关监管部门还可以通过开展"重合同，守信用"等活动来激励履约、守约单位，通过建立合同信息管理系统，对不守信的单位采取公开曝光或列入"黑名单"等惩罚措施。

（3）借鉴国际通行做法，规范并推行合同示范文本制度。土木工程采用的合同范本制度，是国际上通行的做法。目前已形成了很完善的运行规则和很成熟的国际惯例。如国际咨询工程师联合会（FIDIC）根据不同管理模式、不同项目条件出台的多个合同条件已广泛地为国际工程界所接受。我国公路建设领域自20世纪90年代开始先后根据FIDIC合同条件，结合中国实际情况出台了《公路工程标准文件（2009年版）》《公路工程标准勘察设计招标文件（2011年版）》和《公路工程施工监理招标文件范本（2009年版）》。推行合同范本制度，有助于规范合同订立程序、内容，维护合同当事人的利益，对我国公路建设产生了积极的促进作用。因此，我们必须进一步借鉴国际通行做法，规范合同范本，积极推行合同范本制度。

（4）建立合同管理机构，健全合同管理制度。公路工程合同的管理包括两个层次，政府监管部门的宏观管理和合同主体的微观管理。政府监管部门应设立专门的合同管理机构，承担合同管理的服务和监督功能，做好登记、审查、审计等监管工作，维护市场秩序，保护合同当事人的合法权益。合同主体应通过建立合同管理机构、配置专业合同管理人员、健全合同管理制度来加强管理。

6.2 公路工程项目合同体系及管理

6.2.1 公路工程合同体系

公路工程(特别是大型项目)建设是一个很复杂的过程。首先,其建设程序复杂,从规划、可行性研究、立项、勘察设计、概预算编制、招投标、工程施工、竣工验收、运行到后评价,往往要经历几年、十几年、甚至几十年;其次,公路工程涉及的项目类别繁多,有道路工程、桥隧工程、通涵工程、交通工程、机电工程、通信管网工程、建筑工程、景观工程等。一个公路工程的建设需要涉及许多不同行业的单位,投入许多不同专业的人力以及大量的资金设备,它们之间通过合同形成了不同的经济关系,从而形成了复杂的合同体系(见图 6.1)。其中,业主和承包人依法签订的施工合同是"核心合同",业主又处于合同体系中的"核心位置"。

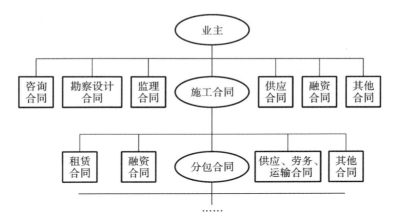

图 6.1 公路工程合同体系

6.2.2 公路工程勘察设计合同和合同管理

1. 公路工程勘察设计合同的订立

1)公路工程勘察设计合同的订立条件

公路工程勘察设计合同的订立条件包括以下几个。①工程项目的可行性研究报告或项目建议书已获批准。②已经办理了建设用地规划许可证等手续。③法律、法规规定的其他条件。④设计任务书已经批准。⑤实行招标的项目,中标通知书已下达。

2)公路工程勘察设计合同的订立主体

公路工程勘察设计合同的订立主体一般应是法人。其中勘察设计方必须具有法人资格和勘察、设计资质,具有相应的经济、技术、设计能力,拥有相应的管理人员和具有执业资格的技术人员。

3)公路工程勘察设计合同订立的程序和形式

(1)程序。公路工程勘察设计合同订立一般要经过要约邀请(招标或方案竞选)—要约(投标或报方案)—承诺(定标或签订合同)。

(2)形式。公路勘察设计合同订立的形式必须采用书面形式,并参照交通运输部《公路工程标准勘察设计招标文件》签订。

2. 公路工程勘察设计合同的履行

1)业主的义务

业主的义务是指业主负责提供资料的内容、标准和期限,以及应承担的工作和服务项目。业主的义务主要包括:①按相关规定合理确定设计工作量和设计期限,合理确定设计费用并按规定及时支付;②及时按合同约定提供设计所需的各种技术资料;③为设计方提供工作便利;④按合同约定及相关法律、法规使用设计成果。

2)勘察设计人的义务

勘察设计人的义务主要是按合同约定,保质、保量、按时完成设计任务,交付设计成果。

3)违约责任

如果在合同履行过程中,一方违约给另一方造成损害,违约方应当承担赔偿责任。公路工程承担违约责任的方式由双方在合同条件中约定或参照《公路工程标准勘察设计招标文件》的相关规定。

3. 公路工程勘察设计合同的管理

1)业主对勘察设计合同的管理

(1)严格按照基本建设程序和《公路工程勘察设计招标投标管理办法》规定

的程序确定勘察设计单位,按照《公路工程标准勘察设计招标文件》等规定的内容签订勘察设计合同。

(2)及时向设计方提供资料和工作便利。

(3)按照合同约定监督设计方履约情况,审查设计方案和成果。

(4)按合同约定支付设计费用。

2)设计方对勘察设计合同的管理

(1)建立合同管理机构,健全合同管理制度。

(2)加强过程控制,防止违约事件的发生。

(3)不断提高设计能力、质量和效率。

(4)加强人员培训,提高合同管理水平。

3)国家有关机构对工程勘察设计合同的监督

国家交通行政主管部门对公路工程勘察设计合同的监督,主要包括合同订立前批准设计任务书和合同签订后的备案制。

4. 公路工程勘察设计合同文件简述

1)公路勘察设计合同文件的主要内容

采用招标方式的公路勘察设计合同文件的主要内容包括:①合同书及附件;②中标通知书;③投标书及附表;④勘察设计合同专用条款;⑤勘察设计合同通用条款;⑥勘察设计技术标准和规范;⑦勘察设计工作量及报价单;⑧勘察设计工作量计算及报价计算说明;⑨项目负责人及项目主要参加人员基本情况;⑩勘察设计工作大纲。

上述合同文件的组成内容是一个整体,互为补充和解释,如果有模棱两可或互相矛盾之处,以上述所列顺序在前的为准。

2)公路勘察设计合同主要条款

交通运输部颁布的《公路工程标准勘察设计招标文件》的合同条款,包括通用合同条款和专用合同条款。

(1)通用合同条款是根据我国现行法律、法规,结合公路工程勘察设计具体情况和实践经验而制定的,使用时不允许直接增删、修改,必须通过专用合同条款的形式使其具体化。通用合同条款共 8 条,具体内容包括:①定义和解释;②发包人的责任与义务;③设计人的责任和义务;④勘察设计周期及提交成果;⑤违约与赔偿;⑥合同的生效、推迟与终止;⑦费用和支付;⑧其他。

（2）项目招标文件中专用合同条款可由招标人根据《公路工程标准勘察设计招标文件》，结合招标项目的具体特点和实际需要，对通用合同条款进行补充、细化。在专用合同条款中补充或细化的内容，不得违反法律、行政法规的强制性规定和平等、自愿、公平和诚实信用原则，专用合同条款的编号应与通用合同条款一致。

6.2.3　公路工程施工合同和合同管理

公路工程施工合同即承包合同，是业主与承包商为完成约定的公路工程项目施工，确定双方权利和义务的协议。它是公路工程合同体系中的"核心合同"。因此，无论是订立的要求、程序还是内容都较其他公路工程合同更严格、规范和复杂。

1. 公路工程施工合同的订立与履行

1）订立的条件

（1）项目已列入公路建设年度计划。

（2）施工图设计文件已经完成并经审批同意。

（3）建设资金已经落实，并经交通主管部门审计。

（4）征地手续已办理，拆迁基本完成。

（5）监理单位已依法确定。

（6）招标项目的中标通知书已下达。

（7）已办理质量监督手续，已落实保证质量和安全的措施。

2）合同主体的资格要求

（1）业主的资格要求：①具备法人资格；②具有与工程规模相适应的经济能力；③具有相应的技术和管理能力、经济技术管理人员和相应机构；④具备编制招标文件、编制标底、组织开标、评标的能力。其中：①、②项条件必须具备；③、④项条件不具备的，应委托具有相应资格、能力的单位代理。

（2）承包商的资格要求：①具备法人资格和法律、法规规定的业主要求达到的有效资质条件；②具备按规定编制投标文件的能力（项目采用招标时）；③具备实施项目的技术、经济、管理能力及相应符合要求的人员；④具备承担项目风险责任的能力；⑤具有良好的信誉。

3) 订立施工合同的程序和形式以及特殊要求

(1)施工合同订立的程序。根据法律、法规的要求,公路工程施工合同的订立有直接发包和招标发包两种方式。采用直接发包的,至少要经过要约和承诺两个阶段;采用招标发包的,至少要经过要约邀请(招标)、要约(投标)和承诺(定标)3个阶段。

(2)合同订立的形式。公路工程施工合同属于双务、有偿和要式合同,因此,合同签订的形式必须是书面的。

(3)招标项目施工合同订立的特殊要求。采用招标方式的项目,施工合同应在中标通知书发出后28 d内或招标文件约定的天数内依据招标文件、投标书等签订。签订时,承包商必须按要求提交履约担保。签订合同的承包商必须是依法中标的单位,合同价必须与中标价一致,不得修改招标文件和投标文件的实质性内容。如果中标单位不在规定时间内签订或拒绝签订合同,其中标无效并没收其投标保证金。

4) 公路工程施工合同的种类及特点

公路工程施工合同按计价方式的不同,可以分为总价合同、单价合同、成本加成合同等种类,每种合同都有各自的特点。

(1)总价合同。总价合同是指在约定的风险范围内承包总价不变的合同。

①总价合同的优点:合同文件简单,易于总价控制,便于计量,施工图详细、全面,业主管理难度小且成本低。

②总价合同的缺点:风险分担不合理,业主承担的风险小,承包商承担的风险大。

③总价合同的适用范围:简单且工程量小、工期短、技术不复杂、风险不大、工期较紧、监理不到位的项目。

(2)单价合同。单价合同是指在约定的风险范围内承包单价不变的合同,是公路工程范本规定采用的合同类型。

①单价合同的优点:风险分担相对合理,利于承包商提高工效。

②单价合同的缺点:计量复杂(需要双方认可的技术规范、计量规则)、管理难度大且成本高。

③适用范围:适用范围广,特别适用于业主管理完善、监理到位、工程不确定性较大的项目。

(3)成本加成合同。成本加成合同又称成本加酬金合同,是指按施工实际制造成本加上商定的总管理费和利润进行最终结算的合同类型。

①成本加成合同的优点:合同签订周期短,承包商基本不承担风险。

②成本加成合同的缺点:承包商获利小,不利于调动承包商提高工效和降低成本的积极性,容易引发工程纠纷。

③适用范围:需要立即开工的(如自然灾害破坏的工程)、新型的、项目内容不明确的、风险很大的项目。

(4)其他合同类型。单价合同与总价合同相结合的混合式合同,这种合同类型在公路工程中采用较普遍,如公路工程工程量清单项目大部分工程细目是单价项目,也有部分项目是总价项目,还有不同加成方式的成本加成合同。

由于不同的合同类型风险不同,管理的模式也不同,因此合同类型的选择很重要,在签订合同时一定要慎重选择。

5)公路工程施工合同的履行

(1)业主的合同履行。①严格按照施工合同的规定,履行业主应尽义务。业主履行合同是承包商履行合同的基础,因为业主的很多合同义务都是为承包商施工创造先决条件,如征地拆迁、"三杆"迁移、"三通一平"、原始测量数据、施工图纸等。②按合同规定行使工期控制权、质量检验权、工程计量权、工程款支付权,确保工程目标的实现。③按合同约定行使工程交工、竣工验收权和履行工程款支付、竣工结算义务。

(2)承包商的合同履行。①全面履行施工合同中的各项义务。在施工过程中,承包商必须通过投入足够的资源,建立精干高效的组织机构和完善的制度体系(特别是质保和安检体系),采用先进、合理、经济的施工方案和技术,精心组织,科学管理,确保如期、保质、保量完成各项施工任务。②通过合理的工程变更与索赔,维护自己的合法权益,实现预期的经营目标和战略。

2. 公路工程施工合同的管理

1)业主的合同管理

(1)做好招标文件的编制工作。公路工程目前大部分项目都采用招标制,因此,编制好招标文件十分重要。

①确定合同条件是采用(参照)范本还是自行编制。目前交通运输部要求达到规定标准的项目(二级以上公路和大型桥梁、隧道工程)必须采用《公路工程标准文件》作为合同条件。

②合理确定重要的合同条款。如付款条件和方式,价格调整的范围、方式和条件,合同风险分担的划分,有关激励和工程控制权的确定条款。

③资格审查的内容和方式。

④标底的确定和评定标方法的选择等。

(2)全面履行合同义务,正确行使合同权利,确保工程目标的实现。在公路工程合同体系中,业主居于"核心位置",要想顺利实现工程目标,自己必须全面履行合同义务,为承包商创造良好的施工条件和环境。同时,业主也要正确运用合同赋予的权利,维护自身的权益并且制约承包商、监理的行为,保证工程目标的实现。

(3)做好档案管理工作。公路工程的特点决定了公路工程档案资料的复杂性、多样性和重要性,因此,必须做好档案管理工作。①建立档案管理制度和机构。②制定标准格式,要求承包商和监理按规定格式报送资料。③及时整理、归档资料,按要求移交档案资料。

(4)利用项目管理软件进行合同管理。如利用同望 IPMS 工程项目集成管理系统等管理软件可以完成工程项目合同管理的各种任务。

2)承包商的合同管理

(1)认真编制投标文件。投标文件是合同文件的重要组成部分,也是投标人在施工阶段能否实现经营目标的重要基础。

①确定投标方式:联合投标还是单独投标。

②确定投标策略:根据掌握的信息,利用"五因素分析法"或定量分析法进行认真、充分分析论证后决定。

③确定报价策略:在遵循投标报价"三原则"的前提下,根据具体评标办法采用相应的报价策略,特别注意不平衡报价技巧的灵活、适度运用。

④认真做好招标文件及合同条件的审查工作,全面、实质性响应招标文件。

(2)切实履行合同义务,有理、有利、有节地维护自身权益。由于公路工程施工合同是公路工程合同体系中的"核心合同",对工程项目"五控"目标的实现至关重要。因此,承包商必须全面、适当履行合同义务,否则不仅不能实现预期目标,还有可能导致业主的反索赔,甚至被解除合同。承包商在履行合同义务时,也要注意采用恰当的方式维护自身的权益,如提出合理的工程变更要求,理直气壮地提出正当的索赔要求等。

(3)建立完整的合同管理制度。公路工程合同的复杂性和经济性决定了合同潜在的风险较大,为了规避、化解风险,承包商必须建立完整的合同管理制度,使施工合同的谈判、签订、履行等各环节实现科学化、规范化、程序化和模块化。具体来讲,应建立和完善如下合同管理制度:①合同管理相关部门的部门职责和工作岗位制度;②合同管理的授权和内部会签制度;③合同审查批准制度;④印鉴及证书管理使用制度;⑤合同管理绩效考核制度;⑥合同档案管理制度。

(4)利用合同管理软件进行合同管理。如利用同望IEMS施工企业集成管理系统等管理软件进行合同管理,能够轻松完成合同基本信息的维护、合同执行过程的监管、计量与支付管理、工程变更与索赔管理、生成合同台账、分包商的管理、合同查询及档案管理等合同管理任务。

6.2.4 公路工程监理合同和合同管理

1. 公路工程监理合同的订立与履行

1)公路工程监理合同的特点

土木工程监理制是一种非常普及的方法,形成了较完善的合同条件。我国在引进FIDIC条款实行公路建设项目管理后,逐步参照国际通行做法实行了工程项目监理制度,并形成了监理合同条件,其主要特点如下。

(1)制定了一套规范性管理办法。为推行公路工程项目监理制度,我国交通运输部先后制定了《公路工程施工监理规范》(JTG G10—2016)、《公路工程标准施工招标文件》(2018年)等规章制度,为监理市场的规范、健康发展创造了制度条件,为我国工程施工和监理服务走向国际市场提供了锻炼的平台。

(2)监理合同的主体资格具有限定性。监理合同的业主方应具有法人资格和相应的经济、技术、管理能力。监理方必须具有法人资格和相适应的资质证书,有一定的经济能力、丰富的管理经验以及一定数量的具有监理资格证书的技术人员。

(3)合同订立条件和程序的严肃性。签订监理合同除遵守《中华人民共和国合同法》的相关规定外,还必须遵守公路工程基本建设程序,属于招投标的项目还必须遵守招投标的程序和相关规定。

2)公路工程监理合同的履行

(1)监理方必须按照合同约定全面、适当地完成"五控"(质量、进度、投资、安全、环保控制)和"两管"(合同、信息管理),按照"严格监理、优质服务、科学公正、廉洁自律"的原则为业主和承包商提供优质高效的监理服务。

(2)业主方必须按照合同约定及时足额支付监理费用,为监理工作提供合乎约定的资源及便利。

(3)如果一方违约,另一方有权按照约定的程序和方式提出合理的赔偿要求。

2. 公路工程监理合同的管理

(1)树立合同意识,加强履约观念,客观、公正地提供监理服务。

(2)实行全过程管理。监理工程师可以采用旁站、见证、巡视、测量、试验、抽查、工序控制、指令文件等多种方法来加强过程控制,确保工程"五控"目标的实现。

(3)业主应加强对监理工程师的监管,防止监理渎职行为的发生。

3. 公路工程监理合同条款

1)监理合同条款的内容

根据交通运输部2018年颁发的《公路工程施工监理合同范本》,我国公路工程监理合同条件主要包括以下部分:①公路工程施工监理合同协议书;②公路工程施工监理合同通用条件;③公路工程施工监理合同专用条件;④附件。其中:附件A 监理服务的形式、范围与内容;附件B 业主提供的监理工作条件;附件C 监理服务的费用与支付。

合同协议书是监理合同的纲领性文件,对监理合同的组成,合同的成立条件,合同双方的责、权、利等进行规定和说明。合同协议书是一份标准化程度很高的文件,只要在空白处填写相应内容,不需修改其他内容和添加新条款,签字生效。

合同条件是监理合同的主要内容。通用条款具有普遍适用性,对双方的责、权、利、义作出了明确的规定。专用条件是针对具体项目对通用条件的补充和完善。

2)监理合同条款的特点

(1)采用 FIDIC 模式。该范本参照国际咨询工程师联合会(FIDIC)《业主/咨询工程师标准服务协议书条件》的格式和内容,并结合我国具体情况编制,有利于与国际接轨。

(2)具有公正性和规范性。该范本兼顾了业主与监理双方的合法利益,内容全面、公正,体现了先进性和规范性,易为双方接受,有利于建设市场的规范化管理。

(3)具有通用性,便于使用。该范本适用于各类公路工程建设的施工监理服务的委托合同,招标人只需(而且必须)原文采用其通用条件,并根据项目特点和具体情况,在通用条件的基础上填写专用条件和合同附件上的部分内容,无须另行起草合同条件。如确有必要,招标单位可通过使用专用条款,对通用条款进行增加、修正和删减,但应注意各部分文件相互间对应,避免出现不一致或矛盾。

6.2.5 买卖合同及合同管理

1. 买卖合同概述

1)买卖合同的概念

买卖合同是出卖人转移标的物的所有权于买受人,买受人支付价款的合同。买卖合同不仅是最基本、最典型的经济合同,也是公路工程建设中十分常见的合同类型,如材料采购、设备购买、添置办公生活用具等都需要订立买卖合同。

2)买卖合同的特点

(1)买卖合同是双务、有偿合同。买卖合同的双方都有相应的权利、义务,履行义务是享受权利的前提,买方在得到标的物所有权时,必须向卖方支付对价,买卖双方权利的取得是有偿的。

(2)买卖合同是诺成合同。通常情况下,买卖合同的成立前提是双方意思表示一致,即承诺生效时,而不是在实际交付标的物时。

(3)买卖合同是不要式合同。通常情况下,买卖合同的成立,既不需要经过特殊审批程序,也不需要特定的形式。但公路工程合同体系中的买卖合同金额一般较大,履行期限也较长,为防止发生纠纷,建议采用书面形式的合同。

3)买卖合同的内容

买卖合同除具备《中华人民共和国合同法》规定的"八要素"外,还可经双方约定添加包装方式、检验标准和方法、结算方式、合同使用的文字及效力、交付地点等内容。

2. 买卖合同的履行

买卖合同的履行必须坚持全面、适当和诚实信用的原则。

买卖合同的买受人和出卖人必须按合同约定和相关法律、法规的要求,认真履行合同中有关标的物的转移和交付、标的物的风险承担、标的物质量与检验、价款支付等条款,确保合同各方权益的实现。

当出现不适当履行时,买受人和出卖人应当按照实事求是和公平合理的原则、合同约定以及法律、法规的规定进行处理。

3. 买卖合同的管理

1)合同订立的管理

由于买卖合同不像施工合同那样有严格的审查程序和合同主体的严格限定性,因此,买卖合同在签订过程中必须严格管理。

(1)认真审查对方的主体资格和履约能力、信用,防止与不具有主体资格或不具有履约能力或不守信用的单位(个人)签订买卖合同。审查时必须从形式和实质两方面进行,不能仅凭对方出示的资料,就盲目相信对方。

(2)如果对方委托代理人签订合同,除审查对方的资格和能力外,还要审查对方代理人是否有代理权、是否超过代理范围、是否超过代理期限等。

(3)认真拟订合同条款,慎重选择合同形式,尽量使用书面形式,少用"君子协议"。

(4)认真约定合同生效的条件。

2)合同履行的管理

(1)严以律人,也严以律己,在要求别人全面、适当履行合同时,自己应首先做到这一点。

(2)对重大经济合同,采用双方提供担保的方式来强化合同的履行。

(3)加强过程的控制和管理,及时发现并解决合同履行中问题,包括利用行使抗辩权、代位权和撤销权等法律赋予的权利。

(4)通过采取内部激励(奖励相关人员)和外部激励(返利和折扣)等经济措施来提高合同(签)履约率。

(5)加强合同档案管理,防止合同文本丢失、被盗和毁坏。

(6)重视维权。当自己的权益受到侵害时,必须在规定的时限内按规定的程序处理。

6.2.6 分包合同及合同管理

为规范公路工程施工分包活动,加强公路交通建设市场管理,保证工程质量,保障施工安全,交通运输部结合公路工程建设实际情况,于2011年11月出台了《公路工程施工分包管理办法》(以下简称《施工分包管理办法》)。

《施工分包管理办法》进一步明确了公路工程施工分包管理职责,国务院交通运输主管部门负责制定相关规章制度,并进行指导和监督检查;省级交通运输主管部门负责本行政区域内公路工程施工分包活动的监督和管理工作,并要求发包人、承包人、分包人建立相应的项目管理机构,健全管理制度,加强对施工活动的管理。

《施工分包管理办法》明确了分包的条件,承包人可以将适合专业化队伍施工的专项工程分包给具有相应资格的单位。不得分包的专项工程,发包人应在招标文件中予以明确。分包人不得将承接的分包工程再进行分包,同时禁止承包人以劳务合同的名义进行施工分包。承包人对拟分包的专项工程及规模,应当在投标文件中予以明确。未列入投标文件的专项工程,承包人不得分包。公路工程分包人应具备如下条件:一是具有经工商登记的法人资格;二是具有与分包工程相适应的注册资金;三是具有从事类似工程经验的管理与技术人员;四是具有(自有或租赁)分包工程所需的施工设备。

《施工分包管理办法》规定,承包人有权依据承包合同自主选择符合资格的分包人,任何单位和个人不得违规指定分包。承包人和分包人应当按照交通运输主管部门制定的统一格式依法签订分包合同,并履行合同约定的义务。分包合同必须遵循承包合同的各项原则,满足承包合同中的质量、安全、进度、环保以及其他技术、经济等要求。承包人要建立健全相关分包管理制度和台账,对分包工程的质量、安全、进度和分包人的行为等实施全过程管理;分包人要依据分包合同的约定,组织分包工程的施工,并对分包工程的质量、安全和进度等实施有效控制。

《施工分包管理办法》规定严禁将承包的公路工程进行转包和违法分包,明确了3种转包和8种违法分包的具体情形,并要求承包人和分包人互相开展信用评价,将信用评价结果报送相关交通运输主管部门。

《施工分包管理办法》还对公路工程施工分包活动中的材料采购、履约担保、依法纳税、工程业绩证明等事项作出了规定。

6.2.7 租赁合同及合同管理

1. 租赁合同概述

(1)租赁合同的概念。租赁合同是指出租人将租赁物交付承租人使用、收益,承租人支付租金的合同。出租人转让的是租赁物的使用权,而不是所有权,这是租赁合同与买卖合同的主要区别之一。租赁活动是工程建设中十分常见的经济活动,如设备租赁、房屋租赁等,因此,租赁合同也是公路工程建设中常见的合同。

(2)租赁合同的特点。租赁合同是双务、有偿、诺成和不要式合同。但租赁期限超过6个月的租赁合同,应当采用书面形式。《中华人民共和国合同法》规定,租赁期限最长不超过20年,超出20年的部分无效。

(3)租赁合同的主要内容。包括租赁物的名称、数量、用途、租赁期限、租金及其支付期限和方式、租赁物维修等条款。

2. 租赁合同的管理

1)签订阶段的合同管理

(1)仔细了解租赁物的状况,特别是设备的新旧程度、现状、型号、生产厂商等。

(2)认真商定租赁价格和支付方式,特别是设备租赁是采用月租还是小时台班,闲置时怎样计算租金,维修费用怎样承担,操作人员由谁派遣和由谁负责费用等。

(3)对设备数量、配套件、技术资料、技术指导、验收和保修条款也必须认真商定。

2)履行阶段的合同管理

(1)承租人应当按合同约定使用和保管租赁物,不能超负荷使用,防止保管不善造成租赁物受损害;承租人也不能擅自对租赁物进行改造和转租第三方。

(2)承租人应当按合同约定及时足额支付租金,不得无故拖延,也不能找借口不付或少付。

(3)租赁期满后,承租人应当返还租赁物,返还的租赁物应当符合按照约定或者按照租赁物的性质使用后的状态。

(4)出租人应当按合同约定的期限和要求将租赁物交付给承租人。

6.3 公路工程项目业主索赔与反索赔

6.3.1 业主主动索赔

1. 业主索赔的概念

索赔是在施工合同的履行中,合同一方因为另一方不按照合同规定履行义务而权利受到侵害或经济受到损失,或一方在另一方要求或同意时,尽了比合同约定更多的义务,依据相关法律中的合法程序依法向另一方提出资产、时间或金钱等要求。

业主索赔,就是在合同的履行中,不是因为业主的原因,而是对方没有履行合同中的规定,需要承担由此带来的损失,也就是说业主向对方提出补偿要求。

当前,在我们的实际生活中,业主主动索赔的情况还是比较少见的。一般而言,承包商索赔经验丰富,具有较强的索赔意识,往往是承包商先提出索赔要求,业主在承包商提出索赔以后才开始应对。这种被动的索赔往往使业主处于不利的局面。当承包商违约时,业主应该积极主动地维护自己的权益,主动提出索赔,使自己处于有利的位置,最大限度地争取自己的权益。

2. 业主索赔管理步骤

业主索赔管理的主要目的就是维护业主的合法权益不受损害,但是要达到这个目的需要做很多烦琐的工作。索赔管理并不是一件简单的事情,开展时应先将索赔管理的最终目标分解成很多小的目标,然后将这些小的目标转化成具体的工作任务,只有这样有条不紊地进行,才能最终达到索赔的目的。

(1)业主索赔战略的制定。所谓业主索赔战略,是指在工程建设中,指导业主处理相关索赔工作的一个总的指导思想,引导索赔管理朝正确的方向前进,是获得索赔成功的重要保障。所以,业主索赔战略的制定有助于业主最大限度维护自身的权益,制定良好的业主索赔战略是做好索赔管理工作的第一步。

(2)合同管理。在索赔管理中,合同管理包括以下两部分:合同分析和合同的日常管理。合同分析就是仔细分析合同中的细节,为索赔提供相关依据。而合同的日常管理是指在工程建设的过程中,收集整理相关资料并记录下来形成一个数据库,可以清晰还原工程的全过程,这样做的最终目的就是为索赔或反索赔提供有力证据。

(3)证据搜集。能否获取更多有力证据是索赔工作能否成功的重要条件。索赔证据的获取并不容易,涉及的工作也是多方面的,大部分都与合同管理、现场管理以及技术规范与法律法规等方面分不开。

(4)索赔谈判。索赔谈判的人员一般是业主和承包商,也可以是业主委托的监理工程师与工地负责人代表,他们根据合同规定进行协商谈判。洽谈后双方达成的协议是合同的一部分,会受到法律的保护。索赔谈判对索赔工作顺利开展起到非常重要的作用,因此在谈判之前应当提前准备充分,如谈判策略、谈判人员、收集的证据等。

(5)索赔事件解决方案的确定。索赔工作成败还要看处理索赔事件所采取的解决方案,因此业主要选择一个合理的索赔方案,这时一定要目光全面、长远,有战略意识,能够系统、综合、全方位地论证与评价索赔的解决方案,评估这个解决方案对自己和承包商有何影响,既要考虑到承包商能否接受,又要考虑它是否对自己最有利。

(6)索赔事件解决方案落实情况的监督。在索赔实施阶段,业主索赔管理工作并没有结束,业主还要监督解决方案的落实情况,因为在实施过程中,有可能会出现新的纠纷或发生新的索赔事件。

3. 业主主动索赔实施细则

1) 业主索赔机会的分析与识别

(1) 工程合同状态分析。

合同状态就是从合同签订到合同结束之间的任一时间内合同目标、合同基本条件等合同所有要素的总和。然而,合同的状态是随着工程项目的进度而不断变化的。

对不同时刻的合同状态进行分析,可以成功地捕捉到索赔机会。实际上,公路工程建设项目是根据合同的原始状态来实施的,但是在实施的过程中受到各种外界因素的影响,如施工环境、不可抗力等因素,这就使合同处于一个新的状态,有别于假想合同状态,称之为"合同现实状态"。根据合同现实状态与假想合同状态之间的区别,我们进行不断的修正,使其又重新达到了合同原始状态,如此不断循环重复进行下去,如图6.2所示。索赔机会识别程序如图6.3所示。

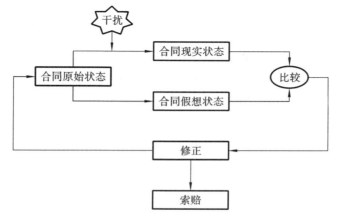

图 6.2 合同状态变化与索赔

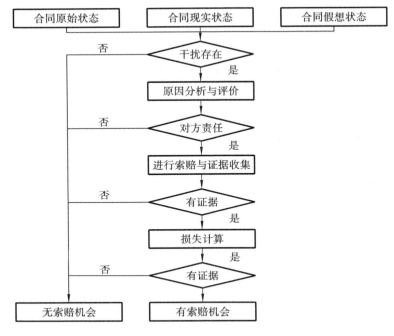

图 6.3 索赔机会识别程序

（2）工程进度分析。

工程进度是工程项目考察的一个重要方面，进度管理和分析是一种及时发现索赔机会的重要方法和途径。在合同中有具体的开工日期及竣工日期。承包商根据合同中的日期来制定工程的进度，保证按期完成。然而，有时受一些不可控的因素如天气等客观因素和其他一些承包商自身的主观因素的影响，不能按照预先制定的计划进行，使得工期大大延长。在这种情况下，业主可以通过对工程进度进行分析，发现可能的索赔机会，如图 6.4 所示。

首先，业主自身对于工期的要求，往往经过了周密的考虑，比如预留了工期影响因素占用的时间。根据施工过程的实际情况制定可行的进度计划。

其次，提前考虑造成工程进度跟不上计划进度的各种因素，并制定一些预防措施，一旦出现状况，及时采取措施，尽量不要因为自身因素而影响工程进度。

再次，在建设实施过程中，将整个工程分成几个阶段，对每一个阶段的进度进行跟踪调查。此外还可以对某个工序进行跟踪，调查这一个工序所需时间，如果某阶段的某一工序的进度与计划的相差很远，那么将会对整个工期的进度有很大影响。因此，如果业主发现某阶段某工序的进度缓慢时有权向承包商提出

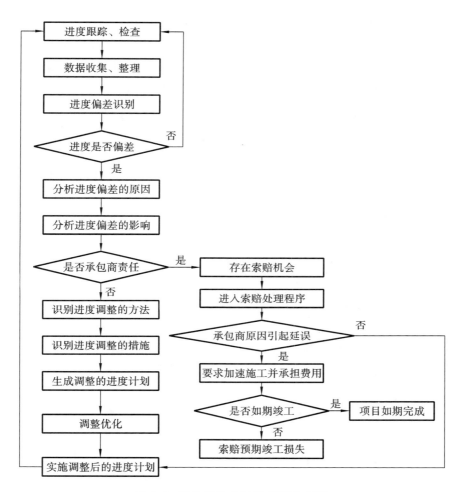

图 6.4 进度偏差的识别、调整与索赔

加速施工的要求,而且承包商也不能因为业主的要求而索要加速施工费。

最后,在施工过程中,难免会受到一些不确定因素影响,工程不能按照计划进行,会有所偏差,这时只要分析一下产生偏差的原因,就可以判断出是业主还是承包商的责任,从而为索赔提供法律依据。总的来说,及时识别进度偏差可以发现潜在的索赔机会。

(3)工程成本和费用分析。

完成一个工程项目,业主也是有花费预算的,业主希望保证质量的前提下能在预定的投资成本下顺利完成工程项目,因此要防范承包商提出高额索赔要求,不能让承包商为了中标先低价进入,然后为了提高利润提出高额索赔要求。要做到这一点就要随时做好成本分析与管理控制,一方面业主可以有效控制投资成本,确保工程项目花费在预算之内;另一方面,通过成本分析和管理控制,可以识别索赔机会,为索赔计算提供依据。因此,工程成本和费用分析在工程项目中至关重要。常用的成本分析方法有因素分析法、比较法、差额计算法等。

业主对工程项目的投资预算主要是根据工程量、合同基础条件、合同双方的责任等综合计算而来的。一旦出现干扰事件,合同中的这些条件、内容等将会发生变化,由此产生的工程成本与预算有偏差,简单地说,两者的差值就是索赔额。所以,在项目实施过程中,要仔细做好成本核算,只有这样才能与施工后计算的实际成本进行比较,最后采用横道图法、曲线法等基本方法来分析两者的偏差,为以后准确计算索赔额提供依据。单项费用索赔机会分析流程如图6.5所示。

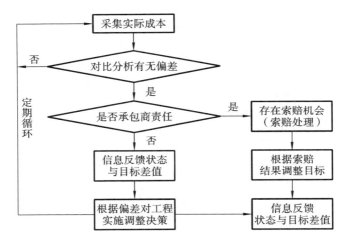

图6.5　单项费用索赔机会分析流程

2)工期延误责任认定

"工期延误、质量缺陷、非法转分包"在业主索赔过程中至关重要,其中,工期延误索赔最难处理,这主要是因为工期延误责任的鉴定以及工期延误损失的量化都是很困难的事情。

(1)工期延误的分类。

工期延误有多种划分方法,最为常见的划分则是依据工期延误责任来划分,通常可以分为可原谅延误和不可原谅延误。可原谅延误是业主自身或某些客观原因造成的,并不是承包商的原因。它是不可预见和不可防范的延误,是可以原谅的。对于可原谅工期延误，业主要再给承包商一定的工期补偿。而不可原谅延误是由开发商因素造成的，承包商所造成的工期延误，其自身承受损失的同时，还要对业主进行赔偿。

在实际的工程索赔中，根据延误性质可将可原谅延误分为可原谅可补偿的延误和可原谅但不可补偿的延误。可原谅可补偿延误是业主自身或工程师的原因所引起的，业主会给承包商一定的工期补偿和经济补偿；可原谅但不可补偿的延误并不是业主或工程师的原因所引起的延误，而是由某些客观原因所造成的，这种情况承包商是不能得到经济补偿的，只能获得工期延长。

(2) 工期延误的影响。

工期延误会给业主带来巨大的损失，主要表现在以下两个方面：一是工期延误给业主带来整个工程投入的增加；二是工期延误会使业主失去一定的商业机会和利益。

业主投资的工程项目费用主要由以下几个方面组成：直接工程费、间接工程费、承包商的利润以及税金。一旦项目的工期发生延误，就会大大延长业主对建设工程项目的管理时间，从而增加项目的管理费用。延长工期也可能导致业主的间接费用增加，如设备维护费用、使用和保管费用，人员工资等，同时，业主的资金利息负担也会相应加重。

根据寿命周期成本分析，如果工期延误，整个工程项目的建设费用会大大增加，这样建设的成本有所提高，从而使利润降低。同时，项目建设工期的确定是业主综合多方面因素的结果，它的推迟往往会使业主在激烈的市场中处于不利的地位，并失去一些获利的机会，严重时还可能会导致整个建设工程项目不能发挥应有的作用。

(3) 工期延误"有效期"计算。

根据引起索赔的事件是否独立，可以将工期延误分成两类：一类是单一事件索赔，另一类是多事件交叉索赔。所谓单一事件索赔是指在某一个时间段内索赔事件独立发生；多事件交叉索赔是指某段时间内发生多个索赔事件，并且这些事件有的是业主的过错，有的是承包商的过错，责任承担者也不相同。

工期延误索赔的难点就是如何认定多事件交叉干扰的责任方。通常情况下，单一事件索赔处理起来相对比较简单，合同双方一般也不会有所争议。首先应当明确引起事件的原因，判断出事件的责任方，接着就可以判断索赔是否成立。多事件交叉索赔的责任方就很难界定，合同双方对此也经常有分歧，很难达成共识。

多事件交叉干扰情况下工期索赔的重点是合同双方都对工程建设的延误负有不可推卸的责任。如果是交叉事件引起的共同性延误，要详细分析属于哪一种情况，如承包商是否可以得到工期延长，是否可以获得经济补偿等。因此，要首先确定工期延误的"有效期"。确定共同性有效期，有两类方法。

①"有效期"的简单处理方法。一般情况下，"有效期"简单处理方法有以下三种：按初始条件原则计算、按不利于承包商原则计算以及责任分摊原则计算。

②网络分析法。网络分析法是基于网络计划技术进行索赔的方法，它是根据索赔事件发生前后的网络计划，分别计算出工期，最后算出索赔值，这是一种责任分摊原则下的方法，这种方法更为有效，它可以公平公正地处理工期索赔问题，有效维护业主与承包方的合法权益。

6.3.2 业主反索赔

1. 业主反索赔的概念

通常情况下，索赔是双向的，也就是说业主和承包商都可以向对方提出索赔要求，其中一方可以对另一方的索赔要求予以反驳或反击，也就是我们所说的反索赔。

反索赔可以分为以下类型：工期延误反索赔、施工缺陷索赔、承包商未履行的保险费用索赔、对超额利润的索赔等。对于一方提出的索赔要求，反索赔的一方应该实事求是地根据合同中的相关规定反驳或拒绝对方的不合理的索赔要求或其中一部分索赔内容。

2. 反索赔的基础

公路工程建设项目业主索赔管理的重要内容之一就是要积极反驳承包商的索赔要求。对于承包商提出的索赔申请，业主要仔细分析索赔报告，并找出其中所包含的漏洞，予以反击或反驳，同时这也是业主反索赔的一项重要举措。

对于承包商的索赔报告，业主要据实反驳，主要依据就是当时所签的合同与相关的法律法规。业主反索赔时，要实事求是，以客观事实为依据，及时准确判断承包商的索赔要求的合理性。索赔应以客观事实作为前提条件，尊重客观事实是必须要遵守的原则。总而言之，法律、合同依据是合同双方开展索赔管理工作的基础。

3. 反索赔的步骤

一般情况下,业主反索赔主要有以下几个步骤:首先要对合同进行分析,调查索赔事件,分析评价索赔报告是否合理以及审核索赔费用等,其中最主要的工作就是审核索赔费用。反索赔具体流程如图 6.6 所示。

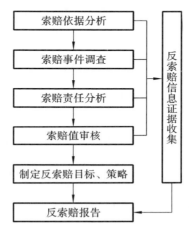

图 6.6　反索赔流程

(1)合同分析。合同分析的主要目的是在合同中找出反驳索赔报告中要求的条款,从而指出对方索赔要求的不合理之处。合同是解决索赔事件的重要依据,在反索赔中同样重要。在分析合同时,主要是看与对方索赔报告有关的条款内容,往往包括合同价格、合同工期、工程范围、工程变更的补偿条件和方法、违约责任、对方承担的风险以及解决争执所采用的办法等。

(2)事件调查。在承包商提出索赔申请后,业主要对索赔报告中的要求进行调查。任何索赔都要有事实做支撑,反索赔同样也不例外。调查索赔报告中的事实是否真实,并查清事实出现的原因、经过、所用时间、现场人员等与反索赔相关的细节信息。然后对这些基本信息进行处理,将一些与索赔事件无关的信息或没有充分证据的信息过滤掉。总之,在这个过程中,要全面搜集与反索赔相关的材料,为今后的反索赔打下基础。

(3)索赔报告分析评价。在合同分析和事件调查结束后,接下来就是要对索赔报告进行分析。只有深入分析索赔报告,才能针对报告中的要求进行有针对性的反驳。反驳承包商索赔最重要的工作就是分析评价索赔报告,从中找出与事实不符的要求。找出索赔报告中的漏洞或缺陷是索赔管理中最重要的工作,

也可以体现索赔管理水平。

(4)索赔费用的审核。承包商提出索赔的主要目的是从中获得更多的利润，提高自己的经济收益。所以，承包商最关心的就是索赔费用的高低。一般情况下，索赔的费用都比较高，对承包商的利润有着很重要的影响。与此同时，索赔费用会大大增加业主对项目的预算，影响业主的建设成本。索赔涉及的因素和款项比较多，因此处理起来有一定的难度。对此，业主与承包商经常意见不统一，产生很多纠纷。总的来说，为了控制建设成本，一定要严格审核每一项索赔费用，确保没有任何差错。

(5)反索赔报告。通过以上一系列的反索赔分析，业主会提出自己的观点，提出相应的反驳理由、证据，这些都是反索赔分析的成果。对于这些成果业主将以一个正式的书面形式来反驳承包商的索赔申请，形成反索赔报告。如果是单一事件索赔，处理起来就比较简单，只要指出索赔证据不足，与事实不符，附上自己的证据就可以了。但是对于比较复杂的多事件索赔，业主和开发商都有可能提出索赔申请，这种情况下的索赔报告就很复杂，也比单一事件索赔报告正式和正规。相对复杂的索赔事件可能会以仲裁、诉讼的形式解决，这样的话，业主的反索赔报告就是正规的法律文件之一。

4. 反索赔的内容

1) 反索赔的内容分析

业主反索赔的具体内容主要包括以下几个方面。

(1)工程质量缺陷的反索赔。

工程质量的好坏与业主利益有着密切的联系。建设工程项目的合同对质量有较为严格的规定，有详细的技术规范和要求。一旦出现质量问题，如果是设计方面的原因所引起的质量缺陷，由业主负责。监理工程师受业主的委托，帮助业主做好工程管理与控制工作。具体而言，监理要对承包商施工过程中所采用的施工方法、工序以及材料等进行监督，若工程出现质量问题只负间接责任。即便是监理的工作做到位，也不能减轻或免除材料或技术原因所造成的工程质量缺陷。对此业主有权要求承包商在规定期限内进行整改，并对承包商提出反索赔，要求承包商补偿由此带来的经济损失。

(2)拖延工程的反索赔。

通常而言，建设工程项目的承包合同会明确标注阶段时间内承包商应完成的任务。如果承包商没有按时完成施工任务，并且属于不可原谅工期延误，给业主带来了极大影响,承包商必须承担相应的责任,对业主进行补偿,并且业主具有反索赔的权利,这项索赔并不属于罚款,而是补偿由于工期延误给业主所带来的经济损失。关于索赔的多少,按照合同中约定的数额以及延误时间的长短来定。然而也有特殊情况,如合同规定延误赔偿金与合同价有关,并且在工程全部完成前,已有一部分由监理工程师移交给业主,那么在计算延误索赔金时应酌情减少。

(3)经济担保的反索赔。

在国际承包工程中,经济担保是必不可少的。担保人要保证在委托人由于某些原因不能履行合同规定的情况下,代替委托人履行合同中的权利和义务,或替委托人承担赔偿责任。最常见的经济担保有预付款担保和履约担保等。

预付款担保反索赔。在工程项目开工前,业主要付给承包商一定的定金,定金实际上就是业主的钱无偿地放在承包商那里,等项目开始后,根据实际的工程进度,承包商可以在预付款中扣除。同时,为防止承包商不按照合同规定施工,也为保障业主的经济利益不受损失,承包商要提供等价值的经济担保,这样业主也可以从担保中得到自己的预付款,也就是业主向承包商的索赔。

履约担保反索赔。履约担保是承包商和担保方对业主的一种保障,保证业主不会有经济利益的损失,同时也是承包商对业主按合同规定施工的承诺。通常情况下,银行担保用得比较多。如果承包商没有按照合同规定施工,业主就可以持相关材料向担保银行领取赔偿金。

(4)保留金的反索赔。

在工程建设合同中,会规定预留一部分资金以防工程没有保质按时完成,一般为合同价的5%左右。这部分资金是从进度款中扣下来的一部分,以防承包商不能履约,使业主受到一定的损失。也就是说承包商违约时,这部分本来应该支付给承包商的资金就不支付了,直接用于补偿业主的损失,这比通过法律途径索赔更方便快捷。

(5)业主其他损失的反索赔。

除了上面所提到的反索赔方式外,若业主的经济受到一定的损失,并且是由承包商所造成的,这时业主就可以提出反索赔。

2)索赔责任分析

该阶段业主需要弄清楚的问题是"该索赔事件的责任由谁承担"。如在某工程中,业主负责的材料虽未能按约定的时间提供,但拖延的天数在该工程活动的自由时差之内,并不影响工期;并且合同中规定,如果业主造成在自由时差内的延误,承包商有义务在保证后续工序按期开工的前提下,对拖延的工序进行调整。在这种情况下,如果由于其他原因发生该工序的延误,这部分延误造成的费用和工期损失不是业主的原因造成的,两者不存在因果关系,因此承包商的索赔不成立。

只有非承包商原因造成的损失,承包商才有权索赔。换句话说,只要是属于承包商责任的索赔事件,业主均应予以拒绝。如果此事项同时给业主造成损失,业主还可以向承包商进行反索赔。

5. 反索赔策略

1) 反索赔证据收集

业主反索赔证据是关系到反索赔成败的关键。因此,对于业主来说反索赔证据的收集实际上是一个直接关系到业主反索赔能否取得成效的关键性工作。业主收集反索赔工作的证据是贯穿整个反索赔分析过程的。业主收集反索赔证据的工作容易度取决于业主的合同管理水平。

(1) 业主反索赔基础材料的收集。业主如果要反驳承包商的索赔依据,就必须认真研究招标文件、合同以及合同附件中提到的一些文件和标准。从中寻找任何有利于反驳承包商索赔的有效证据,尽量使承包商的索赔事件在开始阶段就受到有力打击。

(2) 业主调查阶段材料的收集。在这个阶段,业主应该经常深入到工地现场考察实际情况。首先,用文字、照片、视频、音频等手段对工程的实际情况进行真实、清晰的记录,进而与承包商在索赔报告中描述的索赔情况进行对比。存在有异议的地方,是业主进行重点反驳的部分。其次,对于承包商在索赔事件中提供的一些索赔证据,一方面要审查其真实性、描述事实的一致性;另一方面,业主要对自己及监理单位保存的完整全面的工程记录进行全面的审查,尽量找到对业主有利的反索赔证据。

(3) 责任分析阶段材料的收集。对于那些双方都有责任的索赔事件,业主应尽量与承包商磋商,重点讨论承包商责任一方给工程所带来的影响,并对每次的磋商过程进行记录。通过对比每次磋商的记录,收集、寻找承包商自相矛盾或理解有歧义的内容,给承包商造成索赔申请困难的心理暗示,降低承包商对索赔事件成功的期望值。

(4) 审核阶段材料的收集。在一些单价确定上,可以收集官方公布工程材料价格指数,或是业主通过市场询价来反驳承包商不合理单价。当然,业主还得从一切与工程相关的资料入手,收集承包商索赔值计算过程中涉及数量、单价、组成部分、计算规则这几方面证据,从而有效地反驳承包商的申请。

2) 业主反索赔策略

业主经过合同分析、事件调查、责任分析以及索赔费用的审核等阶段之后,需要对整个索赔事件有全局的把握,纵览全局,进而制定反索赔的目标与策略。业主在制定承包商的反索赔目标时,一定要有自己的预期,通常而言按照优先级顺序有三种方案:全部否决、部分否决和全部认可承包商的索赔。

业主完成反索赔目标制定后,就应考虑采用何种反索赔策略了。根据违约责任可以把业主的反索赔策略分为进攻型反索赔策略和防守型反索赔策略。从国内的反索赔的案例来看,反索赔整体属于防守型,但有时也可以攻为守,在索赔中占据有利地位。然而当双方都有责任且事件复杂难以处理时,也不可能简单地由两者各承担一半责任。因此,业主应提前准备,寻找索赔机会主动提出索赔。

但是对于业主而言,一旦被要求索赔,就会花大量的时间精力去分析索赔报告,从中寻找漏洞。这给业主赢得了时间,争取了主动。如果事实清楚,本着实事求是的原则,先提出索赔并且索赔金较高者处于有利地位。

第7章 公路工程造价管理基本理论

7.1 公路工程造价原理

7.1.1 工程造价定义

工程造价通常是指工程的建造价格。工程造价有以下两种含义。

第一种含义:工程造价是指一个建设项目从立项开始到建成交付使用预期花费或实际花费的全部费用。根据我国现行的制度规定,建设工程造价由建筑安装工程费、设备和工器具购置费、工程建设其他费及预备费等组成。

第二种含义:工程造价是指工程价格,即为建成一项工程,预计或实际在土地市场、设备材料市场、技术劳务市场以及承包市场等交易活动中所形成的建筑安装工程的价格和建设工程总价格。工程造价是以社会主义市场经济为前提的,它以工程这种特定的商品形式作为交易对象,通过招投标、承发包或其他交易方式,在进行多次性预估的基础上,最终由市场确定的价格。在这里,工程的范围和内涵既可以是涵盖范围很大的一个建设项目,也可以是一个单项工程,甚至还可以是某个分部工程。

通常把工程造价的第二种含义认定为工程承发包价格。承发包价格是工程造价中一种典型的价格形式。它是在建筑市场通过招投标,由需求主体(投资者)和供给主体(建筑商)共同认可的价格。鉴于建筑安装工程价格在项目固定资产中占有 50%～70% 的份额,是工程建设中最活跃的部分;而且建筑企业是建设工程的实施者,占据重要的市场主体地位,因此工程承发包价格被界定为工程价格的第二种含义很有现实意义。但是这种界定对工程造价的含义理解较狭窄。

工程造价的两种含义是从不同角度把握同一事物的本质。对建设工程的投资者来说,市场经济条件下的工程造价就是项目投资,是"购买"项目要付出的价格,同时也是投资者在作为市场供给主体"出售"项目时定价的基础。对于承包人、供应商和规划、设计等单位来说，工程造价是他们作为市场供给主体出售商品和劳务的价格总和，或特定范围的工程造价，如建筑安装工程造价。

区别工程造价两种含义的理论意义在于：为投资者和以承包人为代表的供应商在工程建设领域的市场行为提供理论依据。当投资者提出降低工程造价时，是站在投资者的角度充当市场需求主体的角色；当承包人提出提高工程造价、提高利润率并获得更多的实际利润时，是要实现一个市场供给主体的管理目标。这是市场机制运行的必然结果。区别两种含义的现实意义在于：为实现不同的管理目标，不断充实工程造价的管理内容，完善管理方法，更好地为实现各自的目标服务，从而有利于推动经济增长。

7.1.2 公路工程造价定义及构成

公路工程造价是指建设一条公路或一座独立大桥或隧道，使其达到设计要求所花费的全部费用。

由于公路工程属于建设工程，其造价同样由建筑安装工程费、设备和工器具购置费、工程建设其他费用、预备费等组成。

1. 建筑安装工程费

建筑安装工程费包括如下内容。①路基的特殊地基处理、土石方工程、排水工程和防护工程等建筑安装工程费。②桥涵工程的基础、下部结构、上部结构和附属设施等建筑安装工程费。③隧道工程的洞口、洞身、附属设施等建筑安装工程费。④路面的垫层、基层、面层等建筑安装工程费。⑤公路交工前的养护费用。⑥公路沿线设施的建筑安装工程费。

公路工程建筑安装工程费的具体构成如图 7.1 所示。

2. 设备和工器具购置费

设备和工器具购置费应根据设计规格、数量清单，在可行性研究报告、初步设计、技术设计和施工图设计阶段按式(7.1)计算。

$$设备和工器具购置费=(货价+运杂费)\times(1+采购保管费率)+运输保险费 \tag{7.1}$$

需要安装的设备，如发电机组，其安装工程费应在第一部分建筑安装工程费的有关项目内计算。

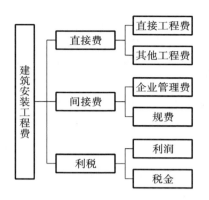

图 7.1 公路工程建筑安装工程费的具体构成

3. 工程建设其他费用

工程建设其他费用是指从工程筹建到工程交付使用的整个建设期间,除建筑安装工程费、设备和工器具购置费以外,为保证工程建设顺利完成和交付使用后能正常发挥效用而发生的各项费用。按其内容可分为三类:①土地使用费;②与工程建设有关的其他费用;③与未来企业生产经营有关的其他费用。

4. 预备费

按我国现行规定,预备费包括基本预备费和价差预备费。

基本预备费是指在初步设计和概算中难以预料的工程费用。

价差预备费是指设计文件编制年至工程竣工年期间,第一部分建安费用的人工费、材料费、机械使用费、其他工程费、间接费等以及第二、三部分费用由于政策、价格变化可能发生上浮而预留的费用及外资贷款汇率变动部分的费用。

7.1.3 工程造价的计价

建设工程作为一种特殊商品,其工程造价计价除了具有与其他一切商品价格计价的共同特点外,还有其自身的特点和模式。

1. 计价特点

1)单件性计价

建设工程都有指定的专门用途,也就有不同的形态和结构,其结构、造型必须适应工程所在地的气候、地质、水文等自然客观条件,由此形成实物形态的千差万别。在建设这些有不同实物形态的工程时,必须采取不同的工艺、设备和建筑材料,因而所消耗的物化劳动和活劳动必定也是不同的,再加上不同地区的社会发展致使构成价格和费用的各种价值要素存在差异,最终导致工程造价各不相同,即任何两个建设项目的工程造价不可能是完全相同的。因此,对建设工程就不能像工业产品那样按品种、规格、质量成批量生产和计价,而只能是单件性计价。也就是说,只能根据各个建设工程项目的具体设计资料和当地的实际情况单独计算工程造价。

2)多次性计价

建设工程一般规模大、建设周期长、技术复杂、受建设所在地的自然条件影响大,消耗的人力、物力和财力巨大,加之要考虑投入使用后的经济效益等因素,一旦决策失误,将造成不可挽回的巨大损失。为了满足建设各阶段的不同需要,适应造价控制和管理的要求,合理使用人力、物力和财力,取得最大的投资效益,必须在建设全过程进行多次计价。建设工程多次性计价过程如图7.2所示。

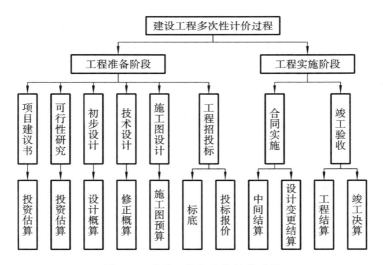

图 7.2　建设工程多次性计价过程

(1)投资估算。

投资估算是指在投资前期(项目规划、项目建议书、可行性研究报告)阶段,进行某项拟建工程建设所花费的全部固定资产投资的预计费用。

在项目建议书阶段编制项目建议书投资估算,作为可行性研究进行经济评价的依据。在项目建议书投资估算批准后,进入可行性研究报告阶段。

在可行性研究报告阶段编制可行性研究报告投资估算,作为可行性研究进行经济评价的依据。可行性研究报告经批准后,其投资估算作为控制建设项目投资的依据。

(2)设计概算与修正概算。

设计概算与修正概算是指在初步设计或技术设计阶段,由设计单位根据初步设计文件、概算定额、各类费用定额,以及建设地区的自然条件和技术经济条件等资料,预先计算、确定建设项目从筹建至竣工验收的工程造价的经济文件。

在初步设计阶段编制初步设计概算,按两阶段设计的建设项目,设计概算经批准后是建设项目投资的最高限额,也是签订建设项目总承包合同的依据。

在技术设计阶段编制技术设计修正概算,按三阶段设计的建设项目,修正概算经批准后是建设项目投资的最高限额,也是签订建设项目总承包合同的依据。

(3)施工图预算。

施工图预算是指由设计单位根据施工图设计的工程量和施工方案,按预算定额和各类费用定额所编制的反映工程造价的经济文件。

在施工图设计阶段编制施工图预算,经批准的施工图预算,是签订建筑安装工程承包合同、办理工程价款结算的依据,也是实行建筑安装工程造价包干的依据。实行招标的工程,其建筑安装工程费是编制标底的基础。

(4)标底。

标底是建设单位招标时,对拟建的工程项目,由自己或委托设计单位或咨询公司,依设计内容及有关规定计算出的建成这一项目所需的工程造价。要求标底不得超过批准的设计概算或施工图预算,且一个项目只能有一个标底。

(5)报价。

报价是指由投标单位根据招标文件及有关定额,招标项目所在地区的自然、社会和经济条件及施工组织方案和投标单位自身的情况,计算完成招标工程所需各项费用的经济文件。

(6)工程结算。

工程结算是指在建设单位和施工单位之间,由于拨付各种预付款和支付已完工程发生的结算。结算方式有按月结算、竣工后一次结算、分段结算等。

(7)竣工决算。

竣工决算是指建设项目完工后竣工验收阶段,由建设单位编制的建设项目从筹建至最后投产或使用的全部实际成本的技术经济文件。

以上是建设单位在不同阶段对建设项目、施工单位对所投标段作出的预期工程造价。确定中标单位后按照合同条款的约定签订合同价,一般都根据工程量清单提供的工程量签订单价合同,在施工过程中根据工程变更和市场物价变动情况确定结算价,结算价才是建设项目分部分项工程的实际造价。全部工程竣工并验收合格后,建设单位在各分部分项工程的结算价的基础上编制的竣工决算,才是整个建设项目的实际造价。

一个建设项目各个阶段的计价是相互衔接、由粗到细、由浅到深、由预期到实际、前者制约后者、后者修正和补充前者的发展过程。

3)按工程构成分部组合计价

建设工程规模大,工程结构复杂,根据建设工程单件性计价的特点,不可能简单直接地计算出整个建设工程的造价,必须先将整个建设工程分解到最小的工程结构部位,直至达到对计量和计价都相对准确的程度;然后再将各部位的费用按设计确定的数量加以组合,才可确定全部工程所需要的费用。

(1)建设项目的分解。

①建设项目。建设项目又称基本建设项目,一般是指符合国家总体建设规划,能独立发挥生产功能或满足生活需要,其项目建议书经批准立项和可行性研究报告经批准的建设任务。一个建设项目按照工程特点可进一步分解,如图7.3所示。

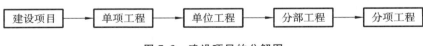

图 7.3　建设项目的分解图

②单项工程。单项工程又称工程项目,它是建设项目的组成部分,是具有独立的设计文件,在竣工后能独立发挥设计规定的生产能力或效益的工程。工程项目划分的标准,由于工程专业性质的不同而有所不同。

公路建设的单项工程一般是指独立的桥梁工程、隧道工程。这些工程一般包括与已有公路的接线,建成后可以独立发挥交通功能。但一条路线中的桥梁或隧道在整个路线未修通前并不能发挥交通功能,也就不能作为一个单项工程。

③单位工程。单位工程是单项工程的组成部分,它是单项工程中具有单独设计,可以独立组织施工,并可单独作为成本计算对象的部分。一条公路(即一个公路建设项目)中一段路线作为一个单项工程,其中各个路段的路基、路面、桥梁、隧道都可作为单位工程。

④分部工程。分部工程是单位工程的组成部分,一般按单位工程中的主要结构、主要部位来划分。在公路建设工程中,分部工程的确定是在工程项目界定

的范围内,以工程部位、工程结构和施工工艺为依据,并考虑在工程建设实施过程中便于进行工程结算和经济核算。如按工程部位公路建设分部工程可划分为路基工程、路面工程、桥涵工程等;按工程结构和施工工艺公路建设分部工程可划分为土石方工程、混凝土工程、砌筑工程等。

⑤分项工程。分项工程是分部工程的组成部分,是根据分部工程划分的原则,再进一步将分部工程分成若干个分项工程。各种分项工程,每一单位消耗的活劳动和物化劳动都是不等的。因为分项工程是按照不同的施工方法、不同的工程部位、不同的材料、不同的质量要求和工作难易程度来划分的,它是概算和预算定额的基本计量单位,故也被称为工程定额子目或工程细目。

在实际工作中,有了这种分部、分项工程的划分标准,在测定定额资料,制订概预算定额中的人工、材料、机械使用台班等消耗标准,编制建筑安装工程造价时,就有了一个统一的尺度,就可实现建设工程造价管理工作的科学化和标准化。

(2)工程造价的组合。

与以上工程构成的方式相适应,建设工程具有分部组合计价的特点。计价时,首先要对工程建设项目进行分解,然后按构成进行分项计算再组合,如图 7.4 所示。

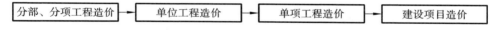

图 7.4 分部组合计价示意图

4)计价方法的多样性

由于项目建设各阶段所掌握的条件、资料深度不同,计算的准确度要求不同,计价方法也就不同。

投资估算一般采取估算指标法、类似工程比较法、生产能力系数法等进行编制。

初步设计概算和修正概算一般采取概算定额法、概算指标法、类似工程预算法等进行编制。

施工图预算采取按施工图计算工程量、按预算定额计算实物消耗、按市场价格计价、按费用定额计算各项费用及利税等方法。

投标报价采取按清单工程量、按企业定额计算实物消耗,按市场价格计价,同时考虑自身的经营状况和工程风险等因素计算而得到综合价格。

施工预算采取按施工图和实际情况计算工程量、按企业定额计算实物消耗、按市场价格计价,同时考虑自身的经营状况和工程风险等因素计算而得到综合价格。

工程结算采取已完成并符合合同要求的清单工程量和变更工程量,按清单价格和变更价格计算而得到综合价格。

不同的计价方法适用的条件不同,在计价时应正确选择。

5)计价依据的多样性

建设项目工程造价的计价依据,一般有以下方面:①人工、材料、施工机械消耗量计算依据;②工程量的计算依据;③工、料、机价格依据,设备价格依据;④各种取费费率、工程建设其他费用计算依据,利润与税金计算依据,物价指数及造价指数等;⑤国家及有关部门的政策、法律、法规及有关工程造价的计价规范、计量规范等。

要准确计算建设项目工程造价,首先应熟悉、掌握和正确应用这些计价依据。

2.计价模式

建设项目工程造价的计价模式是与社会经济体制相适应的,主要有以下三种。

(1)政府定价计价模式。

政府定价计价模式,即定额计价模式。定额是指中央政府有关部门和各级地方政府有关部门定期颁布的工程估算指标、概算定额、预算定额、费用定额、工程量计算规则等一切工程计价的法定依据。它是政府造价主管部门根据社会平均消耗和平均成本制订的"量价合一"的工程造价计算标准,既规定了工程量的实物资源消耗数量标准,又规定了单价及各种取费费率和计算办法。

(2)政府指导价计价模式。

政府指导价计价模式,即"定额量、指导价、竞争费"的量价分离计价模式。"定额量"是指单位工程量的人工、材料、施工机械台班量等实物资源消耗量,按政府工程造价主管部门颁布的"基础定额"规定的消耗量标准计算。"指导价"是指人工、材料、机械台班的预算价格,按中央政府和地方政府造价主管部门定期发布的"指导价格"(又称中准价、信息价)计算。"竞争费"是指其他工程费、间接费、利润等取费费率,由中央政府或地方政府造价主管部门制定指导性费率标准,企业可根据自身具体情况确定投标费率进行竞争。

从实际执行情况看,政府工程造价主管部门发布的工、料、机指导价(中准价),一般略高于市场实际成交价。按定额及指导价格、费率计算的工程预算造价,一般高于工程招标实际中标价。按照计划要留有余地和审定概算是投资控制最高限额的要求,目前已被普遍使用。但在编制招标标底或投标报价时应注意,这种计价模式还不是真正的市场经济计价模式,而是在工程招投标尚未完全成熟时,为避免低价恶性竞争和确保工程质量而采用的一种过渡模式。

(3)工程量清单计价模式。

工程造价管理体制改革的最终目标是逐步建立以市场竞争为主的价格形成机制,逐步建立起由政府颁布的基础定额作为指导的通过市场竞争形成工程造价的机制。其内容包括以下几个方面。

①由政府建设行政主管部门统一制订符合国家标准、规范,并反映一定时期施工水平的人工、材料、机械等消耗量标准,实行对定额消耗量标准的宏观管理。

②制定统一的工程项目划分和工程量计算规则,为逐步实现工程量清单计价报价创造条件。

③建立信息网络系统,加强工程造价信息的收集、处理,及时发布信息。

④建筑施工企业可在基础定额的指导下,结合企业自身的技术和管理情况,制订企业定额,并在投标中结合当地要素、市场行情、自身经营情况及个别成本进行自主报价。

⑤在工程招投标中要贯彻《中华人民共和国招标投标法》第四十一条规定的中标条件,即"能够满足招标文件的实质性要求,并且经评审的投标价格最低;但是投标价格低于成本的除外"。

工程量清单计价模式是国际上通行的做法。《建设工程工程量清单计价规范》(GB 50500—2013)要求,投标人应根据下列规定自主确定投标报价:①本规范;②国家或省级、行业建设主管部门颁发的计价办法;③企业定额,国家或省级、行业建设主管部门颁发的计价定额和计价办法;④招标文件、招标工程量清单及其补充通知、答疑纪要;⑤建设工程设计文件及相关资料;⑥施工现场情况、工程特点及投标时拟定的施工组织设计或施工方案;⑦与建设项目相关的标准、规范等技术资料;⑧市场价格信息或工程造价管理机构发布的工程造价信息;⑨其他的相关资料。投标人必须按招标工程量清单填报价格。项目编码、项目名称、项目特征、计量单位、工程量必须与招标工程量清单一致。通过市场竞争形成工程价格的计价模式,即市场定价模式,是法定招标建设项目必须严格执行的计价模式。

以上三种计价模式各有特点,定额计价模式可在项目决策阶段编制投资估算时参考使用;"定额量、指导价、竞争费"的量价分离计价模式可用于概预算编制及招标标底;工程量清单计价模式是通过市场竞争形成价格的模式,也是工程招投标中应推广的计价报价模式。

7.2 公路工程造价管理

7.2.1 工程造价管理相关概念

1. 工程造价管理含义

工程造价管理包含两种含义。①建设工程投资费用管理,指在拟定规划和设计方案的基础上,为实现投资预期目标,对工程造价变动进行预测、计算、确定和监控的系统活动。②工程价格管理:从微观层面看,指企业在了解和掌握市场价格信息的基础上,通过成本控制、计价、定价和竞价等措施,实现既定管理目标;从宏观层面看,指政府利用行政、经济和法律等手段,调控工程价格,以满足社会经济发展的要求。

为做好造价控制,用全过程动态管理方式加强造价控制,能够维护各方利益,促进微观效益和宏观效益的有机统一。

2. 工程造价管理组织

按照职责范围和管理权限划分,目前我国工程造价管理组织可分为政府行政监督管理系统、行业协会管理系统、企事业单位内控管理系统。

(1)政府行政监督管理系统。国务院建设主管部门造价管理机构制定法规、制度,编制、修订全国定额,监督指导全国定额实施,制定造价专业咨询机构和专业技术人员的资质标准并监督执行;国务院其他部门造价管理机构修订、编制、解释本行业相应定额,负责对本行业大型工程项目、重点工程项目的概算进行审批、调整等;各省级工程造价管理部门制定和修编本地区定额、补充规定和收费标准等,负责对国家投资工程的标底价和结算价进行审核和合同纠纷的处理。

(2)行业协会管理系统。中国建设工程造价管理协会是全国性的建设工程造价管理行业协会,其主要职责包括制订工程造价咨询行业的规章制度、咨询业务操作规程、职业道德准则等行规行约并组织实施,开展工程造价咨询成果文件质量检查,推动工程造价行业诚信建设,建立和完善工程造价行业自律机制等。

(3)企事业单位内控管理系统。企事业单位内控管理系统根据管理主体和管理侧重点的不同,划分如下:业主方工程造价管理系统,侧重于投资效益的管控;承包方工程造价管理系统,侧重于承包价格及成本的管理;中介服务方工程造价管理系统,侧重于合同条款及市场信息价格的管理。

7.2.2　公路工程造价管理的内容和原则

工程造价管理是一种通过综合运用经济管理学相关理论与工程技术等确定造价、编制资金使用计划、控制造价、核算与分析价格的一系列过程。

1. 内容

从公路工程项目各阶段与工程造价的对应关系可知,公路工程各阶段造价管理分别具有详细的工作内容,最终目的是实现设计与施工方案的优化、控制各项实际费用的合理支出,实现投资效益。各阶段造价管理的内容如下。

(1)项目前期投资决策阶段。全面收集项目资料,编制并审批项目投资估算,作为拟建公路工程项目造价控制的指导性文件。依据编制的投资估算对各项投资决策方案进行技术经济分析与评价。

(2)设计阶段。根据前期决策方案以及投资估算编制设计概算、修正概算以及施工图预算,并将批准的设计概算作为拟建公路工程项目控制投资的最高限额。

(3)招标采购阶段。该阶段主要是进行公路工程项目承发包、确定承发包模式、编制招标工程量清单与招标控制价、确定投标策略、编制投标报价、签订施工合同确定合同价。

(4)施工阶段。根据项目实施进度,办理各种签证、进行变更与索赔管理、控制工程进度款支付、编制竣工结算及竣工决算、核算项目实际投资等。

2. 原则

为了能够高效地实施公路工程造价管理,必须遵循相关原则,具体如下。

(1)以设计阶段为重点的全过程造价管理。项目前期决策与设计阶段是全过程造价管理的关键阶段,即在投资决策方案确定后,工程造价控制的重点就转移到了设计阶段。

将施工阶段作为工程造价控制的重点是长期以来存在的弊端,即将主要精力放在编制与审核施工图预算以及竣工结算上,而对项目前期决策与设计重视程度远远不够,因此,必须将工程造价控制的重点转移到设计阶段。

(2)主动控制与被动控制相结合。控制工程造价的关键在于预防,而传统的被动控制主要是在项目实施过程中,将实际值与目标计划值进行对比,找出偏差并纠偏,这种被动控制难以做到以预防为重点。因此,必须采取主动控制措施,从合理确定与控制工程造价的角度进行投资决策、设计与施工,同时,应该在各阶段实施之前分析影响本阶段工程造价的各种因素,尽可能采取措施予以规避。

(3)技术与经济相结合。公路工程造价控制的措施有多种,包括组织措施、经济措施、技术措施及合同措施等。组织方面的措施主要在于明确组织架构,明确造价管理人员的主要职责与任务,以及职能分工;技术方面的措施主要包括重视设计方案的筛选,深入研究能够节约投资的各种方案;经济方面的措施主要包括开展工程造价动态管理,编制资金使用计划,定期将实际值与目标计划值对比分析,尽可能控制各项合同外费用的支出。

综上所述,工程造价控制的最有效手段在于实现技术与经济措施的结合,必须正确处理技术先进与经济合理之间的对立统一关系,通过技术比较、经济分析与效果分析,力争将工程造价控制的观念融入各项设计与施工技术措施之中。

7.2.3 新形势下影响公路工程造价管理的政策性因素

1)征地拆迁费用越来越高

在工程设计中,会采取各种措施尽量避让文物、水源及村、镇环境敏感点,并促进公路与居民区、旅游区和自然保护区的和谐共存。同时,随着国家实行严格的耕地保护制度、加强对失地农民的保障及实施建设新农村的政策,拆迁单价逐年升高,使得项目征地成本日益提高。此外,在公路工程造价管理过程中,还需按土地类别计列耕地占补平衡造地费、耕地开垦费、耕地占用税、新增建设用地使用费、森林植被恢复费等各项规费,这些费用也导致了工程造价上升。例如,宁合高速公路扩建工程仅耕地占补平衡造地费与森林植被恢复费就达1.4亿元,占项目建设总投资的6.7%。

2)地材价格上涨

为实现可持续发展的战略目标,相关管理部门出台了一系列环保政策。各级管理部门为了进一步推动实现环境可持续发展目标的进程,对很多地方的砂石开采提出了严格要求,停止不规范的砂石开采工作。对环保政策的落实还体现在对地材生产的管理方面,先后出台有关地材生产管理规定,将地材原料(例如水泥和石砂等)划入地方资源的范畴,使砂石开采经营标准逐年提高,加大对非法采石的惩处力度,将不合法的砂石厂全部停业整顿,使全国各地的地材供应出现了供不应求的现象,从而导致地材价格上涨。

3) 人工成本上升

当前,由于建筑业从业人员数量相对不足、物价上涨的比价效应等原因,人工成本逐年提升。

针对上述因素,建设企业必须从工程建设可实施概率研究阶段开始直到竣工验收阶段,始终把工程造价管理放在核心位置,实施全过程工程造价管理,提升造价管理的效率,合理降低公路工程建设成本。

7.2.4　公路工程全过程造价管理理论

建设项目全过程造价管理与传统的造价管理不同,它是一种基于项目活动过程成本控制的现代化造价管理模式,包括了美国主导提出的建设项目全面造价管理的主要思想和方法、英国主导提出的建设项目全生命周期造价管理的主要思想与方法,以及现代项目管理范式中许多经过实践检验的有效的相关思想与方法。

1. 全过程造价管理的过程

全过程造价管理是建设项目分阶段、多次计价,每阶段分别计价但又相互关联发展而来的造价管理模式。它是由静态向动态、开环向闭环、弱关联向一体化发展的过程。将全过程造价管理推进到一体化阶段,提升为全过程一体化造价管理,即将造价管理贯穿项目前期决策阶段、中期实施阶段、后期交竣工验收阶段,通过一定的方式,使得各阶段管理方法有效衔接,从而实现各阶段造价数据有机联系,实现造价数据关联、共享和造价业务的集成、整合。各阶段相互控制、反馈修正的连续化管理、相关业务和系统化管理才能充分发挥全过程管理的综合绩效。全过程造价管理的流程如图 7.5 所示。

1) 明确项目造价所需的精度和种类

在确定建设项目全过程造价的技术方法时,首先要明确究竟需要的是哪一种工程造价(或者说哪个阶段的工程造价)并明确其精度要求。根据不同种类和

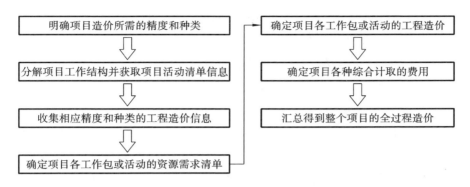

图 7.5　全过程造价管理的流程

不同精度的要求，建设项目所采用的项目造价确定技术方法也有所不同，其造价确定工作所需的活动、项目所需的资源以及各种资源的价格信息资料也不相同，因此各建设项目开展的造价确定活动也不一样。

建设项目工程造价的种类一般分为两大类：一是建设项目的估算造价；二是建设项目的预算造价。

(1) 建设项目的造价估算方法。

①相对粗略的建设项目造价估算方法。它包括类比估算法、参数估算法等。

②相对精确的建设项目造价估算方法。它是指通过一定的估算方法，确定建设项目全过程所需开展的工作和活动，以及这些项目工作与活动所需消耗和占用的各种资源和市场价格信息，并依此计算出各种活动的成本和整个项目造价的方法。根据建设项目设计内容，可将该方法分为两种：一种是以建设项目技术设计内容为主并结合市场信息开展的项目造价估算方法；另一种是以建设项目详细设计内容为依据并结合市场信息开展的项目造价估算方法。

(2) 建设项目造价预算方法。

建设项目预算造价编制是指依据建设项目的估算造价和建设项目的风险大小，确定出整个建设项目和项目各项工作预算的技术方法。它的主要工作内容包括制订项目的工作造价控制基线，以及对建设项目造价计划做出合理安排，是项目全过程造价管理工作的重要一环。建设项目造价预算方法涉及根据建设项目造价估算的结果和对项目进行的风险分析，确定建设项目预算额，并为建设项目各个预算工作包分配和确定预算额的具体方法。

建设项目预算造价编制，一般包括 4 个步骤。①确定建设项目造价总概算。②安排和分配建设项目的总概算，即根据建设项目总概算进行分配，确定出项目各预算工作包的预算。③把项目每个工作包的预算，进一步分配到项目预算工作包中的各项活动中(若有需要,不需要可省略)。④通过规定的方法,整理汇总编制建设项目总预算造价的相关文件。

2)分解项目工作结构并获取项目活动清单信息

在确定建设项目全过程造价的技术方法时,应对建设项目工作与活动进行分解,并收集项目活动清单方面的资料和信息。这方面的资料和信息大部分是在分解建设项目工作与活动以及确定技术方法时产生并获得的,其中最主要的资料和信息就是建设项目工作分解结构文件以及建设项目活动清单文件。另外还包括建设项目工作或活动的价值信息、分类信息、方法与技术信息等。

3)收集相应精度和种类的工程造价信息

在确定建设项目全过程造价的技术方法时,应根据项目造价所需确定的精度和种类,包括具体建设项目的产出单元与技术方面的数据信息、建设项目所需资源的市场信息与供应信息,以及各种项目所需资源的价格信息等。

4)确定项目各项工作与活动的资源需求清单

在确定建设项目全过程造价的技术方法时,应根据上述收集的有关建设项目工作与活动的信息以及与建设项目工作与活动有关的技术与方法的信息,并依据项目工作与活动的资源需求信息去编制建设项目的资源需求清单,这是估算或确定建设项目造价的主要依据文件之一。通过对一个建设项目分解的各个工作包或活动的任务、规模、方法等进行分析,确定项目工作与活动的资源消耗种类和数量、质量以及资源占用的数量、质量和时间,从而获得一份各项工作与活动所需的项目资源清单。

5)确定项目各工作包或活动的工程造价

在确定建设项目全过程造价的技术方法时,应根据上述收集的全部信息确定建设项目各工作包或活动的工程造价。首先根据建设项目的产出单元和设计目标确定项目各工作包与活动,接着根据项目确定的各工作包或活动提出项目的各项资源需求内容,然后再根据项目的各项资源需求情况去收集相应资源的现行市场行情和价格信息,最后通过建设项目工作包或活动所需资源的数量以及该资源的市场价格,得出该项目工作包或活动的估算造价。

6)确定项目各种综合计取的费用

所谓"综合计取的费用"是指项目工作包或活动之外发生的项目成本。它包括税金、承包商的基本利润,还包括其他一些无法按照工作包分类记录的项目成本与费用。

7)汇总得到整个项目的全过程造价

最后一步是汇总。将以上各步骤计算出的项目各工作包或活动产生的造价费用相加汇总,并加上综合计取的费用,便可得到这个项目的全过程造价。

上述造价未包括项目的风险性造价部分,所以它们只是估算造价,不能作为预算造价。为更精准估算造价,还需要考虑项目的不确定性和风险致使产生的不可预见费用,才能得出真正意义上的建设项目全过程造价预算。

2. 公路工程全过程造价管理实施的基础

针对公路工程造价管理的组成要素,建立分解目标集,制定系列技术标准,是公路工程全过程造价管理实施的基础。

(1)计价依据标准化。计价依据是测算工程造价的依据。计价依据的标准化主要包括造价文件编制办法的标准化、定额的标准化和材料价格信息采集发布的标准化、各省补充规定制定的标准化。目前我国公路工程计价依据主要有造价文件编制办法、估算指标、概预算定额、各省补充规定、材料价格信息等。

①造价文件编制办法的标准化。造价文件编制办法是测算公路工程造价的纲领性文件,规定了各阶段公路工程造价的基本组成、计算方法和计价标准。因此,它必须适应公路建设专业化程度高、不断发展进步以及我国不同地区地质地形条件、经济发展水平差异大的特点。同时还应满足实现全过程造价管理的需要,充分考虑各阶段造价文件的相关性,通过各阶段造价文件项目表和造价表的关联性设计,使各阶段造价数据相关逻辑关系能通过造价文件清晰反映出来。

②定额的标准化。定额是控制公路工程造价的计划性手段,是对大量建设项目调查后测定得到的统计指标,体现了社会生产平均先进水平。为适应我国快速发展的公路"四新"技术的应用,客观反映公路工程的价值规律,应制订统一、规范、科学的定额抽取、测定方法,形成标准化的补充定额制定方法。

③材料价格信息采集发布的标准化。材料在公路工程建筑安装工程费中占很大比重(超过50%),材料价格信息采集的准确与否直接影响到公路工程造价计价的合理性。因此应从材料规格、料场分布和运距运费、价格信息采集方法、价格形成机制、发布周期、发布方式等方面制定规范的价格信息采集与发布标准

化流程及工作规范,以使发布的价格信息符合市场实际且具时效性。

④各省补充规定制定的标准化。各省应在全国统一的计价依据基础上,结合本省技术、经济发展水平制定适应本省实际的补充规定。

(2)管理流程标准化。为适应全过程造价管理的要求,在各阶段造价文件编制、审查、监督过程中应建立标准化的管理流程。这要求建设单位、设计单位、监理、施工单位、造价管理部门均严格按管理流程操作,做到各阶段造价文件在编制、审查、监督直至批复过程留痕,减少管理缺失和漏洞。

(3)管理技术标准化。为便于利用信息技术进行造价文件编制和审查,定额计价项目表和清单计价项目表的设置需结合工程实际和管理,并能涵盖除公路工程主体工程外的附属设施(房建、绿化、机电等),形成系统化、科学化、规范化的计价项目体系。同时,为把公路工程建设前、中、后期造价管理贯穿起来,需要建立前期定额计价体系和中后期清单计价体系间转换关系,实现各阶段造价计价与管理的无缝对接。

3. 公路工程全过程造价管理目标

公路工程全过程造价管理目标包含工程质量、工期和造价等多个目标,涉及多目标优化问题。此外,由于公路项目需要建设单位、设计单位、施工单位和其他咨询单位的共同协作,公路工程项目还涉及不完全信息动态博弈问题。

公路项目的复杂性决定了公路全过程造价管理的复杂性。公路工程全过程造价管理的实施不能妨害项目管理的其他目标,因此,公路工程全过程造价管理的最终目标是在不延长公路工期、不降低公路工程质量的前提下实现工程造价的最小化。区别于传统的公路工程造价管理思路,全过程造价管理强调将整个公路工程建设视为一个整体进行管理。在这一指导思想下,全过程造价管理的最终实现需要打通公路建设的各个阶段。现阶段全过程造价管理的尝试主要集中在在公路工程建设的各个阶段内部进行一体化管理,同时探索可以在不同的工程建设项目中通用的标准化信息系统。公路工程全过程造价管理的目标可以概括为以下四点。

(1)增强公路建设过程中的信息时效性。

传统意义上的公路工程造价管理属于事后管理。造价管理人员只能在工程建设的各个阶段完成后得出本次项目造价管理有没有满足既定目标的结论,难以主动介入项目的建设过程中。造价管理人员无法在第一时间得到设计或施工的信息是导致这一现象发生的重要原因。因此,增强公路建设过程中的信息时效性是全过程造价管理的重要目标之一。如果工程造价人员能够在第一时间了解到当前工程项目的建设情况，也就具有了对公路工程造价进行主动实时管理的可能性。

（2）保证全过程造价管理顺利进行。

相对于传统的工程造价管理方式，全过程造价管理的流程更加烦琐，要求更加严格。管理措施的细化会导致工程造价管理的工作量大幅度增加。但是，用于工程造价管理的资源是有限的。因此，如果项目相关方中有首次采用全过程造价管理模式的单位，这些单位需要对自身的造价管理资源进行重新分配，以保证项目可以顺利进行。项目筹备阶段对于建设项目造价的影响显著大于项目实施阶段和项目交竣工阶段产生的影响。因此，如果建设单位希望在其管理建设的工程项目中采用全过程造价管理，那么建设单位可以在项目筹备阶段将全过程造价管理的目标定位为努力降低工程造价，并在这一阶段投入更多的资源以努力实现这一目标。在其后的项目建设和项目交竣工阶段，建设单位可以将全过程造价管理的目标定位调整为保证工程造价工作的正常进行，并减少这一阶段的人力资源投入，以此来实现用有限的人力资源更大限度地降低工程造价。

（3）提高公路工程造价管理的标准化。

相对于普通建筑工程项目，高速公路项目自身的不确定性更大，而且项目本身的不确定性也进一步导致了项目造价管理的不确定性。项目工程造价管理人员可能无法预测自然条件勘察不准确、物料人机价格波动等问题，但是可以通过标准化办事流程的方式提高工程项目建设各方执行人的确定性。全过程造价管理要求造价管理人员能够对工程造价进行实时管理，这将会导致工程造价管理人员介入工程项目建设过程。如果工程造价管理人员与工程建设一线人员都没有应对工程造价管理人员介入的经验，再加上缺少标准化的流程，工程造价管理人员和工程建设一线人员之间很容易产生分歧，进而导致工程建设一线人员和其他项目建设人员的不满，使得全过程造价管理不仅没有提高项目的管理水平，还导致项目建设更加混乱。针对这一问题，规范工程造价管理人员的介入方式，明确公路工程造价管理流程，是建设项目正常进行的重要保障。

（4）加强公路项目各相关方的联系。

充分的信息共享是公路全过程造价管理的基础。如果建设参与方都愿意积极配合全过程造价管理的实施，那么信息共享自然不会成为制约项目进展的问题。但如果项目无法在这种理想的情况下运行，作为全过程造价管理的最大受益方，建设单位理应承担起全过程造价管理的主要工作并对此负责。从其他参与方的角度来看，准确地将工程造价管理的信息反馈给建设单位会增加其他参与方的成本。如果建设单位不向其他单位支付额外的费用，那么从其他参与方的角度来看，全过程造价管理是一场只赔不赚的买卖。考虑到目前我国高速公路建设过程中建设单位的主导地位，其他单位可能会将信息反馈作为与建设单位讨价还价的砝码。如果建设单位不采取必要的激励措施，全过程造价管理可能会因此受阻。

4. 公路工程全过程造价管理实施的措施

公路工程全过程造价管理的重要措施是造价管理信息化，利用先进信息技术，开发各阶段计价应用软件和造价管理平台，实现对公路工程造价各项业务的信息化管理。

公路建设项目规模庞大，要实现全过程造价管理，需要搜集海量的数据信息，因此，必须借助信息化手段和计算机及互联网技术，利用其在存储、统计、计算、调用、关联、对比分析方面的优势辅助人员完成。

通过形成标准的数据信息，有效解决公路建设项目不同阶段计价方式不统一、造价数据不衔接等制约全过程造价管理的现实困难，实现各阶段造价管理内容和业务的有效串接，及时识别公路工程造价管理过程中的异常，对不良趋势及时预警，动态纠偏，为合理控制工程建设成本提供高效的管理依托。只有造价数据、造价文件及表格采取了标准化的格式，并运用标准化的管理技术，才能采用信息化的手段，将公路建设各阶段的造价情况关联起来以实现全过程造价管理。

公路工程全过程造价管理信息化建设包括以下主要内容。

（1）造价文件管理。以公路工程造价管理标准化为依托，在信息系统构建过程中建立造价文件项目及编号标准、各阶段造价文件格式标准、提取原则、对应关系等运行规则。

（2）项目管理。公路工程全过程造价管理信息化建设需要建立海量存储的造价数据库，这是信息化建设的基础。对不同时期不同类型的项目的造价历史数据信息，按标准确立造价数据唯一的身份信息，合理设计数据库架构，以满足不同角色用户（建设、设计、监理、审查、监管单位）对造价数据的查询，编制造价指数，辅助造价决策。

(3)造价文件编制和审查。公路建设项目工程估算、概算、预算、决算的编制和审查,是建设项目合理确定和有效控制造价的重要环节,因此,应建立基于标准报表的具有编制、审核功能的管理系统,同时满足不同管理部门对工程造价管理信息的需求。于编制而言,要求有能够生成标准报表的编制软件,既可输出.xls或.xlsx格式的造价数据文件,也可与综合管理系统平台通过网络联系,将造价数据上传至数据库;于审查而言,可从综合管理系统中获取上传的造价数据文件,并在系统中完成造价审查,减少人为随意性,审查结果的造价数据可自动保存到数据库中。在概预算审查过程中,能够根据计量规则反映计价清单与定额的标准对应关系,防止错漏项。决算审查则要求可与批准的概预算对比以反映概预算的执行情况。目前国内公路工程造价软件开发与应用也越来越成熟,极大地减轻了编制和审查人员的工作量。

(4)造价动态管理。主要包括两方面。一是造价台账管理。为反映公路工程项目从初步设计至完工期间工程造价的变化,需从设计概算、施工图预算、合同清单价格结算到预估决算建立对比关系,为不同管理部门及时掌握公路工程招投标、工程变更、合同计量支付、批复设计概算执行等情况的信息提供帮助。二是材料价格信息管理。根据交通行业主管部门制定的材料价差调整指导性文件及发布的材料信息价格,定期对材料价差进行调整,减少人工计算的误差,提高材料价格信息管理的效率和准确性,对合理确定工程造价具有现实意义。

(5)计价标准管理。应具有实现编制办法、定额、其他计价办法(包括各省补充规定)的快速查询,定额核查及增补等功能。

7.3 公路工程全过程造价管理体系的构建

本节以广东省为例,阐述公路工程全过程造价管理体系的构建。

2005年起,广东省公路造价管理部门致力于构建以三级清单体系为核心,标准化为基础,信息化为实现手段的全过程造价管理体系,并在实践中不断补充完善,结构如图7.6所示。

广东省公路工程全过程造价管理体系除了依据部颁办法、指标、定额及相关规范,还结合本省实际,制定和发布了补充规定、标准化指南、材料调差、各阶段造价管理标准管理规程等,这样有利于项目全过程造价管理开展。

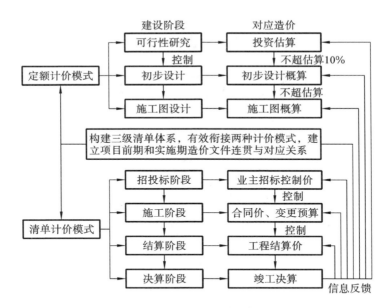

图 7.6 广东省公路工程全过程造价管理体系的结构

7.3.1 项目前期投资决策阶段工程造价管理

1. 造价管理内容

投资决策阶段决定一个建设项目是否具备投资价值，该阶段对整个工程造价影响较大。目前，我国高速公路项目只开展预可行性研究和可行性研究，其对应的投资估算精度不同，所采用的方法也存在差异，如表 7.1 所示。

表 7.1 项目前期投资估算方法、估算精度及作用

投资估算阶段	投资估算精度	估算方法	投资估算决策作用
预可行性研究	≥−20% 且≤20%	比例系数法	列入年度基本建设计划，决定项目是否可行
可行性研究	≥−10% 且≤10%	单位综合指标法	作为对可行性研究成果进行评价的依据
		概算指标法	项目最终决策的依据，即立项批(核)准的依据

此阶段，投资估算精度和财务评价分析是工程投资测算和造价管理的重点。编制投资估算时，不仅应分析建安造价重点指标，还应尽可能通过项目近期的大

比例尺地形图掌握当地地形地貌,并结合现场踏勘,测算项目主体工程外的三改工程(改路、改沟、改河),同时也应摸清项目与铁路、公路和水利基础设施的交叉情况。按现行规定,扣除政策、物价等动态影响,公路建设项目静态投资部分,初步设计概算不得超过经审批或核准的投资估算的110%。公路项目主要包括盈利能力分析、偿债能力分析、不确定性分析和风险分析几类财务评价分析。

2. 投资估算方法

随着科学技术的发展,许多新理论、新方法被运用到工程造价模型建立中。目前主要有模糊类比法、神经网络法等。

模糊类比法依据已完工程数据,根据项目自身特征,运用模糊数学估算造价。首先需要选取一定数量的类似已完工程作为样本,以此建立数学模型;然后归类待测项目,确定主要影响因素,根据因素影响的重要程度,赋予相应的权值;最后通过已建立的数学函数加权估算项目造价,并结合实际适当调整。

神经网络法模拟人脑神经元的反应特点,采用人工神经网络法估算工程项目造价,无须建立精确的方程或规则进行计算,而是直接采用样本数据实现输入层与输出层的非线性映射,从而快速得出较为准确的工程造价估算结果。随着信息技术和大数据的高速发展,技术层面上能够满足该方法需要庞大的已完工程数据库的要求。

3. 投资估算标准化设计

投资估算从估算项目表、估算文件组成、估算编制方法三方面标准化设计。

(1)估算项目表。现行部颁的编制办法与设计概算表有较好的对应关系,标准化设计只需在现行部颁编制办法的基础上进行新增、细化和局部调整,同时规范项目编码规则。通过优化项目表和规范编码,使计价内容准确定位造价数据,便于利用信息技术比选方案和挖掘数据,提高造价控制水平。

(2)估算文件组成。投资估算文件包括甲组文件和乙组文件,甲组文件是基本情况表和各项费用计算表的汇总,乙组文件是建安工程费的各项基础数据计算表的汇总,具体组成如图7.7所示。

(3)估算编制方法。投资估算以一个建设项目为单位进行编制,如一条路线或一座独立大桥、一座独立隧道。一个项目需要分段或分部编制时(如跨地市投资或主线、连接线分开编制),应分别编制后汇总。当项目的支线工程或互通立交、辅道工程规模较大时,可单独编制建筑安装工程费,并将上述费用汇总至总

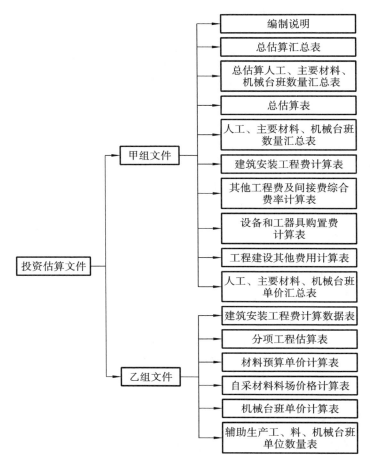

图 7.7 投资估算文件组成

估算表相应项目中。

(4)投资估算信息化实现。按照标准化设计的估算文件体系和编制规则方法,利用计算机技术,开发估算编制软件,编制估算文件和报表。估算造价文件编制流程如图 7.8 所示。

7.3.2 勘察设计阶段工程造价管理

1.造价管理内容

项目立项批复或核准后,即进入项目设计阶段,设计阶段包括初步设计和施

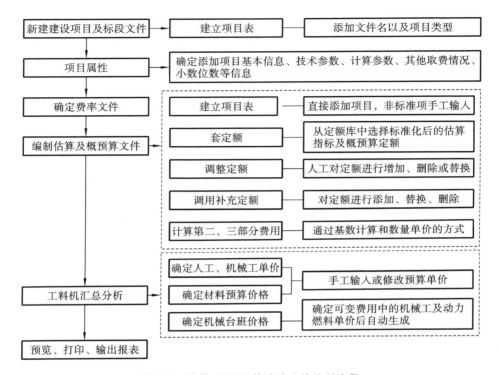

图 7.8　估算、概(预)算造价文件编制流程

工图设计,需编制初步设计概算和施工图预算文件;对于技术复杂或有特殊要求的大型工程项目还应进行技术设计并编制修正概算。批复后初步设计概算,即为项目投资限额,是控制施工图设计和施工预算的依据,也是签订设计施工总承包合同的依据。审定后的施工图预算,是确定工程造价、编制或调整固定资产投资计划以及考核工程成本的主要依据。

统计分析表明,设计阶段对整个工程造价影响程度可达 35%～75%。因此,在项目估算总投资批复后,设计阶段是造价管理核心阶段。设计阶段造价管理的主要内容如下。

(1)实行设计招标和勘察监理、设计审查制度。

设置合理的招标方案,选择技术能力强、履约信誉好、后续服务优秀的勘察设计单位,是项目设计优秀的基础。广东省发布的《广东省公路工程建设项目估算、概(预)算管理操作手册》明确了概预算文件编制、核查和审查流程,同时在勘察设计招标时即以清单化形式细化了勘察设计费用计算表,做到勘察设计费用计算标准化和规范化,为合理确定和有效控制勘察设计费用打下了良好基础。

在设计阶段引入审查制度,设计审查单位将以第三方的视角对设计方案进行专业审查,以社会化专业的力量服务建设单位,有效地减少设计单位勘察误差,提高勘察数据准确性。

(2)推行限额设计制度。

限额设计是以经济指标为导向,促使设计人员在技术方案比选时注重经济指标,要求设计技术人员和工程经济人员密切配合,在满足使用功能和规范要求的前提下,对批准的投资限额进行分解,按分解的投资限额进行下一阶段的设计,以确保施工图设计预算控制在批准的投资限额内。推行限额设计制度能有效地控制设计的随意性和减少不必要的浪费。初步设计阶段的重点是控制各项经济指标。严格按分解的投资限额和设定的工程量(如结构形式、尺寸、人机材数量等)设计。施工图设计阶段,重点是结合现场详勘数据,考虑市场动态因素优化初步设计方案,控制具体工程量,完善施工图设计。

对公路工程而言,由于各方面因素的影响,变更设计难以避免,且设计阶段的变更较施工阶段的变更带来的损失少。因此,设计人员应认真分析设计阶段确定的最终方案,联合有经验的监理、施工方面的专家进行会审,确保完成的施工图设计贴合实际,避免设计与施工脱节。

(3)采用标准化设计。

在确保设计质量的前提下,采用标准化设计可提高设计的效率,缩短设计周期,节约设计费用,利于新技术、新工艺、新成果的推广,利于设计与计价数据的无缝对接,大幅度减轻人工摘录劳动量,同时提高数据准确度。

根据造价管理标准化、信息化的要求,广东省交通运输厅印发了《广东省公路工程施工图设计工程量总表(标准格式)编制指南》(粤交基〔2014〕1022号),对已有工程数量总表的通用格式进行分类完善,形成标准格式设计工程量总表。

(4)做好征地拆迁费用的测算。

随着经济社会的发展,征地拆迁补偿标准不断提高,导致工程造价提高。除自然增长和政策因素外,在设计阶段应重点做好征拆费用测算。

(5)应用价值工程理论优化设计。

价值工程研究产品成本和功能的关系,是一项力求以最低寿命周期成本获得产品必要功能的创造性方法。价值工程理论是一种有效地处理公路工程造价与公路建筑产品功能矛盾的现代化管理手段。设计阶段运用价值工程优化设计方案,有利于提高施工质量,降低建设成本和后期养护成本,使设计方案更加科学合理,便于施工组织,从而达到降低造价的目标。

2. 概预算标准化设计

概预算从概预算项目表、造价文件组成、概预算编制方法三方面标准化设计。

（1）概预算项目表。在部颁项目表的基础上，新增、调整和细化部分项目，提高了层级深度与设计文件深度、单项工程复杂程度及造价因素的匹配度。另外，计价项目明确了工程细目的递增规则，有利于科学合理地确定造价。

（2）概预算造价文件组成。标准化的编制办法完善了造价文件组成，在概、预算乙组文件中增加了征地拆迁补偿费、前期工作费、专项评价（估）费等报表，为甲组文件提供基础支撑，如图7.9所示。

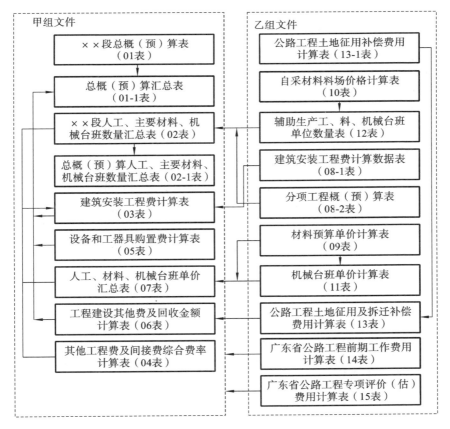

图 7.9　概预算文件组成及数据逻辑关系

（3）概预算编制方法。标准化的概预算编制方法，对项目编码规则进行了规范和固化，有利于挖掘和准确提取概预算数据，有利于历史数据的利用。

3. 概预算信息化实现

概预算造价文件编制流程类似估算造价文件，可参考第七章第三节第一点的内容。

7.3.3 招投标阶段工程造价管理

1. 造价管理内容

（1）采用适合项目的招标方案和评标办法。

在符合现行招投标制度的前提下，采用适合项目特点的招标方案和评标办法有助于选择优良的建设队伍、优质的建筑材料和优质的服务供应商，有利于顺利开展后续工程、提高项目管理水平，合理控制工程造价。

为规范招标文件的编制，交通运输部在国家《标准施工招标文件》基础上，针对行业特点，制定并颁布了《公路工程标准施工招标文件》，明确规定招标人在根据《公路工程标准施工招标文件》编制项目招标文件时，不得修改"投标人须知"和"评标办法"，可在附表中补充、细化内容，但不得与正文内容矛盾，且不得违反法律、行政法规和平等、自愿、公平和诚实信用的原则。广东省交通运输厅也制定了本省的补充规定，并在执行过程中，通过发布通知或文件的形式进行细化和修订，明确规定招标方案、标段划分、评标办法、信用评价等关键内容，为合理造价选取优良建设队伍起到了积极的作用。广东省高速公路建设项目招标流程如图7.10所示。

（2）做好标底价的测算。

制定切合实际的招标控制价是招投标阶段造价管理的重中之重。招标人在编制招标控制价时，应严格按照项目建设程序，在施工图设计完成并经过评审修编后再实施招标，尽量避免初步设计招标，坚决杜绝边设计边施工。在招标前应加强施工图设计文件和工程清单的审核，确保工程量清单的准确度。同时应结合招标文件的要求，并充分考虑工程项目特点，科学合理地编制预算文件，以确保预算能够准确反映工程实际造价，避免中标价过高或过低和不平衡报价等问题的出现。

（3）构建三级清单计价模式，编制招标工程量清单。

目前我国公路工程建设项目招标大多采用工程量清单计价方式确定招标控制价或中标价。在项目招标阶段，招标人应编制招标工程量清单和清单预算文件。

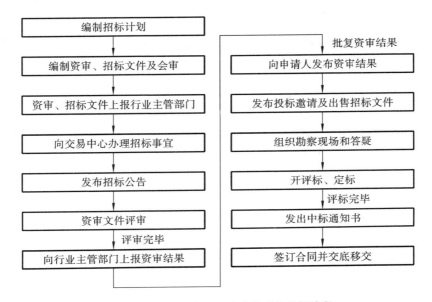

图 7.10　广东省高速公路建设项目招标流程

结合公路工程全过程造价管理的需要,为实现设计阶段概预算定额计价与实施阶段(包括招投标、施工和交竣工)工程量清单计价的有效对接,广东省建立了设计图纸工程量清单、概预算项目清单、计量工程量清单三套清单,并根据公路工程造价管理的需要,建立由工程量清单、工程项目清单、分项工程量清单组成的"三级清单"体系,实现了设计计价与市场计价的统一。

三级清单体系和设计文件工程数量编制标准体系的构建,解决了公路工程全过程造价管理中两种计价方式衔接的技术瓶颈,为实现造价管理精细化奠定了基础。

2. 设计数量与工程量清单文件标准化设计

1) 设计数量标准化设计

设计数量是项目业主、监理单位进行合同和变更管理的基础,一般由设计和造价人员从设计文件中的工程数量表中手工摘取。这种编制办法未明确规定设计工程量数据信息的展示方式,各设计单位根据自身管理需要和项目特点,形成了各自的编制习惯。因此工程数量表格式在内容和分类上,出现了差异性,不利于快速准确地采集数据。为提高效率和准确率,广东省交通运输厅结合本省实际,组织有关造价管理、建设、设计等单位,制定了《广东省公路工程施工图设计工程量总表(标准格式)编制指南(试行)》,对公路工程设计文件中设计工程量的内容、分类、计量单位、主要参数、展现方式排列设计,形成了一整套公路工程设计工程量标准表和设计工程量数据库,并在此基础上研发配套软件,实现了设计工程量数据向造价文件编制所需数据的自动采集,实现了设计数量向三级清单工程量准确、快速转化。

2)工程量清单文件标准化设计

公路工程招标阶段的工程量清单文件包括招标清单、投标报价清单和合同清单、招标控制价(招标清单预算文件)。按照全过程一体化造价管理的需要,从清单分类、文件组成、编制方法等方面进行标准化设计。

(1)清单分类。

工程量清单文件分为招标工程量清单文件、投标报价工程量清单文件和合同工程量清单文件。招标工程量清单文件一般仅列出清单子目对应的计价计量工程数量,供投标人报价参照。投标人以招标工程量清单为基础,填入各清单子项的单价和合价后,向招标人提交投标报价清单文件。合同签订阶段,发包方和承包方经过合同谈判后,双方签订的合同文件中构成合同价格的清单文件,是在招标工程量清单文件的基础上,以中标人投标报价单价和合价为基础,在总价不变的前提下进行不平衡价格调整后,确定合同工程量清单文件。合同工程量清单文件对后续工程变更成本控制、合同双方风险降低具有重要的现实意义。

(2)文件组成。

根据公路工程项目招标内容分类及费用计价方式不同,可将公路工程招标清单文件分为公路建安工程(含机电设备购置)施工、附属区房建工程施工、勘察设计、工程监理等。根据清单文件分类制定招标阶段清单文件格式和内容,公路工程项目招标清单文件分类及组成如图7.11所示。

(3)编制方法。

①分项工程量清单编制。分项工程量清单可按施工合同段类型,如路基、桥涵、隧道、预制构件、路面、绿化、交通安全设施、机电工程等进行分类编制。编制时按照标准化预算项目表建立"项、目、节、细目"名称及编号库,选择与本合同段相对应的内容。预算项、目、节的划分一般是以设计方案类型为节点进行划分,在节下设置细目,如桥涵、隧道、立交名称或起终点桩号、结构类型等,并按分项工程列出相应清单子目与数量及其所包含的设计细目与数量。根据项目实际,新增项、目、节或清单子目,可根据从属关系按项、目、节或清单支付子目编号规则顺序加入,未出现的项、目、节或清单子目,编制清单时可省略。

第 7 章 公路工程造价管理基本理论

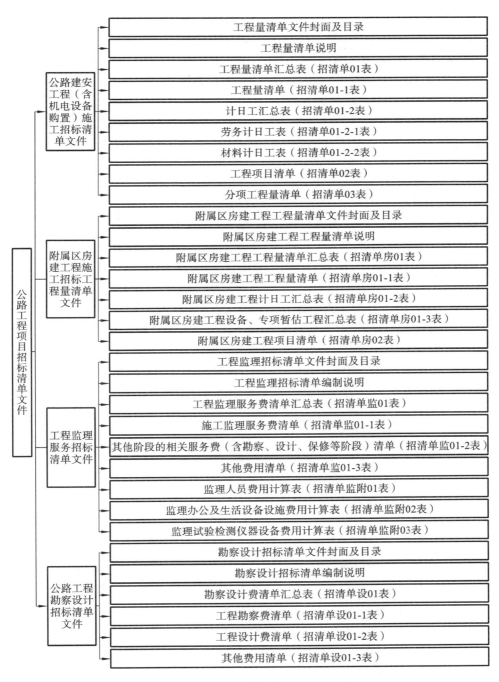

图 7.11 公路工程项目招标清单文件分类及组成

②工程项目清单编制。工程项目清单按照标准化预算项目表建立工程项目清单节点表，在项、目、节下挂对应的工程量清单子目，如果实际的工程和费用项目与项目表内容不同，可根据工程实际按设定的规则进行调整。"项"的序号和名称保留不变，"目""节"可随需要增减，"细目"编号和名称可任意增减、调整。

③编制工程量清单时，标准清单库中已列的子目和编号不得改动，如果需新增清单子目，清单编制规则中有约定的，按"备注"栏规定的方式递增，未有约定的新增子目，就近归类在现有子目排序后增加编号和名称。对于上述清单文件，目前广东省已研发了相应的工具软件，可实现分项工程量清单自动汇总生成工程项目清单和工程量清单。广东省交通运输厅根据造价管理标准化要求，发布了《广东省高速公路建设标准化管理指南(工程造价标准化管理)(试行)》规范性文件，明确了招标清单预算文件的具体组成，如图7.12所示。

3. 设计数量与工程量清单文件信息化实现

根据前述清单文件编制标准化要求，广东省交通运输厅通过组织专业的造价软件公司和专业的造价管理机构共同开发了清单文件编制软件，集成工程量清单子目库、预算定额库、清单文件项目表和模板库，与前述提及的公路工程设计文件工程数量标准化软件进行对接，实现了快捷、高效、准确地由设计工程量生成工程量清单文件，在此基础上设置招标清单预算项、目、节，从预算定额库中选择套用相应的定额并对相应的费率进行调整，即可生成招标清单预算报表。

7.3.4 施工阶段工程造价管理

1. 造价管理内容

1) 建立诚信体系，强化合同管理

目前广东省交通运输厅按照国家和广东省政府对加强信用体系建设的要求，进一步健全和完善以信用管理为手段、以规范从业单位的从业行为为目标的公路水运工程建设市场的信用体系，该体系已基本覆盖了设计、监理、试验检测、施工、主要材料供应等从业单位，有力地促进了广东省交通建设行业的良性发展。

规范项目的合同管理，强化从业单位的契约精神。项目建设单位应充分结合勘察设计文件，根据项目特点和建设计划，借鉴以往类似项目经验，根据项目设定的质量、安全、工期、造价目标合理设置关键合同条款，考虑政策风险、物价

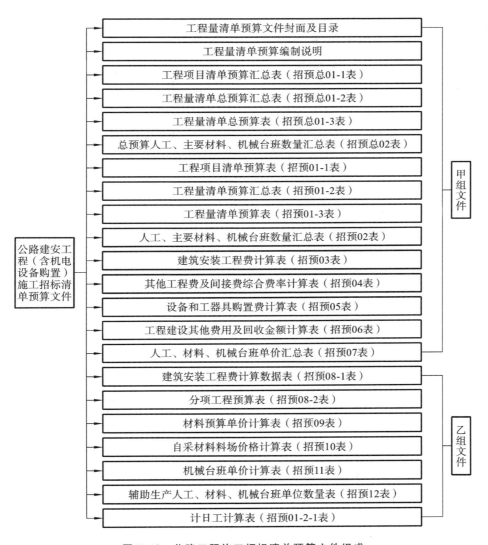

图 7.12 公路工程施工招标清单预算文件组成

波动、工期变化等对合同价格的影响，应在总体造价可控的情况下，设置合理的风险分担原则。由于公路项目建设周期长、外界影响不确定因素多等特点，不应所有条款均约定不得调价，否则不仅不能合理控制工程造价，还会给整个工程项目进展包括施工、质量、安全带来严重的不利影响，最终可能出现工程造价大大超出承包人所能承受的范围，甚至合同无法继续实施的局面，给甲乙双方均造成重大损失，也是对国家财产的浪费。

2）加强工程变更及索赔管理

施工阶段的造价管理，重点是在工程变更管理上。由于设计阶段对整个工程造价控制起到决定性的作用，强化设计管理除了前期勘测勘察、方案比选外，还应加强施工阶段的设计服务管理，这也是加强工程变更管理的重要手段。贯彻动态设计原则，特别是软基处理、高边坡和隧道等工程应结合施工过程中的具体地质情况，及时进行设计方案的动态调整，以保证设计方案的可靠、合理、经济，使得现场与设计文件不符的情况也能得到及时发现和纠正。

加强工程变更管理要按照相应的变更管理权限严格执行工程变更的审批程序，且在项目实施过程中，在基础条件没有明显变化的情况下，不得随意改变原设计或提高技术标准，确需进行方案变更的，应进行技术、经济的综合比选。对于重大方案变更，应在实施前召开协调会议或专家会议研究讨论，并按合同约定确定变更费用。

除了工程变更管理外，施工阶段工程索赔管理也是一个重要环节。索赔包括工期索赔和费用索赔，应注意征地拆迁对施工造成的不利影响。目前随着社会经济的发展，土地快速增值，特别是在项目经过城镇和发达地区时，土地资源稀缺，但征地补偿往往滞后于土地增值，导致实际征地时阻力较大，极大地影响项目施工进展，从而可能会造成工期延误和人员、机械设备的停滞，进而导致索赔事件的发生。目前广东省高速公路项目多采用项目沿线县区政府征地拆迁（不包含管线拆迁）小包干的合同模式，充分发挥地方政府协调作用，最大限度地避免征地滞后，同时征地拆迁费用也可控制在预计范围。

3）加强造价台账管理

为加强项目投资的动态管理，及时分析概算执行情况及存在问题，需要科学地建立工程造价管理台账，及时进行投资控制及信息反馈，以便在项目实施过程中有效地控制项目投资、进行合同管理、加强工程变更管理和工程的计量与支付，使得工程完工后能及时进行合同结算和工程决算。

2. 工程造价台账标准化设计

施工阶段是公路建设项目全过程造价管理中时限最长、计价最复杂、计价形式最丰富多样、最贴合现场实际的阶段。由于施工阶段参建单位多，涉及工程造价的多个方面，各方对同一项目造价信息理解不一，可能会造成较大的偏差，在这种情况下为了及时更新和准确掌控造价信息和数据，开展对造价文件编制的标准化信息化设计就显得尤为重要。根据全过程一体化造价管理标准化管理需求，结合多年的造价监督检查经验，广东省交通运输主管部门组织制定了公路工程造价管理台账，要求建设项目在开工后按规定的格式、内容及时建立公路工程造价管理台账，并定期进行动态维护和数据更新。同时依靠高速公路建设项目信息管理系统，实现造价管理台账所需数据与建设管理过程计量与支付、设计变更、合同管理、从业信用信息评价等管理行为数据的连通，使得各参建方和公路行业主管部门均能动态掌握项目建设的造价控制情况，及时发现存在的问题，从而实现过程造价的有效控制和纠偏。对公路工程造价台账主要从台账项目表、造价台账文件、造价台账编制方法三方面进行标准化设计。

（1）台账项目表。结合公路工程项目实施过程中的实际需求，将项目的概算、预算、变更费用、竣工决算按统一的项、目、节、细目等层级进行拆分，以实现初步设计概算、施工图预算、合同清单、工程结算与决算等各阶段造价项目和数据对比形成闭环为目标。

（2）造价台账文件。广东省公路工程造价台账文件主要包括公路工程项目基本情况表、公路工程造价台账表、工程变更统计表和变更台账表、工程设计概算台账表等表格，如图 7.13 所示。

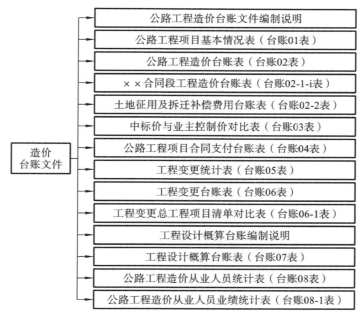

图 7.13　广东省公路工程造价台账文件组成

标准化设计后,公路工程项目基本情况表可反映项目主要信息;公路工程造价台账表,可综合反映统计期概算、预算、合同清单、工程变更和当期完工的工程量和费用变化,进而预估工程决算,动态更新此表,可清晰地反映项目施工全过程的造价信息;工程变更统计表和变更台账表,可根据变更类型(一般、较大、重大)分类制定造价文件,汇总建设项目的变更工程名称、变更的原因及内容、变更费用的增减、变更申报和批复情况,突出不同类型变更计价的方式,切实反映行业要求和工程特点,及时掌握工程变更批复、费用增减情况,利于施工阶段造价的准确控制。

(3)造价台账编制方法。工程造价台账文件涵盖如下主要内容:造价管理的基本情况,如招投标情况、合同价与概算、业主控制价对比分析及节余情况等;工程建设合同管理,如合同签署和执行、费用支付与结算等;工程变更申报和审批情况,如变更原因、变更数量、金额和变更审查和报批及执行;工程造价执行情况,包括初步设计审查、批复意见执行、公路沿线服务设施与批复规模的对比等;参建单位造价从业人员情况等。

为便于与施工图、工程变更、工程结算和竣工决算各阶段造价进行对比,在工程造价管理台账中对批复的设计概算项、目、节、细目号进行调整,按照标准化的台账项目表确定。

3. 工程造价台账信息化实现

施工阶段是建设项目全过程造价管理中计价最复杂、计价形式最丰富、参与单位最多的阶段,因此如何及时全面地准确掌握这一阶段的造价信息就显得尤为重要。广东省交通运输造价管理部门通过对高速公路建设项目信息管理系统的开发,实现了造价台账与施工过程中计量支付、工程变更、合同管理、人员从业行为评价等的数据连通,并通过各参建单位及造价监管部门对造价台账信息的动态数据维护和更新,实现了对施工阶段造价的动态管控。

7.3.5 交竣工阶段工程造价管理

1. 造价管理内容

工程合同实施完成后,发、承包方应及时进行合同验收,并办理合同结算,对于工程施工合同,应及时处理变更和索赔,合同段交工验收后进行合同结算的谈判,并根据原合同工程量清单、工程变更和索赔情况,编制工程结算文件,签订结算协议。

公路工程建设项目竣工验收前,应按国家相关规定编制竣工决算报告。竣工决算是分析和检查竣工工程项目设计概算执行情况、考核建设成果的依据,是确定交付工程使用财产价值、办理固定资产交接的依据,也是公路建设工程造价控制的最后关键环节。中华人民共和国交通运输部发布的《公路建设项目工程决算编制办法》《交通基本建设项目竣工决算报告编制办法》和广东省交通厅发布的《广东省公路工程建设项目竣工决算报告编制办法(试行)》,都明确和细化了竣工决算报告编制的要求和标准化表格。

2. 工程结算文件与竣工决算文件标准化设计

1) 工程结算文件标准化设计

工程结算是竣工决算的基础,为顺利实现合同结算文件和竣工决算文件的对接,需要对公路工程结算文件的表格格式和内容进行标准化和规范设计。

(1) 公路工程结算文件表格格式。

公路工程结算文件表格是在原合同工程量清单表格基础上,增减工程变更工程量和费用形成的标准表格。公路工程结算文件按合同工程量清单文件分类,主要包括公路工程、附属区房建工程、勘察设计、监理服务、征地拆迁等。其中公路工程结算文件包括甲组文件和乙组文件,甲组文件包括工程结算清单文件编制说明、结算工程量清单汇总表、结算工程项目清单对比表及工程变更台账表等;乙组文件包括计日工结算明细表、价差调整结算统计表、工程索赔和奖罚金结算汇总表、结算分项工程量清单对比表等。

(2) 公路工程结算文件内容和编制方法。

公路工程结算文件编制应遵循以下原则:结算文件中工程量清单子目和概预算项、目、节的设置应与合同工程量清单和变更工程量清单保持一致;结算文件中工程量清单子目的单价应按合同单价或变更批复的新增单价确定;结算文件除按标准表格编制外,还可根据项目特点、合同约定及结算谈判结果,增列涉及工程造价的有关结算内容,以体现实际的工程造价。

2) 竣工决算文件标准化设计

竣工决算包括工程决算和财务决算,因此需对公路工程竣工决算文件的文件组成、表格格式和内容进行标准化和规范设计,这样既能满足财务审计和新增路产核定的需要,又能全面准确反映工程投资目标和造价管控效益。

(1) 公路工程竣工决算文件组成和表格格式。

公路工程竣工决算报表分为甲、乙组文件。甲组文件包括工程概况表、项目总体财务决算和工程决算表，以及竣工决算与批复概算对比表等报表。乙组文件是甲组文件的基础数据来源，包括文件报表（合同、变更和结算清单）和竣工决算基础资料（依据性文件、协议、变更批复、结算书、支付凭证和竣工图纸等）。公路工程竣工决算文件组成和表格格式标准化后，可直观地建立起竣工决算文件与概算文件、造价管理台账文件项、目、节和细目层级的对应，可清晰对比分析建设项目资金计划和实际使用情况及合理性，形成一套内容完整的公路工程竣工决算报表，有利于全方位把控工程造价。

(2) 公路工程竣工决算文件内容和编制方法标准化。

①标准化设置项目表。对公路工程竣工决算项目表按概预算项目表建立深层级的对应关系，如桥涵工程、隧道工程、交叉工程等涉及造价影响较大的实体，在分部分项工程建立项目表，使得竣工决算项目表中的各项数据与各阶段造价项目表能够有较直观清晰的对比，有利于分析资金计划与实际支出的情况。

②补充完善造价文件，并对组成表格进行优化。对部颁《交通基本建设项目竣工决算报告编制办法》《公路建设项目工程决算编制办法》两套表格进行整合优化，满足工程决算和财务决算的统一要求。在此基础上，对上述表格进行优化设计和标准化处理。如将建筑安装工程费、设备和工器具购置费、工程建设其他费用全部整合在一张表内体现建设项目总体竣工决算造价情况，简洁明了。又如为进一步明晰工程建设其他费用的支出，便于各阶段此类费用的对比，分析其变化，在甲组文件中增设了"土地征用及拆迁补偿费结算汇总表""建设单位（业主）管理费用汇总表""工程监理费用结算汇总表""设计文件审查费结算汇总表""竣（交）工验收试验检测费结算汇总表""研究试验费结算汇总表""建设项目前期工作费用结算汇总表""专项评价（估）费用结算汇总表""其他项目费用结算汇总表""征地拆迁补偿费工程造价与批准概算执行情况对比表""奖罚金结算汇总表"等。

3. 工程结算文件与竣工决算文件信息化实现

公路工程合同结算和竣工决算文件编制信息量大，数据繁杂，标准化设计后，各项报表间的数据建立了较强的逻辑对应关系。广东省交通运输造价管理部门按照标准化的竣工文件体系和编制规则，通过开发公路工程竣工决算编制软件系统，使得大量的数据汇总计算实现了自动化，大大提高了工程结算和竣工决算报表的编制效率,确保了数据信息的准确度。工程竣工决算编制步骤如图 7.14 所示。

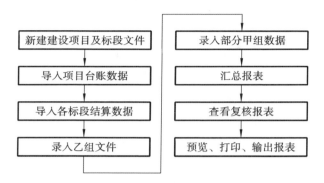

图 7.14 工程竣工决算编制步骤

4. 竣工决算审计、审查

公路工程建设项目竣工决算审计、审查指政府审计主管部门或交通运输主管部门在公路工程建设项目完工后竣工验收前,授权或委托具有相应资质的工程造价管理机构依法对送审的竣工决算报告的完整性、符合性和合法性进行全面审查、评判和鉴证,提出整改建议和意见。目的是验证项目投资效果,确保建设资金合法使用,提升公路工程建设项目管理水平。

竣工决算审计、审查主要包括以下内容:竣工决算报告内容的完整性、数据的准确性,是否符合编制办法的规定;对设计文件、重(较)大变更设计审查和批复意见的执行;主要工程项目招标投标规范性、合法性;竣工图数量与结算工程量的一致性;工程款计量支付和合同结算与支付的规范性;建筑安装工程结算工程量准确性,变更工程方案合理性、变更费用计算和新增单价核定是否按合同约定执行,附属房建、绿化、机电工程规模和技术指标是否在批复的控制范围内;设备购置费是否合理,是否按批复的标准执行;征地拆迁标准的合理性、拆迁费用的依据是否充分、用地手续的完备性以及征地拆迁数量和标准与合同约定是否相符;建设单位管理费预算及执行情况、工程监理费是否按合同约定结算;勘察设计费是否按合同约定结算并控制在批复概算内;研究试验立项手续完备性;建设期贷款利息的计算与资本金到位情况是否对应,利息收入是否冲减建设成本;各专项评估(价)费是否符合相关规定;材料价差补偿、工程索赔、计日工等费用是否按合同约定和相关规定执行。

5. 竣工验收与项目后评价

在公路工程缺陷责任期满,施工单位对工程缺陷完成修复,建设项目完成竣工决算审计、审查后,建设单位委托具有相应资质的单位进行竣工验收前的质量检测,并出具检测报告,项目建设单位应及时向批准项目初步设计的交通行政主管部门申请进行竣工验收。竣工验收是公路工程建设成果转入正式生产使用的标志,也是审查项目投资目标控制是否合理的重要环节。

建设项目后评价是指项目竣工投产一段时间后,对项目从立项到投入运营全过程进行系统综合评价的一种技术经济活动,也是验证投资决策和投资目标控制是否达预期的重要环节。一般包括项目业主的评价、项目行业的评价、各级发展改革部门的评价等。

第8章 公路工程全过程造价控制

8.1 投资决策阶段工程造价控制

8.1.1 投资决策阶段工程造价控制概述

投资决策是指投资者为了实现其预期的投资目标,运用一定的科学理论、方法和手段,通过一定的程序对投资的必要性、投资目标、投资规模、投资方向、投资结构、投资成本与收益等经济活动中重大问题所进行的分析、判断和方案选择。简单而言,就是企业对某一项目(包括有形资产、无形资产、技术、经营权等)投资前进行的分析、研究和方案选择。投资决策是企业所有决策中最为关键、最为重要的决策,因此我们常说投资决策失误是企业最大的失误,一个重要的投资决策失误往往会使一个企业陷入困境,甚至破产。

建设工程投资决策阶段的工程造价管理是工程造价控制的源头,具有先决性,它对建设全过程的工程造价控制往往起决定性的作用。

就公路建设项目而言,投资决策就是运用一定的科学理论、方法和手段选择和确定公路建设项目投资行动方案的过程,是通过一定的程序对拟建公路项目的必要性及可行性进行技术经济论证,对不同建设方案进行技术经济比较以及做出判断和决定的过程。

投资决策是否正确、科学,是有效控制整个公路工程建设项目的工程造价的先决条件。决策正确是公路后续建设顺利进行的重要保障,决策失误除影响到后续各建设阶段的工程造价之外,还有可能为工程的建设质量埋下隐患。因此,做好公路建设项目的投资决策工作,是工程造价控制的良好开端。

8.1.2 投资决策阶段投资估算概述

投资估算是指在项目建议书和可行性研究阶段对拟建项目所需投资,通过编制估算文件预先测算和确定的过程。

1. 公路建设项目投资估算的内容

公路建设项目投资估算,从费用构成的角度来看,应包括项目从筹建到竣工验收所需的全部费用。从满足建设项目投资设计和投资规模的角度来看,建设项目投资的估算包括固定资产投资估算和流动资金估算两部分。固定资产投资估算的内容按照费用的性质划分,包括建筑安装工程费、设备和工器具购置费、工程建设其他费用、预备费、建设期贷款利息、固定资产投资调节税。流动资金是指生产经营性项目投产后,用于购买原材料、燃料、支付工资及其他经营费用等所需的周转资金。

2. 公路建设项目投资估算的阶段划分与精度要求

初步设计之前的投资决策过程一般可分为项目建议书阶段、可行性研究阶段和评审阶段。由于不同阶段所掌握的资料和具备的条件不同,因而投资估算的准确度不同,所起的作用也不同。项目投资估算的阶段划分、精度要求及其主要作用如表 8.1 所示。

表 8.1 项目投资估算的阶段划分、精度要求及其主要作用

投资估算阶段划分	投资估算误差率	投资估算的主要作用
项目建议书阶段	$\geq -30\%$ 且 $\leq 30\%$	1. 主管部门审批项目建议书的依据; 2. 判断项目是否要进行下阶段的工作
可行性研究阶段	$\geq -10\%$ 且 $\leq 10\%$	1. 决定项目是否可行; 2. 可据此列入项目年度基本建设计划
评审阶段	$\geq -10\%$ 且 $\leq 10\%$	1. 作为对可行性研究结果进行评价的依据; 2. 作为对项目进行最后决定的依据

3. 项目建议书阶段

项目建议书投资估算的编制,不是依靠详细的分析计算,而是根据《公路工程估算指标》中的综合指标进行粗略的估计。《公路工程估算指标》中的综合指标是以不同公路等级、不同地形作为计量单位来编制的,所以影响投资估算的因素是多方面的,故其可塑性比较大。同时,它又是公路工程造价多次性计价过程中的第一阶段。做好项目建议书的投资估算工作,具有十分重要的意义。项目

建议书投资估算费用见图 8.1。

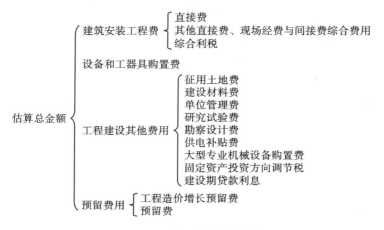

图 8.1　项目建议书投资估算费用

4. 投资估算的主要依据、要求及步骤

项目投资估算的主要依据：①拟建项目各单项工程的建设内容及工程量；②专门机构发布的建设工程造价及费用构成、估算指标、计算方法以及其他有关估算工程造价的文件；③专门机构发布的建设工程其他费用计算办法和费用标准，以及政府部门发布的物价指数；④已建同类工程的投资档案资料；⑤影响建设工程投资的动态因素，如利率、汇率、税率等；⑥建设标准和技术、设备、工程方案；⑦资金来源与建设工期。

项目投资估算的要求：①工程内容和费用构成齐全，计算合理，不重复计算，不提高或者降低估算标准，不漏项、不少算；②当选用指标与具体工程之间存在标准或者条件差异时，应进行必要的换算或调整；③投资估算精度应能满足控制初步设计概算要求。

项目投资估算的步骤：①分别估算各单项工程所需的建筑工程费、设备和工器具购置费、安装工程费；②在汇总各单项工程费用的基础上，估算工程建设其他费用和基本预备费；③估算涨价预备费和建设期利息；④估算流动资金。

5. 项目建设投资估算的编制方法

建设项目投资估算根据项目的不同研究阶段对估算精确度的要求不同，以及不同阶段数据资料的可靠度的差异，形成了详简不同、深度不同的估算方法。

1)生产能力指数法

该方法起源于国外对化工厂投资统计的分析。据统计,生产能力不同的两个装置,它们的初始投资与两个装置生产能力之比的指数幂成正比。生产能力指数法多用于估算生产装置投资。计算见式(8.1)。

$$C_2 = C_1 \times (x_2/x_1)^n \times C_f \tag{8.1}$$

式中:C_2 为拟建项目的投资额;C_1 为已建同类型项目或装置的投资额;x_2 为拟建项目的生产能力;x_1 为已建同类型项目的生产能力;n 为生产能力指数;C_f 为价格调整系数。

2)资金周转率法

该法是从资金周转率的定义推算出投资额的一种方法。该法概念简单明了,方便易行,但误差较大。不同性质的工厂或生产不同产品的车间,资金周转率都不同,要提高投资估算的精确度,必须做好相关的基础工作。计算见式(8.2)。

$$C = Q \times P/T \tag{8.2}$$

式中:C 为拟建项目总投资;Q 为产品年产量;P 为产品单价;T 为资金周转率,$T=$ 年销售总额/总投资。

3)比例估算法

(1)以拟建项目的设备费为基数,根据已建成的同类项目的建筑安装工程费和其他费用等占设备价值的百分比,求出相应的建筑安装工程及其他有关费用,其总和即为拟建项目的投资额。

(2)以拟建项目中主要的、投资比重较大的工艺设备的投资(含运杂费,也可含安装费)为基数,根据已建类似项目的统计资料,计算出拟建项目各专业工程费占工艺设备的比例,求出各专业投资,求和即可得工程费用,再加上其他费用,求得拟建项目的建设投资。计算见式(8.3)。

$$C = E(1 + f_1 P_1 + f_2 P_2 + f_3 P_3) + I \tag{8.3}$$

式中:C 为拟建项目建设投资额;E 为根据设备清单现行价格计算的设备费(包括运杂费)的总和;f_1、f_2、f_3 分别为由时间因素引起的定额、价格、费用标准等变化的综合调整系数;P_1、P_2、P_3 分别为已建成项目中的建筑、安装及其他工程费用分别占设备费的百分比;I 为拟建项目的其他费用。

4)综合指标投资估算法

综合指标投资估算法又称概算指标法,是依据国家有关规定,交通部门的定额、指标和取费标准以及设备和材料的价格等,从工程费用中的单项工程入手,来估算工程初始投资。采用这种方法,还需要相关专业提供较为详细的资料,有一定的估算深度,精确度相对较高。

6. 投资估算存在的主要问题及解决措施

建设工程项目的工程费的估算一般按单位综合指标法,也就是用工程量乘以相应的单位综合指标估算,例如单位长度的公路的投资、单位长度的公路隧道的投资、单位路面铺设的投资和单座桥涵的投资等。

1) 主要问题

工程项目投资估算从出现到现在,从估算理论到估算的方法虽然已经有了很大的改善,但是由于各种各样的因素,在项目决策阶段的投资估算依然存在着问题。这一阶段的造价的编制过程中容易出现的问题如下。

(1) 对此阶段的投资控制重视程度不够。

(2) 踏勘深度不够,资料不全,很多未考虑的因素如地质不良等在下一阶段暴露出来,使估算失去了指导意义。

(3) 对国家政策、近期总体规划研究不细致,导致与某些其他工程相冲突而不得不调整设计方案,费时又费力。

(4) 对市场情况不了解,只知按编制办法套公式计算,不考虑市场经济的变动,使计算出来的价格与实际有较大出入。

(5) 对工程项目的费用划分、工程项目划分不明确,造成多算、漏算。

(6) 不经允许随意抽换定额、指标。

(7) 仅考虑了主要工程的调整值,忽略了其他工程的调整值。

(8) 所有的项目有关费率的取值均相同,显然是不合理的。

2) 解决措施

针对以上容易出现的问题,提出该阶段投资控制的改进措施。

(1) 设计任务书一经批准,其投资估算与工程造价的误差应小于10%,不得任意突破。

(2) 合理地确定建设地区建设地点,注意与整体的规划发展目标相协调,科学地确定建设规模、标准水平及选择适当的工艺和设备,做到多方案比较。

(3) 充分考虑建设期间预留价格浮动系数、市场议价材料价差、施工中必要的技术措施费、包干系数及不可预见的因素,使投资基本上符合实际需要并留有一定余地,定期公布材料的市场价格,全面考虑市场经济等因素,适当考虑开工后价差影响。

(4)认真分析指标的适用条件与数量,对与指标相比有较大出入的主要工程应进行调整,对其他工程也可根据实际可能性进行调整。

8.1.3 可行性研究阶段的投资控制

1. 项目可行性研究的重要性分析

工程的可行性研究是公路建设前期非常重要的工作环节,要根据它来编制建设项目设计任务书。在基本建设管理中,对拟建项目进行可行性研究是一项重要基础工作,是保证建设项目以最小的投资换取最佳经济效果的科学方法。

2. 项目可行性研究报告

可行性研究报告作为公路建设项目投资的依据,也是公路建设项目工程造价控制的基础。在建设项目的投资决策阶段,投资控制的重点环节在于编制、评估并审查可行性研究报告,特别是对可行性研究报告中与投资密切相关的,比如项目建设范围及内容、建设的标准、工艺水平、多方案技术经济论证比选、投资估算、财务及经济效益分析与评价等内容,要加强评估、审查,把好投资控制关,为项目全过程投资控制打好基础。

3. 项目可行性研究的任务和措施

根据可行性研究的重要性的分析和可行性研究报告的编制情况,总结出项目可行性研究的任务和措施。

(1)选好可行性研究报告咨询单位。

(2)对可行性研究报告进行预审,再根据预审意见优化方案、完善可行性研究报告。

(3)委托第三方或组织专家,对拟建公路项目建设的必要性、建设条件、生产条件、产品市场需求、项目竞争力和发展前景、工程技术、经济效益等进行全面评价和分析论证,审查项目可行性研究报告的可靠性、真实性和客观性。

(4)进行多方案技术经济比较。

(5)对公路建设项目的环境保护、消防、劳动安全、工业卫生、三废回收利用、节能措施等要充分重视,并列入可行性研究内容和投资估算内。

(6)坚持不搞"大而全""小而全"建设的原则,对公用、辅助设施项目应充分利用社会协作(或第三方投资),但必须在前期工作阶段予以逐项落实。

4. 可行性研究阶段造价控制中存在的主要问题及解决方法

1)主要问题

这一阶段造价控制中容易出现的主要问题如下。

(1)对投资控制重视程度不够,这与"重后期,轻前期;重决算,轻概算"的做法有关。孤立地进行此阶段的投资估算,忽视了其与前、后阶段的联系。

(2)研究深度不够,虽然进行了踏勘,甚至通过钻探发现了不良地质地段,但对可能存在的问题考虑不全,致使设计变更多次,不能一次到位。

(3)有关费率单价取用,与项目建议书阶段存在相同的问题。

(4)不注重积累造价资料,且只满足于估算的计算完成,而不注重分析评价。

2)解决方法

可行性研究阶段介于项目建议书阶段与初步设计之间,其投资估算也介于项目建议书投资估算与初步设计概算之间。三者之间联系紧密,且按其先后顺序逐步深化,在一般情况下要求偏差不能太大。解决方法有:①可行性研究阶段的投资估算应与项目建议书上的投资估算衔接,并补充其未考虑的因素,做好与初步设计概算的接口工作;②对于其中可能会引起问题的不确定因素进行深入研究,防止在下一阶段产生较大的设计变更;③注意拟建项目与其他工程的协调,避免其他工程的变化引起本工程的连锁反应;④多积累造价资料,将拟建项目的造价情况与其他造价资料相对比,找出差别较大的工程进行重点分析。如有突破,要分析有无改进手段,对其进行调整;⑤注重可行性研究阶段与项目建议书阶段的对比分析;⑥关注国家政策、法规的变动和物价部门的调价信息,以及施工现场中出现的新技术、新工艺、新材料等一切可能引起造价指标变动的因素。

8.1.4 工程地质勘查

1. 工程地质勘查与工程造价的关系

公路工程作为一种线状工程,必然跨越不同的自然地理、地质、地貌单元,与其他工程建筑相比,涉及更多的工程地质问题。工程构筑物种类多,不同的工程构筑物对场地地基的适应程度不同,工程地质问题也就格外复杂。能否正确认识工程地质条件和处理工程地质问题,关系到工程能否顺利建设、安全运营,甚至关系到工程成败。对于工程地质问题认识不足,处理不当,不但会带来工程事故,大幅度增加工程造价,而且会遗留无尽的工程病害,从而导致昂贵的维修整治费用产生。

工程地质勘查作为一项基础性工作,对工程造价的影响,可以归结为三个方面:一是选择有有利的工程地质条件的路线走廊,对工程造价起着决定性作用;二是勘查资料的准确性直接影响工程造价;三是对特殊不良地质问题认识不足导致工程造价增加。

2. 沿线工程地质条件对工程造价的影响

公路走向方案是由公路网规划确定的控制点所决定的。走向点之间有许多不同的方案。不同的方案经过的地质单元的位置不同,工程地质条件也必然有差异。缺乏区域性的地质资料,不但会导致对整个线路的宏观工程地质条件无法把握,而且会导致对局部的工程地质问题的处理也必然是盲目的。

一个好的路线方案的确定,没有区域性的地质资料是无法实现的。特殊不良工程地质的分布是所处的地质环境决定的。地质结构都有一定的范围。即使在特殊不良地质分布地区,也有严重程度的区别。如果对地质环境背景缺乏了解,路线方案选择失误,或者工程布设不当,就有可能遇到非常困难的技术问题,造成工程造价的大量增加。

例如,某国道主干线越岭段,工程可行性研究阶段拟定两个路线走廊,一个是西线方案,一个是东线方案。在初步勘测阶段,发现推荐的西线方案隧道地质条件太差,相当长的路线从古老变质岩和古生界沉积岩不整合接触带的古风化壳附近通过,三类及以下围岩的比例达到70%以上。但东线方案路线绕行距离长,工程量巨大。根据区域地质资料,当地地层区域性地向西南方向倾斜。如果能够在两个走廊之间寻找一个合适的位置,隧道就有可能提高在不整合接触带下面的变质岩中通过的长度比例,而围岩地质条件也将会好得多。当时,基本上确定采用中线方案,由于地质结构复杂,这个设想存在很大的不确定性和时间、费用方面的风险。但中线方案和东线方案相比,长度短4 km,少2 km的高架桥,具有很大的诱惑力。后来的工作成果表明,越岭的主隧道中线方案的三类及以下围岩占50%,比西线方案要好得多,造价要低1.044亿元。

当一条路线的走向确定以后,地形和地质条件就成为选线的决定因素。地形是直观的,一目了然。地质条件的认识要有一个过程。地形和地质条件既有内在的联系,又常常有矛盾的一面,问题在于认识和掌握二者之间的变化规律。例如,砂页岩、煤系地层分布地区,由于岩石容易风化,地形一般不会很陡峻。但是这种地区容易产生滑坡灾害。坚硬岩石分布地带,山势陡峻,看起来工程艰巨,但滑坡灾害可能会少些。这里是比较地形与地势的关系,并不是说地形陡峻地带的工程造价比地形较缓的地带少。

3. 工程地质资料的准确性对工程造价的影响

工程地质资料的准确性,不仅指勘查报告反映的地质结构与开挖以后的实际情况不能相差较大的问题,还包括对地质问题的定性和评价的合理性问题。

例如,国内某工程项目中的一座隧道,由于对山体偏压和软弱围岩变形估计不足,施工预案不完善,在工程施工中出现严重失稳问题,由此增加 8000 万元的处置费用,大大超过正常情况下处置这些问题的合理造价。

4. 对特殊不良工程地质问题认识不足导致工程造价增加

对特殊不良地质需要进行有准备的处置,但在实际过程中,往往存在着在施工过程中才发现特殊不良地质的现象。这样,不但处置特殊不良地质的工程费用因施工技术条件相对困难而增加,而且既成工程蒙受的损失也很大。例如,某高速公路在路基开挖接近设计高程时,边坡产生局部滑坡,未能引起重视。接着发生了更大范围滑坡。对此建设方怀着"滑多少挖多少"的心理,盲目施工,企图通过放缓边坡来稳定滑坡。殊不知,放缓边坡并不能稳定滑坡。后来,滑坡范围发展到山顶,在建设方付出近 3000 万的代价后才得到治理。

8.2 设计阶段工程造价控制

8.2.1 设计阶段造价控制的目标

就公路项目本身而言,一方面它具有单件性的特点,工程设计往往是一次性的;另一方面,它的设计过程要涉及多个专业,影响设计方案的因素也是多方面的。这一特点就决定了政府投资项目工程造价的唯一性和影响因素的多样性。在设计开始之前,设计单位首先将投资估算按专业进行分配,每个专业设计都有一个目标造价,不得随意突破。基于LCC(life cycle cost,全生命周期成本)的造价控制目标,突破了以往只考虑建设成本的局限,在制定设计阶段的控制目标时不仅考虑建设成本,而且把未来运营成本提前考虑了进来,不仅考虑资金成本,而且把环境成本和社会成本列入考虑范围,这样的造价控制目标不再像以往单纯要求建设成本最低,而是力求达到效能和成本的最佳结合,在功能最优化和价值最大化的双重约束下,实现全生命周期成本最低。用基于LCC的设计估算作为初步设计概算的控制目标,如果有技术设计时用初步设计概算作为技术设计修正概算的控制目标,用修正概算作为施工图预算的控制目标,如果没有技术设计时就直接用初步设计概算作为施工图预算的控制目标。如果在投资决策阶段项目建议书、可行性研究的估算偏低,而在立项之后又提高标准,会造成概算超过估算,初步设计报批时,业主要追加投资。

由此看来,在投资决策阶段提供充足的资金也是十分重要的,否则将给设计阶段的造价控制带来不好的影响。设计阶段造价控制目标确定的关键是在方案设计阶段提供足够的预算,初步设计阶段把概算做全,施工图设计阶段把预算做准。合理地确定设计阶段造价控制的目标值以后,就要采用科学的方法对造价进行控制。

8.2.2 设计阶段造价控制工作流程

设计阶段的造价控制可以分为很多个工作包,每个工作包都是一个独立的流程。设计阶段造价控制的工作流程主要包括总投资目标分析论证流程、项目总估算和总概算及施工图预算审核流程、资金使用计划编制流程、造价控制流程、应用价值工程工作流程、设计变更控制流程等。

在上述设计阶段造价控制工作流程中,造价控制流程是设计阶段造价控制工作流程中诸多流程之一,也是重要的流程之一,它是否被有效地执行,对项目投资目标能否实现起着决定性的作用。设计阶段造价控制的主要工作在设计准备阶段、方案设计阶段、初步设计阶段和施工图设计阶段,由于项目造价控制工作的连续性,招标采购、进度付款、投资变更等也包含在造价控制流程内。设计阶段造价控制流程如图8.2所示。

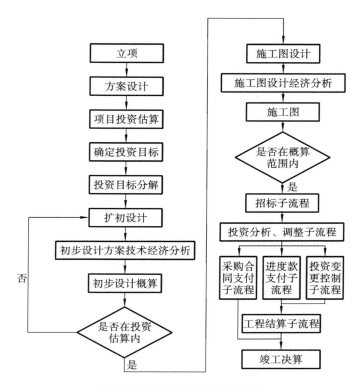

图 8.2 设计阶段造价控制流程

8.2.3 设计阶段造价控制方法和理论

1. 设计方案的优选和优化

对一个建设项目而言,能够满足建设业主和顾客功能要求的方案很多,但每个方案的技术特点、全生命周期费用、实施难易程度等却不尽相同。设计方案的优选结果直接影响到工程项目的综合投资效果,尤其是对工程造价的影响更是显著,因此,选取符合实际、操作简便的设计方案的优选方法成为设计阶段造价控制的重要手段和方法。

设计方案是由多种设计影响因素、联系、矛盾关系组成的,它表达的是对各种矛盾关系和影响因素的一种判断和处理设想。设计师必须通过辩证逻辑思维的指导,采用某种数学模型进行量化分析,选取一种使各个矛盾关系达到最优组合状态的方案。

1)设计方案的评价指标

衡量设计方案的好坏要有一套评价标准,而评价标准要以评价指标作为基准。方案评价因素很多,但在选择评价指标时,不一定要把所有的因素都考虑进去,应该把主要的、能反映方案优劣的因素作为评价因素,而把那些无关紧要的因素舍弃掉。方案评价因素确定以后,要把这些因素量化成评价指标,并使用统一的尺度。但是,并不是所有的评价因素都容易量化。成本和利润容易量化,但质量、风格、性能并不易量化。通常公路项目设计方案的评价指标系统可以分为以下几种。

(1)经济方面:工程投资和运营费用。

(2)技术方面:路线总长、曲线总长度和总转角、最小曲线半径和地形地质。

(3)政治方面:施工条件、生态影响和区域经济发展。

2)设计方案的评价步骤

设计方案的评价可以按以下步骤进行。

(1)明确评价目的和评价内容。

(2)确定评价因素。

(3)确定评价指标。

(4)制定评价准则。

(5)确定评价方法。

(6)单项评价。单项评价是就设计方案的某一具体方面进行详细的评价,单项评价不能解决最优方案的判定问题。

(7)综合评价。综合评价是在各单项评价的基础上按照评价标准,对方案整体进行全面的评价。

3)设计方案的评价方法

由于公路项目设计方案优选具有重要意义,不少学者在公路项目设计方案优选理论、方法和手段方面进行了大量的研究。设计方案的评价方法主要有单一层次分析法、模糊综合评价法等。

单一层次分析法是由专家对方案的各组成部分进行权重分配,并给方案打分,用权重加权计算排序得到最优方案。这种方法操作简便,但过于依赖专家的经验,结果过于定性化,可信度不高,对方案评价的模糊特点没有加以考虑,并且对工程经济方面的因素考虑不足。

模糊综合评价法是利用模糊数学原理和方法,对方案进行分析。本质是利用专家经验获得指标的权重,然后列出(很好,好,一般,不太好,不好)五个评价项目的尺度级别,专家以此尺度给待选方案的评价项目打分。综合所有专家的打分形成模糊矩阵,然后利用权重向量与该矩阵相乘得到结果向量,再将该结果乘以评价尺度得到方案优先度,最后由每个方案的优先度排序得到最佳方案。这种方法较单一层次分析法有了改进,考虑了公路项目设计和方案优选的模式特性,但仍旧过于依赖专家打分,对设计方案功能和成本的关系考虑不够。

上述两种方法还有一个弊端就是只能求出价值功能,而对成本没有进行分析,即方案有不全面性。

AHP模糊综合评价法是指将层次分析法(AHP)和模糊综合评价法相结合的一种评价方法。它首先利用层次分析法来确定评价指标体系的权重,然后在此基础之上,进行模糊综合评价。再根据价值工程原理,利用上述求出的价值功能系数,进行成本分析,最后得出价值系数,进行方案的比选。这样求出的方案更加具有实用性,对于造价控制意义也更大。

(1)层次分析法的基本原理。

层次分析法是美国著名的运筹学家 T. L. Saaty 在 20 世纪 70 年代提出的一种定性与定量分析相结合的多准则决策方法。主要步骤如下。

①建立层次结构。在应用层次分析法之前,需要根据具体情况建立评价系统的层次结构图,便于对所评判的对象进行层次分析,确立清晰的分级指标体系。

②构造判断矩阵。设某一层有 n 个元素 $(X_1,\cdots,X_n)$ 对上一层目标有影响,则每次取两个因素 X_i 和 X_j 进行比较,用 a_{ij} 表示 X_i 和 X_j 对上层目标的重要性之比,用矩阵 $\boldsymbol{A}=(a_{ij})_{m\times n}$ 表示全部结果,$\boldsymbol{A}$ 称为判断矩阵。为了确定 a_{ij} 的值,我们引用一种常用的 1-9 标度方法,具体如表 8.2 所示。

表 8.2 判断矩阵标度及其含义

序号	重要性等级	标度 a_{ij}
1	i,j 两元素同等重要	1
2	i 元素比 j 元素稍微重要	3
3	i 元素比 j 元素明显重要	5
4	i 元素比 j 元素强烈重要	7
5	i 元素比 j 元素极端重要	9
6	i 元素比 j 元素稍不重要	1/3

续表

序号	重要性等级	标度 a_{ij}
7	i 元素比 j 元素明显不重要	1/5
8	i 元素比 j 元素强烈不重要	1/7
9	i 元素比 j 元素极端不重要	1/9

1、3、5、7、9、1/3、1/5、1/7、1/9 这些数字是根据人们进行定性分析的直觉和判断力而确定的。

③求解判断矩阵。求解判断矩阵的方法有很多种,此处采用和积法求解。

a. 将判断矩阵 A 的每一列标准化,得到矩阵 $\overline{A} = [\overline{a}_{ij}]$,其中 $\overline{a}_{ij} = \dfrac{a_{ij}}{\sum_{k=1}^{n} a_{ki}} (i,j,k = 1,2,\cdots,n)$。

b. 将矩阵 $\overline{A}$ 中元素按行相加,得到向量形 $\overline{W} = [W_i]^{\mathrm{T}}$,其中 $W_i = \sum_{j=1}^{n} \overline{a}_{ij} (i,j = 1,2,\cdots,n)$。

c. 将 $\overline{W}$ 进行归一化处理,得到 M_i 层的相关元素相对于 M 层的权重。

d. 计算判断矩阵的最大特征根 $\lambda_{\max} = \sum_{i=1}^{n} \dfrac{(AW)_i}{nW_i}$,其中 $(AW)_i$ 表示向量 AW 的第 i 个元素。

④层次单排序和一致性检验。判断矩阵是我们对复杂事物采取两两比较而得到的矩阵,很难做到判断具有完全一致性,所以我们允许一定范围内的非一致性。Saaty 教授提出了如下方法:当 CR<0.1 时,A 的非一致程度在容许的范围内,可以用其标准化的特征向量作为权向量,否则必须重新调整 A。其中,CR 为一致性比率且 CR = $\dfrac{\mathrm{CI}}{\mathrm{RI}}$,CI 为 A 的一致性指标且 CI = $\dfrac{\lambda_{\max} - n}{n - 1}$,RI 为 A 的随机一致性指标,它的数值见表 8.3。

表 8.3 判断矩阵 RI 数值表

n	1	2	3	4	5	6	7	8	9	10
RI	0.00	0.00	0.58	0.90	1.12	1.24	1.32	1.41	1.45	1.49

(2)模糊综合评判方法的基本原理。

在对某一事物进行综合评价时常会遇到这样一类问题,由于评价事物是由多方面的因素共同决定的,因而要对每一因素进行评价。在给每一因素做出一个单独评语的基础上,考虑所有因素而做出一个综合评语,这就是一个综合评价问题。该综合评价法根据模糊数学的隶属度理论把定性评价转化为定量评价,即用模糊数学对受到多种因素制约的事物或对象做出一个总体的评价。它具有结果清晰、系统性强、对多因素与多层次的复杂问题评价效果好的特点,能较好地解决模糊的、难以量化的问题,对被评对象有唯一的评价值,不受被评价对象所处对象集合的影响。该模型应用广泛,适用于各种非确定性问题的解决。模糊综合评价法是运用模糊数学和模糊统计方法,通过评价影响某事物的各个因素,最终对该事物的优劣做出科学合理的综合评价。模糊综合评价是由最底层开始逐层向上做出多层次综合评价,直至目标层的评价结果,需针对准则层和目标层进行二级综合评价。其步骤如下。

①确定评价对象。

②确定评价对象的因素集。如令因素集为 $U=\{u_1,u_2,\cdots,u_m\}$,其中 u_1, $u_2,\cdots,u_m$ 分别为被评价对象的 m 种因素,m 为评价因素的个数。

③确定评语集。如令评语集为 $V=\{v_1,v_2,\cdots,v_n\}$,其中 $v_1,v_2,\cdots,v_n$ 分别为每一因素所处的状态的 n 种决断,n 为评价因素的个数。

④建立权重集。由于指标集中各指标的重要程度不同,所以要对一级指标和二级指标分别赋予相应的权数。第一层次的权重集 $A=(a_1,a_2,\cdots,a_m)$,第二层次的权重集 $B=(b_1,b_2,\cdots,b_n)$。确定权重集的方法通常可以采用因子分析法、德尔菲法、专家调查法等,不管采用什么方法来确定权重,都要尽量剔除主观成分,符合客观现实。

⑤做出单因素评价。对 U 中每一因素根据评判集中的等级指标进行模糊评判得到评判矩阵:

$$\begin{bmatrix} r_{11} & \cdots & r_{1j} & \cdots & r_{1m} \\ \vdots & & \vdots & & \\ r_{i1} & \cdots & r_{ij} & \cdots & r_{im} \\ \vdots & & \vdots & & \\ r_{n1} & \cdots & r_{nj} & \cdots & r_{nm} \end{bmatrix}$$

其中,r_{ij} 表示 u_i 关于 v_j 的隶属程度。(U,V,R) 则构成了一个模糊综合评判模型。

⑥综合评价。求得模糊综合评判集,合成得 $\overline{B}=A\cdot R=(\overline{b}_1,\overline{b}_2,\cdots,\overline{b}_m)$。

⑦对模糊综合评判结果进行分析处理。这一步可以使判定结果的信息清晰

化,最终对被评判对象做出判定。

如果子因素集中的每一类因素还可再分类,则仍仿照上述步骤进行三级甚至更多级的模糊综合评判。然后利用价值工程方法对设计方案进行优选。步骤如下。

①功能分析。项目功能是指项目产品满足社会需要的各种性能的总和。不同的项目产品有不同的使用功能,它们通过一系列项目因素体现出来,反映项目的使用要求。

②功能评价。功能评价主要是比较各项功能的重要程度,用 0-1 评分法、0-4 评分法、环比评分法等方法,计算各项功能的功能评价系数,作为该功能的重要度权数。目前功能重要性权数一般是通过打分法来确定。

③计算成本系数 C。成本系数=某设计方案平均每千米造价/所有方案平均每千米造价之和。

④计算功能系数 F。功能系数=某方案工程满足程度总分/所有参加评选方案工程满足程度总分。

⑤求出价值系数 V 并进行方案评价,按照公式 $V=F/C$ 分别求出各方案的价值系数,价值系数最大的那个方案为最优方案。

2. 价值工程在设计阶段造价控制中的应用

1)价值工程理论概述

价值工程由美国设计工程师麦尔斯首创,是一门技术与经济相结合的实用分析技术。美国价值工程师协会对价值工程做了如下定义:"价值工程是一种系统化的应用技术,通过对产品或服务的功能分析,建立功能的货币价值模型,以最低的寿命周期费用可靠地实现必要的功能。"由此定义可以看出价值工程相比其他的管理技术有其独特的优势。首先,价值工程以功能分析为基础。价值工程认为客户需要的并不是产品或服务本身,而是其能够实现的功能。因此,通过功能分析,可以发现哪些功能是必要的,哪些功能是多余的或过剩的,从根本上把握住客户的实质需求,并为降低成本提供可靠的依据。其次,价值工程强调以最低的寿命周期成本实现必要的功能。所谓寿命周期成本是指产品从设计、制造、使用以及维护等各环节成本的总和。价值工程以降低寿命周期成本为目标,不仅考虑降低生产成本,而且考虑尽量降低产品的使用成本。价值工程发展到 20 世纪 60 年代初,已被公认为一种行之有效的管理技术,大量的实践经验也证明了价值工程在节约资源、降低成本和改善功能等方面的独特功效。

价值工程的一般表示式：

$$V = F/C \qquad (8.4)$$

式中：V 为价值系数；F 为功能系数；C 为成本系数。

价值分析的目的在于提高价值，即以最低的寿命周期费用实现必要的功能。从用户使用的角度来看，功能可分为必要的和不必要的。任何一种产品，既要避免功能不足，又要防止功能过剩，确保实现必要功能的寿命周期费用最低。以公路建筑产品为例，如果单纯追求生产成本，可能会出现降低预算、粗心设计、偷工减料等情况，那么其建筑质量肯定得不到保证，使用过程中的维修费用会很高，甚至可能发生重大事故，给社会财产和人身安全带来严重危害。因此，价值工程中对降低成本的考虑，要综合生产成本和使用成本的下降，兼顾生产者和使用者的利益，以获得最佳的社会综合效益。

2）价值工程的特点

（1）价值工程是以最低的成本实现产品的必要功能，从而提高产品的价值。科技进步的跨越式发展，以及需求的波浪式变化，导致企业需要不断更新自身的产品以立足于社会。企业在研发或生产产品阶段如何找到产品功能及其成本的平衡点，是其面临的一大难题。脱离价值工程的引导，如果只顾降低成本，就有可能使产品功能或质量下降；如果只顾提高功能及质量，势必会增加成本，提高售价，这样都不能满足企业和顾客的需要。

（2）价值工程的重点是功能分析。产品的生产以消费者的需求为导向，站在消费者的角度，确定产品的必要功能，精简其不必要功能以降低成本，充分发挥功能效益，促进新技术、新工艺、新产品的出现与应用，找出功能与成本之间的完美结合点。

（3）价值工程是一项融合团队力量的有组织有目的的活动。价值工程涉及产品全寿命周期的各个阶段，包括开发、设计、制造、供应、使用、维修以及经营的各个方面，需要依靠团队的力量、集体的智慧，综合运用多种学科知识，有组织有目的地进行方案的设计、比选、决策，这样才能获得最优效益。

（4）价值工程着眼于产品的研制设计阶段。产品的研制设计阶段是应用价值工程的关键阶段，产品的功能和成本的 3/4 取决于这一时期，它对后续工作的展开会造成极大的影响。一旦设计图纸付诸实践，如果想进行设计变更、设备更换、组织调整等势必造成设计的浪费以及成本的增加，从而导致产品的技术经济效果受到影响。

3)价值工程的一般工作程序

价值工程的工作程序是在认识客观规律的基础上,根据价值工程原理,利用价值工程的方法,组织价值工程的实践过程,制定出的价值工程活动各项工作的先后顺序。价值工程一般按4个阶段、12个步骤开展活动。就其实质而言,整个价值工程活动过程是一个提出问题、分析问题和解决问题的过程。价值工程的一般工作程序如表8.4所示。

表8.4 价值工程的一般工作程序

阶段	步骤
准备阶段	1. 对象选择
	2. 组成价值工程工作小组
	3. 制定工作计划
分析阶段	4. 收集整理信息资料
	5. 功能系统分析
	6. 功能评价
创新阶段	7. 方案创新
	8. 方案评价
	9. 提案编写
实施阶段	10. 审批
	11. 实施与检查
	12. 成果鉴定

4)价值工程功能分析理论

功能分析是价值工程活动的核心,决定着价值工程活动的有效程度。通过产品的功能、成本的定性和定量分析,确定它们的相互关系,科学地确定产品的必要功能,合理地分配成本,为创造和改善方案提供依据。通过功能分析可以去掉不合理的功能,调整功能间的比值,使产品的功能结构更趋合理。

功能分析的方法有很多种,其中常用的有功能成本化功能评价、功能评分化功能评价等。

(1)功能成本化功能评价。

功能成本化功能评价是一种极为重要的功能评价方法。它是一种功能数量化形式,在这种形式下,功能被定量地表示为实现这一功能所需要的成本金额。

公式如下：

$$V_i = F_i/C_i \,(i=1,2,\cdots,n)\,;\Delta C_i = C_i - F_i \qquad (8.5)$$

式中：V_i 为第 i 个评价对象的价值系数；F_i 为第 i 个评价对象的功能系数；C_i 为第 i 个评价对象的成本系数；n 为评价对象个数；ΔC_i 为第 i 个评价对象的成本改善期望值。

功能成本化功能评价的步骤：①计算评价对象的实际成本；②确定评价对象的功能系数；③计算和分析对象的价值系数、成本改善期望值，确定价值工程重点对象。

功能成本化功能评价的目的在于找出实现功能的社会最低成本，并以这个成本作为评价标准，来衡量自身实现该功能的成本是高还是低。如果成本过高，可能存在功能过剩；假如成本过低，势必功能不足。只有通过功能系数与实际成本的比较，才能做出正确的决策，采取适宜的措施达到先进水平，但是功能成本化功能评价的最大缺点就是求功能系数比较困难。

（2）功能评分化功能评价。

功能评分化功能评价又称功能指数法，是用价值指数对研究对象价值进行量化的一种方法，它是评定各个对象的功能在整体功能中所占的比率和其目前成本在全部成本中所占的比例，并分别用以表示功能和成本的相对值，再按功能和成本相对值的比值确定各研究对象的价值指数。其计算公式如下：

$$\mathrm{VI}_i = \mathrm{FI}_i/\mathrm{CI}_i \,(i=1,2,\cdots,n) \qquad (8.6)$$

式中：VI_i 为第 i 个评价对象的价值指数，评价对象的功能指数与成本指数的比值；FI_i 为第 i 个评价对象的功能指数，评价对象的功能在整体功能中所占的比例；CI_i 为第 i 个评价对象的成本指数，评价对象的目前成本在全部成本中所占的比例。

功能评分化功能评价是我国价值工程应用较广泛的方法，应用这种方法可以较准确地评价对象的功能。该方法适用面广、快速简便，能很好地反映用户的功能要求，使用户综合要求的功能得到保证，使成本分配得更加合理。运用功能评分化功能评价对公路工程项目进行分析评价。它包括两大工作内容，即成本指数的计算和功能指数的推算。

①成本指数的计算。成本指数的计算公式如下：

$$\mathrm{CI}_i = C_i/\sum C_i \qquad (8.7)$$

式中：C_i 为第 i 个评价对象的目前成本；$\sum C_i$ 为评价对象的全部成本。

②功能指数的推算。功能指数的推算方法很多,常用的有以下几种。a. 强制评分法,又称 FD 法,包括 0-1 评分法和 0-4 评分法两种方法。它是采用一定的评分规则,采用强制对比打分来评定评价对象的功能指数。b. 多比例评分法。这种方法是强制评分法的延伸,它是在对比评分时按(0,10),(1,9),(2,8),(3,7),(4,6),(5,5)这 6 种比例来评定功能指数。c. 环比评分法。这种方法是先从上至下依次比较相邻两个功能的重要程度,给出功能重要度比值,然后令最后一个被比较的功能的重要度值为 1(作为基数),依次修正重要度比值。求出所有功能的修正重要度比值后,用其去除以总和数,得出各个功能的功能系数。d. 逻辑评分法。该方法是按照逻辑思维,判断各评价对象在功能重要度方面的关系,从而推算出评价对象的功能指数。这几种推算方法有一个共同缺点:人为因素较多,评定结果与评价人员素质有很大的关系。

5)在设计阶段对价值工程的实施

由于建筑工程投资大,且不可逆转,设计阶段对整个项目的经济合理性有着至关重要的意义。一是可以有效地控制工程造价。设计阶段开展价值分析最有效,成本降低的潜力最大。在明确工程功能的前提下,充分发挥设计人员的创造精神。提出各种实现功能的方案,经过价值分析小组的分析,从中选取最合理的经济方案,这样既保证了用户所需功能的实现,又有效地控制了工程造价。二是可以使公路工程项目的功能更合理。价值工程的核心是功能分析,而工程设计的实质就是对工程的功能进行设计。通过实施价值工程,对建筑产品的每项功能进行分析,比较各项功能之间的比重,积极采用代用材料,改进施工工艺,合理选择设备,降低工程成本。

价值工程最本质的特征是着眼于提高产品的价值,兼顾功能和成本两个方面,不仅致力于降低成本,而且致力于提高产品功能。同一建设项目通常有多种不同的设计方案,也就有不同的造价,可运用价值工程进行设计方案比选,从所有可用方案中选用最满意的方案。其具体过程包含以下四方面的内容。

(1)对建设项目进行功能定义和评价。关于功能的分类,按作用大小和重视程度可分为基本功能和辅助功能;按功能性质可分为使用功能、美学功能;按要求可分为必要功能和多余功能。在建设项目的功能要求确定后,就可以进行相应的功能定义和评价。

(2)提供可用方案。根据建设项目任务书提供的设计要求,提出符合设计要求的多种方案,作为评价对象。

(3)方案优选。对各种可选方案,采用特定的方法,通过分析计算得出成本评价系数和功能评价系数,然后根据价值公式,将功能评价系数除以成本评价系数即为价值系数。

(4)方案评价。各种可选方案中价值系数最大的为最优方案。

3. 限额设计在设计阶段造价控制中的运用

1)限额设计的概念

所谓限额设计,就是按照批准的设计任务书及投资估算控制初步设计和总概算控制施工图设计,在保证达到使用功能的前提下,按分配的投资限额控制设计,严格控制技术设计和施工图设计时发生的不合理变更,保证总投资限额不被突破。投资分解和工程量控制是实行限额设计的有效途径和主要方法。限额设计是将上阶段设计审定的投资限额和工程量先分解到各专业,然后再分解到各单位工程和各分部工程而得到的,通过层层限额设计,实现对投资限额的控制与管理,同时也实现了对设计标准、工程数量以及概预算指标等各方面的控制。

2)限额设计全过程

限额设计的控制过程是合理确定项目投资限额、科学分配初步设计的投资限额、根据投资限额进行初步设计、合理分配施工图设计的造价限额、施工图设计的造价控制的循环过程。

(1)合理确定项目投资限额。

经审批的设计任务书中的项目总投资额,即为进行限额设计控制项目造价的主要依据,而设计任务书中的项目总投资额又是根据审批的项目可行性研究报告中的投资估算额确定的,因此提高项目可行性研究报告中投资估算的科学性、准确性、可信性,便成为合理确定项目投资限额的重要环节。为适应推行限额设计的要求,应适当加深项目可行性研究报告的深度,并维护项目投资估算的严肃性,使投资估算真正起到控制项目造价的作用。为此,在编制项目投资估算时,既要避免故意提高项目造价,又要避免有意压低项目造价,真正做到科学地实事求是地编制项目投资估算,使项目的投资限额与单项工程的数量、建筑标准、功能水平相协调。

(2)科学分配初步设计的投资限额。

设计单位在进行设计以前,项目总设计师应将项目设计任务书中规定的建设方针、设计原则、各项技术经济指标等向设计人员交底,并将设计任务与规定的投资限额分工程分专业下达到设计人员,即将设计任务书中规定的投资限额分配到各单项工程和单位工程,作为进行初步设计的造价控制目标(或称投资限额),并要求各专业设计人员认真研究实现投资限额的可行性,对项目的总图方案、工艺流程、关键设备、主要建筑和各种费用指标提出方案比选,做出投资限额决定。

(3)根据投资限额进行初步设计。

初步设计开始时,项目总设计师应将可行性研究报告的设计原则、建设方针和各项技术经济指标向设计人员交底,对关键设备、工艺流程、总图方案、主要建筑和各种费用指标提出技术、经济方案比较要求,研究实现可行性研究报告中投资限额的可行性,将设计任务和投资限额分专业下达,促使设计人员进行多方案比选,并以单位工程为考核单元,事先做好专业内部的平衡调整,提出节约投资的措施,力求将工程造价和工程量控制在限额内。对由于初步设计阶段的主要设计方案与可行性研究阶段的工程设想方案相比较发生重要变化所增加的投资,应本着节约的原则,在概算静态投资不大于同年度估算投资的110%的前提下,经方案优化,报总工程师和主管院长批准后,才可列入工程概算。初步设计阶段控制设计概算不超过投资估算,主要是控制工程量和设备、材质。为此,初步设计阶段的限额设计工程量应以可行性研究阶段审定的设计工程量和设备、材质标准为依据,对可行性研究阶段不易确定的某些工程量,可参照设计或通用设计类似已建工程的实物工程量确定。

(4)合理分配施工图设计的造价限额。

经审查批准的建设项目或单项工程初步设计及初步设计概算,应作为施工图设计的造价控制限额。设计单位把概算限额分配给各单位工程各专业设计作为其造价控制额,使之按造价控制额确定施工图设计、选用材料及设备等。

(5)施工图设计的造价控制。

施工图设计必须按批准的初步设计所确定的设计原则、设计范围、设计内容、功能质量的要求进行。完成的施工图纸及其预算造价应严格控制在批准的初步设计概算以内。施工图阶段限额设计的重点应放在工程量控制上,控制的工程量是经审定的初步设计工程量,并作为施工图设计工程量的最高限额。

在设计过程中和设计完成时,设计者要注意做技术经济分析。当经过技术经济分析证明设计是可行的以后,才能做出施工图设计的定案决定。

施工图设计阶段的限额设计应在专业设计、总图设计阶段下达任务书,并附上审定的概算书、工程量和设备单价表等,供设计人员在限额设计中参考使用。

施工图设计阶段的投资分解和工程量控制的项目划分应在与概算书相一致

的前提下，由设计和造价人员协商并经总经济师审定。条件具备时，主要项目也可按施工图分次进行投资分解与工程量控制。施工图设计与初步设计的年份价差影响，在投资分解时不予考虑，均以初步设计时的价格水平为准。

当建设规模、产品方案、工艺流程或设计方案发生重大变更时，必须重新编制或修改初步设计及其概算，并报原主管部门审批。其限额设计的投资控制额也以新批准的修改或新编的初步设计的概算造价为准。

限额设计的控制过程如图8.3所示。

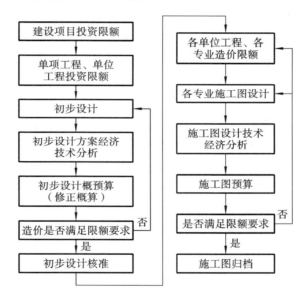

图8.3 限额设计的控制过程

4. 全寿命周期费用在设计阶段造价控制中的应用

全寿命周期工程造价管理研究的对象是总承包项目的整个寿命周期，包括决策阶段、设计阶段、实施阶段、竣工验收阶段和运营维护阶段，直到最后废弃。

全寿命周期工程造价管理的目标是建设工程总承包项目整个寿命周期总造价的最小化。全寿命周期费用包括建设造价以及未来的运营和维护费用。

1) 全寿命周期费用相关概念

全寿命周期费用研究的主要目的是揭示全寿命周期费用发生、发展的规律，从而采取有效的方法对全寿命周期费用进行控制。全寿命周期费用的定义主要有以下几种。

第一，弗吉尼亚理工学院暨州立大学教授兼美国后勤讨论会负责国际部的副会长布兰查德教授所提的定义为："全寿命周期费用是指系统和产品在确定的寿命周期内的总费用，其中包括研究开发费、制造安装费、运行维修费、报废回收费。"

第二，美国行政管理和预算局（原名预算局）将全寿命周期费用定义为："大型系统在预定有效期内发生的直接、间接、重复性、一次性及其他有关的费用。它是设计、开发、制造、使用、维修、支援等过程中发生的费用，以及预算中所列入的必然发生的费用总和。"

第三，美国国防部定义系统的全寿命周期费用为："政府为了设置和获得系统以及系统一生所消耗的总费用，其中包括开发、设置、使用、后勤支援和报废等费用。"

工程项目全寿命周期造价管理的思想和方法可以指导各专业设计人员系统地、全面地从项目全寿命周期出发，获得经济合理的全寿命周期费用。在建设工程项目设计阶段，设计人员必须在考虑项目功能的同时，综合考虑降低维持费用的要求，在确保设计质量的前提下，实现降低项目全寿命周期造价的目标。全寿命周期费用管理既是一种先进的管理方法，也是一种实用的决策技术，在建设工程项目设计的各个阶段都应该运用这种理论进行科学决策，提高设计阶段造价控制水平。实施全寿命周期费用评价的步骤随具体对象有所不同，其一般步骤如下。

（1）明确产品对象的任务。必须确定产品应满足的性能要求，该产品的任务必须以定量的方式加以明确。否则，以后制定的方案就可能与任务不相适应，或在选择方案时产生片面性。

（2）列出可以完成任务的多种方案。应该考虑提出几个可供选择的方案，为由多种方案中选出可以完成任务而且经济性高的方案做准备。在这一步中，应掌握所能想到的多种方案、各种方案的特征以及通过选定的系统获得预期效果所需的费用概算。

（3）必须明确系统的评价要素及其定量化的方法。寿命周期费用评价法最终要从系统的效能和费用两个方面进行评价。因此，效能和费用两者应考虑哪些要素，用什么方法加以定量化，就成为重要的问题。一般来说，费用的标准比效用的标准较容易制定，因为费用的各种计算方法已比较普及，而且资料（数据）也较齐全。而对于系统效能，因为一般系统的评价要素不止一个，就变得比较复杂。

(4)评价方案。这一步可以细分成以下四小步来说明:①进行"粗筛选";②对经过"粗筛选"剩下的方案进行效能和费用的详细估算;③进行试评;④经详细比较后选出最佳方案。

2)全寿命周期费用的估算方法

进行全寿命周期费用分析与评价首要的是建立费用估算关系式,其次是对实际问题仔细考察,获取费用估算关系式中的各参数,然后计算费用和根据计算结果选择最优方案。在全寿命周期费用分析计算中,比较通用的估算方法有参数法、类比法、工程法等。每种方法在全寿命周期的不同阶段有不同的可用度,在进行估算时,可以单独使用一种估算方法,也可同时采用几种不同的估算方法,互为补充。

(1)参数法。根据已有的同类系统费用的大量历史统计数据,通过相关分析选择一组对费用影响较大的物理参数和性能参数。运用回归分析方法建立以这些参数为自变量的费用估算关系式,以此来估算出费用。

(2)类比法。当一个新项目的功能、物理特性等方面与现有某一项目类似时,可以收集该类似项目的现有费用,建立两者之间的比较估算关系,并考虑到两者之间的技术状态不同予以适当修正,得出新项目所需要的费用估算值。

(3)工程法。将项目按组成结构分解为若干个分系统,再将分系统分解为能够较为精确计算费用的不同层次的子系统或任务单元,计算出每个子系统或任务单元的费用,自上而下逐级累加,再加上间接费用、一般性和行政性开支及承包商利润,就得到该项目的费用估计值。工程总承包项目的全寿命周期费用是通过把每种费用的现值加起来,再减去例如转售价值等的现金流入的现值计算得来的。简单的通用公式是:全寿命周期费用=初始化建设费用+运营费用+维护费用-回收残值费用。可以把该公式表示为以下数学模型:

$$LCC = C_0 + \sum_{t=0}^{T} O \times PV_{sum} + \sum_{t=0}^{T} M \times PV_{sum} - S \times PV$$

其中:

$$PV_{sum} = (1+r)^t - 1/r \times (1+r)^t$$
$$PV = 1/(1+r)^t$$

式中:C_0 为初始化建设费用(即建设投资或工程造价);T 为生命周期;t 为时间变量;O 为运营费用(年度费用包括能源费用、清洁费用等);PV_{sum} 为现值和;M 为维护费用(年度费用包括替换费用、修缮费用);S 为回收残值;PV 为折现系数;r 为折现率。

无论采用哪种方法,均需大量的历史数据支持估算关系式中有关系数的确定。另外,决策者必须清楚方案细节。为了更好地实施全寿命周期费用,需要收集费用数据信息,包括如下四方面的内容:①已有的数据,包括此项目概况、项目功能、使用年限等;②成本数据,包括初始成本、贴现率、折现率、通货膨胀率、管理成本、维护成本、运营成本、回收残值成本等;③质量数据,包括建筑物结构、使用情况等;④性能数据,包括维护周期、清洁周期、使用年限等。

8.3 招投标阶段造价控制

8.3.1 招投标阶段造价控制工作的依据和标准

工程量清单管理方法是工程造价管理中的重要措施,根据我国公路项目特征和交通运输的有关要求,公路项目建设必须根据国家发布的概预算编制管理标准进行,确保项目能够达到法律要求,促进造价管理工作的科学进行。在市场经济大背景下,我国公路招投标项目的造价管理主要根据《公路工程预算定额》《公路工程建设项目概算预算编制办法》《公路工程标准施工招标文件》等执行,并且项目划分工程量计算根据具有统一性。在相关部门确定计价标准的过程中,需要根据招投标基本原则进行,进而让招投标工作顺利开展。

8.3.2 工程招投标对工程造价的影响

建设工程招标是指招标人在发包建设项目之前,依据法定程序,以公开招标或邀请招标方式,鼓励潜在的投标人依据招标文件参与竞争,通过评定,从中择优选定中标人的一种经济活动。建设工程投标是指具有合法资格和能力的投标人,根据招标条件,在指定期限内填写标书,提出报价,并等候开标、决定能否中标的经济活动。

实行工程招投标制是我国建筑市场趋向法制化、规范化、完善化的重要举措之一。它可以择优选择承包单位,全面降低工程造价,使工程造价得到合理有效的控制,具体表现为以下几个方面。

(1)推行招投标制基本形成了市场定价的价格机制,使工程价格更趋于合理。推行招投标制最明显的表现是若干投标人之间出现激烈竞争,这种市场竞争最直接、最集中的表现就是在价格上的竞争。通过竞争确定工程价格,使其趋于合理或下降,这将有利于节约投资、提高投资效益。

(2)推行招投标能够不断降低社会平均劳动消耗水平,使工程价格得到有效控制。

在招投标过程中,不同投标人的个别劳动消耗水平是有差异的。通过招投标使个别劳动消耗水平最低或接近最低的投标者获胜,这样便实现了生产力资源的较优配置,也对不同投标人实行了优胜劣汰。面对激烈的竞争,为了能够中上标,每个投标人都必须切实地在降低自己个别劳动消耗水平上下功夫,这样将逐步进而全面地降低社会平均劳动消耗水平,使工程价格更为合理。

(3)推行招投标制便于供求双方更好地相互选择,使工程价格更加符合价值基础。

招投标方式为供求双方在较大范围内进行相互选择创造了条件,为需求者与供给者在最佳点上的结合提供了可能。建设单位、业主能够选择报价较低、工期较短、具有良好业绩和管理水平的设计单位和施工单位作为承包人,为合理控制工程估价奠定了基础。

(4)推行招投标制有利于规范价格行为,使公开、公平、公正的原则得以贯彻。

我国招投标活动有特定的管理机构,有严格的程序,有高素质的专家支持系统、工程技术人员的群体评估和决策。这使招投标活动能够避免盲目、过度的竞争和营私舞弊现象的发生,对建筑领域中的腐败现象也有一定的遏制作用,使价格形成过程变得透明而较为规范。

(5)推行招投标制能够减少交易费用,节省人力、物力、财力,进而降低工程造价。

目前,我国的招投标行为已进入制度化的操作阶段。在招投标过程中,投标人在同一时间、地点报价竞争,在专家支持系统的评估下,以群体决策方式确定中标人,必然减少交易过程的费用,这就意味着招标人收益的增加,对工程造价必然产生积极的影响。

8.3.3 公路建设项目招标的一般程序

公路建设项目招标一般分三个阶段进行,即招标准备阶段、招标阶段、评标定标及签订合同阶段。公路建设项目招标程序如图8.4所示。

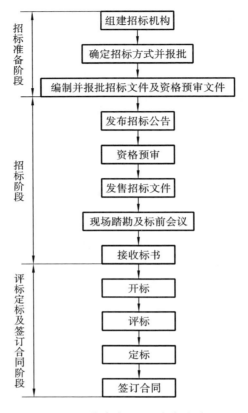

图 8.4 公路建设项目招标程序

8.3.4 招标过程工程造价控制的具体措施

1)可行性研究

招标单位需要根据公路工程建设项目进行可行性研究,全面了解投标单位的资质,综合考虑其行业资质以及施工人员能力,然后与候选单位商谈合作事宜,明确相关责任和义务,这一过程需要严格按照标准审查,其中包括公路工程的工程量、工程经费以及项目单价,以此确保造价得到有效控制。在造价控制环节应准确快速地统计施工图中的工程量信息,比如了解工程材料、机械设备和询价,进而提升招投标工作质量。此外,需要科学选择施工方案。在造价控制工作的开展中,确定施工方案十分关键,也就是加强实地考察,避免出现为了追赶工期而简化施工流程或者打乱施工工序的情况。

2) 科学编制招标文件

一般工程业主(招标方)编制相应的招标文件,涵盖施工招标以及设备材料招标两大方面,要求在招标文件中明确施工招标的原则和程序,对招标不同环节进行规范指导,明确提出项目报建到合同签订的整个过程。招标文件是编制投标文件的依据,也是中标单位与招标单位签订合同的基础,具有法律效力,所以编制招标文件必须保证内容准确、合理,本着严谨的态度,落实招标须知、合同条件等要求,明确造价控制要点。要求根据投标人资质和业绩条件设定招标文件内容,这一环节需要考虑国家规定,并引导企业积极参与投标,努力营造公平竞争的招投标环境,以此为后续的预算管理工作打下基础。

3) 选择合理的招标方式,严格按照招标程序办事

选择合理的招标方式是合理确定工程合同价款的基础,招标方式有公开招标和邀请招标。邀请招标一般只适用于国家投资的特殊项目和非国有经济投资的项目。公开招标是能够体现公开、公平、公正原则的最佳招标方式。

业主要认真编制招标文件,工程量清单要尽可能准确,以确定合理标底,防止不平衡报价。工程定价模式要尽可能采用国际通用的工程量清单计价模式,统一量,放开价,工程造价要随行就市。完善投标、评标、定标过程,制定严密的评标细则,做好投标文件的技术评审,并采用百分制的综合评分法、专家论证法或其他先进方法进行评标。要做好招标过程中关键时间的控制,比如编制招标及投标文件的时间、投标截止时间与开标时间、评标时限与签订合同的时间等。招标的组织者与具体操作者要行为公正,对其工作内容要严格保密。

4) 选择合理的评标方式,在正式确定中标单位之前,对潜在中标单位进行询标

评标过程中使用的方法较多,不同的计价方式对应不同的评价方法,正确的评标方法选择有助于科学选择承包人。在正式确定中标单位之前,一般都对得分高的几家潜在中标单位的投标函进行询价。在工程招标投标程序中增加"询标"环节,让投标人对报价的合理性、低价的依据、如何确保工程质量及落实安全措施等进行详细说明。通过"询标",不但可以及时发现错、漏、重等报价,保证招投标双方当事人的合法权益,而且还能将不合理报价、低于成本报价排除在中标范围之外,有利于维护公平竞争和市场秩序,又可改变过去"只看投标总价,不看价格构成"的现象,排除了"投标价格严重失真也能中标"的可能性。

5) 实行量价分离、风险分担，强化中标价的合理性

工程量清单计价规范中规定：实行招标的项目必须采用工程量清单计价。工程量清单计价的特点就是"量价分离、风险分担"。招标人只对工程内容及其计算的工程量负责，承担量的风险；投标人仅根据市场的供求关系自行确定人工、材料、机械价格和利润、管理费，只承担价的风险。由于成本是价格的最低界限，投标人减少了投标报价的偶然性技术误差，就有足够的余地选择合理标价的下浮幅度，掌握一个合理的临界点，即使报价最低，也有一定的利润空间。另外，制定合理的衡量投标报价的基础标准，并把工程量清单作为招标文件的重要组成部分，既规范了投标人的计价行为，又在技术上避免了招标中的弄虚作假和暗箱操作。

6) 提高招标的透明度，体现公平性

要体现招投标的公平合理，评标定标是最关键的环节，必须有一个公正合理、科学先进、操作准确的评标办法。工程量清单的公开，提高了招投标工作的透明度，为承包商竞争提供了一个共同的起点。淡化了标底的作用，把它仅作为评标的参考条件（设与不设均可），不再作为中标的直接依据，这样消除了编制标底给招标活动带来的负面影响，彻底避免了标底的跑、漏、靠现象，使招标工程真正做到了符合"公开、公平、公正和诚实信用的原则"。承包商"报价权"的回归和"合理低价中标"的评定标原则，杜绝了建设市场可能的权钱交易，堵住了建设市场恶性竞争的漏洞，净化了建筑市场环境，确保了建设工程的质量和安全，促进了我国建筑市场的健康发展。

7) 防止投标单位的不平衡报价，减少发包人损失

不平衡报价是指施工企业在投标总报价确定的前提下，调整内部各个项目的报价，使某些项目的报价比正常的水平高，另一些项目的报价比正常水平低一些，以期既不提高总报价又不影响中标，还能在结算时得到更理想的经济效益，加快资金的运转。

不平衡报价主要表现形式可大致归纳如下几种。①设计图纸不明确或有明显错误的，估计今后会修正的项目，其单价会高些，以利变更估价时采用。②预测到以后工程量会增加的项目，其单价会高些，反之，其单价会低些。③对难于计算准确工程量的项目，如土石方工程，其单价可报得高些。虽然对总报价影响不大，但一旦实际发生工程量比投标时工程量大，企业就可获得较大的利润，而若实际发生工程量比投标时工程量小,对企业利润影响也不大。④对建设单位提供暂定价格的项目,如暂定价偏低,则工程量有意扩大,待以后价格提高后获取额外的差价,而如暂定价偏高,则工程量缩小(仅指招标单位不提供工程量清单的总价招标)。⑤对先期施工的项目,其单价定得高一些,可增加早期收入,加快资金周转,而对后期施工的项目,其单价定得低一些。

招标单位和投标单位在整个招投标过程中既统一又对立。双方均统一于保质保量按时完成建设任务这一基本点。但在工程造价的计取上是相互对立的,招标单位追求的是在确保工程质量和工期的前提下,工程造价最小化,而投标单位则是在相同前提下,追求企业利润最大化。招投标单位在工程造价计取上的对立性,是不平衡报价产生的前提。就施工企业而言,不平衡报价是一种投标策略,而就业主而言,不平衡报价将导致低价中标,高价结算。严重的不平衡报价将扰乱招投标工作的正常进行。

招标单位为防止不平衡报价应做好以下几方面的工作。首先要注重招标前的准备工作。一是审查图纸的设计深度和质量,这对总价招标的工程而言,尤其显得重要,因为图纸设计到位可减少甚至避免设计变更。二是招标单位要有充分时间对工程涉及的主要材料进行市场调查,随时掌握最新价格信息。特殊的大宗材料,确定其价格确有难度的,可提供暂定价格,但暂定价格应适中,同时对涉及暂定价格项目的调整方法应在招标文件中予以明确。三是对投标单位的资信状况进行实地考察,尤其应重点关注拟投标单位以前施工工程中有无因工程结算引起的经济纠纷等情况。

其次在招标过程中要重视商务标的评审。工程量清单计价能够更准确地反映工程的实际成本,有利于通过公平竞争形成工程造价,同时工程量清单计价从技术上便于规范招投标人的计价行为。招标单位的参考标底是评标过程中对各投标单位商务标编制质量进行评审的依据。另外,业主要充分发挥中介机构的专业技术优势,切实把好投标单位的资格预审以及招标文件、评标办法的编审关。在评标专家组人员中要加大商务标评审人员的比例,同时确保商务标的评审时间,决不能走过场。对投标单位商务标报价中的不平衡项目,要逐一分析,汇总整理,形成书面材料,对涉及数额较大的不平衡报价,可予以废除。招标单位及时组织好对拟中标单位商务标询标工作,要充分利用投标单位中标心切的心理,对商务标中含糊不清的问题,让其予以书面澄清或承诺,尽量不留隐患,避免低价中标,高价结算。

8.4 施工阶段工程造价控制

8.4.1 施工阶段造价管理的重要性

随着交通建设规模的扩大,交通建设市场的管理力度也逐步加大,各种管理制度和措施相继出台,对规范建设各方行为起到了积极作用,取得了明显效果。但也存在一问题,如制度体系还不完善,管理中还存在薄弱环节,这些问题制约了已有制度的有效实施。比如,在工程的招投标阶段,工程报价明显降低,一般中标价比概算低 15%～25%,但实际决算经常大大高于招投标时的合同价,甚至超概算,通过招投标降下来的那部分金额在工程施工时又被"加"回去了。发生这种现象的主要原因是工程施工阶段缺乏有效的管理,使得承包商可以通过不合理变更、计量时多估冒算等手段赚取不当利润,这不仅抵消了招投标阶段取得的成果,也扰乱了交通建设市场,使得工程造价失去控制。因此,研究如何加强工程施工阶段的造价控制已是一个非常迫切的课题。

8.4.2 施工阶段造价控制的原则

施工阶段造价控制必须遵循一定的原则才能充分发挥成本控制的作用,否则不仅不能控制造价,还会造成混乱。公路施工阶段造价控制原则一般有以下几项。

(1)政策性原则。政策性原则是指在处理国家、企业、个人之间利益关系的时候必须严格遵守国家的法律法规,不得用投机取巧的行为去获取不正当利益。

(2)效益性原则。企业的经济效益和社会效益是每个企业得以生存的首要目标,因此,努力降低生产成本,正确处理产值、质量、成本等之间的关系,重视经济效益是企业进行造价管理的关键性目标之一。

(3)开源与节流相结合的原则。建设项目投资利益最大化,要求我们不仅要增加收入,也要节省开支。施工阶段是资金大量投入的阶段,也是我们成本节约的最佳阶段。为了更好地节约成本,我们不仅要加强事后检查分析,还要着眼于事前预控与事中监控,分析施工条件、优化施工方案,加强组织管理,最大限度节约成本。

(4)全面控制原则。对于全面控制原则,可以从以下两个方面来理解。①全员成本控制。要降低成本,实现成本计划就必须充分调动每个部门或单位以及每个职工控制成本、关心成本的积极性和主动性,做到专群结合。②全过程的成本控制,即工程项目确定后,自施工准备到竣工交付使用中的每一项业务,都要被纳入成本控制。首先,在项目施工的各个阶段,将成本控制在有效的范围内;其次,在全寿命周期范围内将施工阶段与其他阶段结合起来,综合考虑,实现目标成本的有效控制。

(5)动态控制原则。即在事前制定详细的计划,并及时对实施成本与计划成本进行对比,找出偏差存在原因,更新下一步实施计划。同时对具体工作进行重点监控,对于对造价影响较大的工作量进行专门的处理,使得成本在实施过程中就已经得到有效控制,而不至于到最后几成定局,无法进行纠正。

(6)权、责、利相结合的原则。要使成本控制真正发挥及时有效的作用,必须严格按照经济责任制的要求,贯彻权、责、利相结合的原则。在项目施工过程中,技术人员、管理人员以及各单位都要形成自身主动控制成本的责任感,将成本控制当作每个主体的义务来执行。同时,他们也要有各自相应的权利,这样才能更好地将每项任务执行下去,执行到位。此外,对每个主体进行绩效考核,实行奖惩结合,最大限度地调动每个主体的积极性与主动性。

(7)目标管理原则。目标管理原则即是将目标和任务进行逐一分解,细化落实到每个部门、每个工作人员身上,主要包括:分解目标、执行目标、检查目标、修正目标和评价目标,执行的关键是必须把目标成本作为进行各种经济活动的指导准绳,力求以最小的成本支出,获得最佳的经济效益。

(8)例外管理原则。在施工活动中,那些不经常出现的问题,被称为例外问题,它们往往是关键性问题,对施工阶段成本甚至是整个项目的工程造价都有很大的影响。属于例外问题的一般有以下四种。①成本差异金额非常大,如差异金额达到目标成本的15%,而且这些差异包括有利差异和不利差异。②有些成本差异金额没有超过规定的界限,但是其一直在界限处徘徊。③有些差异金额直接超出项目管理人员的控制范围,也应将其视为例外。④对整个施工阶段都有重要影响的项目,即使没有超过规定界限,也应该时刻关注其成本的项目也要视为例外。

在实施过程中一般不会单独采用上述某个原则,而是将几个原则结合。

8.4.3 施工阶段工程造价控制的主要内容

施工阶段工程造价控制的主要任务是通过工程付款控制、工程变更费用控制、预防并处理好费用索赔、挖掘降低工程造价潜力来使实际发生的费用不超过计划投资。施工阶段工程造价控制的主要内容如图 8.5 所示。

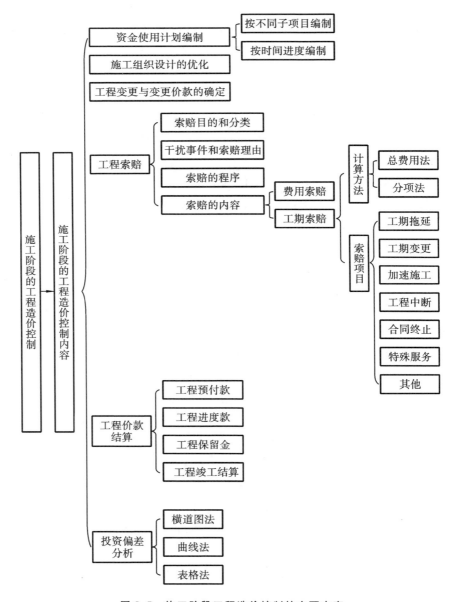

图 8.5 施工阶段工程造价控制的主要内容

8.4.4 工程施工阶段投资失控的原因

(1)施工单位之间的竞争未呈现良性竞争的态势,施工单位往往采取在招投标时先低价中标,再在施工阶段想方设法通过变更等手段来提高造价。部分工程变更数量及金额较大,个别工程变更金额甚至已超过工程总合同的25%,而且通过各种非正常手段在计量方面多估冒算的事情也时有发生,对造价控制产生了不利影响。

(2)施工单位人员与设备的到位与投标承诺大相径庭,出现"一级企业投标,二级企业进场,三级企业施工"的状况,工程层层转分包,每分包一层,就要收取一定比例的管理费,这部分费用实际都转嫁到工程造价中。

(3)监理市场的发展不能适应工程的需要,监理人员的数量、部分监理人员的技术业务水平和职业道德修养不足,在工程造价控制方面未能进行有效的把关,极个别监理人员甚至与施工单位一起损害业主利益,更不会主动控制工程造价。

(4)业主的管理水平不高,在质量、进度、投资三大指标的控制方面,业主往往在质量管理方面较倚重监理,而对于进度、投资控制往往不放心,对监理放权不够。但实际上,业主无论在精力方面还是在经济技术水平方面,都难以直接对工程的进度、投资进行有效的控制。另外,由于我国现行的公路建设投资体系仍以国家投资为主,业主在不同程度上重质量与工期,轻造价,进一步使工程施工阶段的造价失去控制。

8.4.5 施工阶段的造价控制方法

施工阶段造价控制是一种经验性控制,是因为在施工阶段目前所采用的一些措施(如节约材料费,采用先进的、有效的施工工艺和机具,提高机械设备的利用率,减少工程返工损失,节约施工管理费等)的效果与实施的程度,很大程度上取决于管理人员的水平与技术人员及工人在实际操作中的经验。也就是说,对于一支施工队伍,其施工人员的作业经验越多,管理人员在管理中的成本意识越强,可能成本控制效果越明显,反之可能尽管采取了某些措施,但收效甚微。所以,施工阶段施工企业对成本的控制,经验性是其一大特征,而这不是我们提倡的科学管理、科学控制所希望看到的。

此外,技术与经济分离也是影响成本控制的一大因素。仅仅从材料费、人工费等资源性成本中去寻找实际值与目标值之间的偏差,哪怕是最有手段、最有经验的管理人员,最有纪律、最能吃苦的施工队伍,对成本的影响也是有限的。但倘若一个熟悉工程施工知识、了解工程进展中各种关系和问题的技术人员具有经济观念,提出一项能够缩短工期或者提高施工质量的创新工艺,所带来的经济效益是可观的。单纯从财务角度是难以有效地控制成本的。当前迫切需要广大建筑工程技术研究人员多一些经济观念,在施工过程中把技术与经济有机结合,把成本控制的观念渗透到各项施工工艺与措施之中。

目前,施工阶段的投资控制通过施工图预算来进行。这种方法仅仅考虑了成本因素,把成本与进度、资源和质量隔离开来,造成计算成本的滞后性,不能准确地反映工程实际成本状况,同时采用这种方法的投资控制不能满足工程的实时要求。

通过对成本集成控制的研究可知,将整个工程作为一个系统,综合考虑成本、资源、进度和质量,可以使成本的控制更有效、更实时。它为业主和施工企业提供一套实时控制的方法和手段,以确保资金的合理投入。目前,国外工程项目管理领域,普遍地采用计算机辅助决策与管理,诸如 Microsoft Project,Lotus1-2-3 等软件及电子表格的应用,基本可以实现工程项目管理过程中的主要功能。例如:具有三维的立体统计图形将项目管理中的各种参数用图表的方式表示出来;将各个阶段的参数保存下来,供比较分析,以做出相应的动态调整方案;可动态地表示横道图、网络图等。因此,采用计算机集成控制是提高工程施工阶段造价管理,变被动管理为主动管理的一个非常有效的手段。

工程造价管理贯穿工程建设的全过程,而施工单位在施工阶段的工程造价管理尤为重要。因此,施工单位在重视施工合同及工程竣工结算的同时,应立足现场管理,强化过程控制,寻找施工进度、施工质量和资金的最佳结合点,规范工程签证行为,增强索赔意识,不断探索降低工程成本的途径,提高企业施工阶段的工程造价管理水平,使企业获得满意的经济和社会效益。

施工阶段控制工程造价,是实现工程造价有效控制的重要环节。施工阶段控制工程造价包括如下几个方面。

(1)加强施工合同履行管理。

建筑施工合同在施工项目中具有十分重要的作用,建筑单位和施工单位都要认真对待合同的编制、签订、履行。正是因为有合同的约束,工程项目才能顺利进行,同时每个项目的完成也离不开合同条款的支持。工程承发包双方根据工程项目的实际情况共同制定符合双方意愿的合同条款,明确双方各自的权利与责任,施工单位和建设单位各自人员也要加强对合同的理解,避免因双方人员对合同条款的错误理解而产生不必要的经济损失。

(2)注重施工过程中的材料供应管理。

施工阶段是成本发生最多的一个阶段,约占总投资的90%,其中施工过程中材料费用约占总成本的60%,因此对材料费用的管理成为建筑工程施工阶段造价管理的重中之重,同样也是全寿命周期造价管理极为重要的一环。在建筑工程的施工准备阶段,选择材料时应该在保证材料质量的前提下,对材料市场进行深入的调研,通过对各个材料供应商进行分析比较,力求选择"物美价廉"的供应商。确定材料供应商以后,在将材料运至施工现场后要按规定将指定材料放置在指定位置,避免二次搬运或者出现一些更加严重的损失,而对于需要入库保存的材料,采购人员要根据实际施工进度合理安排材料的采购量,加强对库存的理论研究与学习。

(3)优化施工方案,严格审批施工组织方案。

施工开始之前,施工单位需要组织有关管理人员和技术人员对施工现场进行勘察,根据了解到的实际情况编制项目的施工组织方案,组织专业技术人员对其进行检查,保证施工方案不存在安全、质量隐患,并邀请有关方面专家对编制的施工方案进行优化,在保证工程质量的前提下,为了缩短工期,可以尽量采取流水施工,合理安排工作人员,避免工作量的集中,提高建设效率。通过使用更加科学合理的施工方案和更高的工艺,合理使用资源,从而更大限度地降低施工方案的不合理性,减少不必要成本,保证项目的经济效益。

(4)尽量减少设计变更,完善现场签证工作。

在项目的全寿命周期中,除了运营阶段外,施工阶段是持续时间最长的一个阶段,在施工过程中存在的不确定因素又比较多,即使在设计阶段对设计图纸进行了反复论证和审查,在施工阶段也会出现一些必须进行设计变更的情况。施工单位在准确理解设计图纸意图的情况下可以提出一些合理的变更意见,但是必须在设计单位、建设单位和施工单位三方人员共同商讨决定变更意见是否合理后再确定是否需要变更,在充分论证的基础上决定是否需要变更,尽量减少设计变更。有时因为设计变更或者其他突发状况发生合同价款之外的费用补偿、工期顺延和其他费用补偿时需要做现场签证,并需要现场监理单位和建设单位签字盖章。此时建设单位和监理单位管理人员就要严格审查该项施工任务是否有必要并且是否符合施工要求,保证不出现不合理的现场签证现象。

(5)加强对工程索赔的管理。

工程索赔是指在合同履行过程中,合同的一方当事人因对方不履行或不正确履行合同义务或者由于其他非自身原因而遭受经济损失或权利损害,通过合同约定的程序向对方提出经济补偿和(或)时间补偿要求的行为。索赔是双向的,既包括建设单位向施工单位索赔,也包括施工单位向建设单位索赔,不过在大多数情况下,建设单位的索赔较施工单位的索赔要少得多。在清单报价的计价模式下,施工单位通过索赔来提高自己的利润是很常见的一种手段,因此建设单位需要认真核对中标单位的报价清单,加强对合同的管理和施工现场的管理,强化自身的索赔观念,提高自身的反索赔能力。

(6)加强工程费用的动态监控。

由于公路工程的建设周期比较长,所以在原材料、人力等的使用过程中会由于时间的不同而出现差异,此时应该加强现场的施工管理,提高施工人员的技术水平。同时现场的成本核算人员要时刻追踪已完工程所发生的实际成本,与之前所做的预算进行比较,若发现偏差及时纠正,也要做出下一步应实施工程的成本预测以及应对方案,实现对项目成本控制的全程动态管理。

(7)及时进行工程价款结算。

公路工程的建设周期长,需求资金巨大,只有对施工过程中的预付款、应付款等进行合理预测并及时进行工程的进度款结算,才能实现建设单位合理利用资金,保证施工进度。在施工阶段,参与单位众多,也有利于各单位之间及时准确地结清债权、债务关系。在进行竣工结算编制时,大多时候无法进行下去是因为还存在支付遗留问题,或者是存在重复支付、少付、多付等情况。因此,及时进行工程价款结算,加强工程支付款的管理,对保质保量完成工程建设项目具有重大意义。

8.5 竣工验收结算、运营维护阶段工程造价控制

8.5.1 竣工验收结算阶段造价控制措施

竣工阶段包括竣工验收、竣工结算和竣工决算。竣工阶段是工程项目建设阶段的最后一环,是把投资成果转入使用或者生产的阶段,关系到各参与方的切身利益,因此不论是施工单位还是建设单位都应该高度重视,采取必要的控制造

价措施。

1) 重视竣工验收内容的合理性

竣工验收时应该严格审查竣工工程与合同要求是否一致,施工质量是否过关,尤其注意由工程变更导致的变更内容与合同内容是否平等,落实项目工程变更的手续是否齐全、合理,每一项变更都必须由设计人员、建设方、施工方和监理方签字确认。同时还要注意项目隐蔽工程的施工记录和验收。隐蔽工程一般对项目整体的工程质量有着极为重要的意义,但在施工过程中又会被下一工序覆盖,因此在隐蔽工程验收时监理单位要严格检查隐蔽工程的施工质量,在隐蔽工程被覆盖前必须检查它是否合格,杜绝因隐蔽工程的质量问题出现工程返工。

2) 完善竣工结算制度

在进行竣工结算时,要依据现行的法律法规、规范性文件、技术要求和相应的规章制度,对竣工结算内容进行严格审核,保证工程造价的合理性。首先要根据施工图、工程变更和签证等按照国家的统一计算规则和计算方法进行工程量的核实,严格进行三级核算,经审核人员自查后交项目部人员进行审查,最后再由技术人员进行总审,防止由于计算问题出现误差。还要严格遵循定额管理,按照合同中的定额单价和计价原则进行,建设单位要对需要变更的材料单价进行严格审查,尤其是对于合同中暂定价格的项目,建设单位要对其价格做全面审核,通过对国家发布的价格信息,或经市场调查得到的价格与投标文件中的价格进行对比,保证价格的合理性。因此,在竣工验收阶段,建立和完善竣工结算制度,对于保证项目投资的合理性有着重要的意义。

3) 认真核实清单数量,审核综合单价

在清单计价的模式下,对清单数量的核实和综合单价的审核具有重大的意义。清单中工程数量的核实应在全面掌握工程量清单计价的计算规则下,根据合同约定与工程项目的设计图纸、设计变更、竣工图等竣工资料进行仔细核算,避免出现与招标文件要求不符的项目内容,否则会增加工程项目的总造价。同时还要根据报价文件中的综合单价对工程量清单中原有项目进行结算审核,并与类似项目的报价中的综合单价作对比,从而保证综合单价的科学性。

4) 提升工程量计算的准确性

工程量对于工程项目竣工结算来说十分重要,这就要求加强对工程量的审核工作。审核工作人员要深入施工现场对工程量的测量和记录进行严格审核,确保工程量计算准确无误,掌握工程项目建设的实际施工情况,认真核对工程项目的施工图纸、工程合同及工程变更签证,为工程审核提供依据。审核工作人员要对是否有重复计算工程量的情况进行严格审核,对施工记录、工程变更记录、竣工验收记录等认真审核,确保工程量计算准确,防止因为工程量产生误差而对工程结算产生影响。审核工作人员要审核工程图纸和工程变更中发生的工程量与施工单位计算的工程量是否一致,对于没有签证单而又超出图纸以外的工程量不予认可,还要审核工程量是不是按照定额规定的工程量计算规则来进行计算的。

5) 严格审核定额套用的正确性

竣工结算的审核工作对于工程造价控制来说意义重大,这就要求工程审核人员认真严谨地审核。审核定额基价时看它所采用的定额是不是与工程内容相符,防止定额基价的内容被重复计算,还要审核定额基价换算是否准确,定额文件是否在规定的时效范围内,出现工程设计变更时定额单价是否经过了合理的调整,确保工程项目竣工结算定额基价的准确性。审核工作人员还要审核有没有把定额中已经含有的工作内容以其他项目的名义进行多算的情况,审核套用定额的子目是否正确,审核间接费率是按照施工单位的资质还是按照项目类别进行确定的,最后要审核工程的取费标准是不是合理,因为不同的地区税率、价格指数都不相同,施工单位要根据自身的实际情况,设定符合实际的取费标准。

6) 提高审核工程资料的严格性

要严格审核工程资料,因为工程资料是确定工程量变更、单价变更和价款变更的关键。拿现场签证来说,主要审核现场签证发生的时间和地点、发生签证的原因以及内容,并对现场签证是否真实有效进行核实。再拿隐蔽工程验收记录来说,要审核验收的手续是否齐全、程序是否合规、验收记录是否标明详细数据资料,以确定变更事件的真实性。对于工程合同里约定的内容可以进行一般性审核,重点审核的内容是工程变更单、现场签证单等不在事先预估范围内的动态项目证明材料,要对事件发生的真实性进行认真的分析和判断,要审核施工图纸、设计变更图,确保变更工程量的数据准确,还要深入施工现场进行验证,改变见到工程变更资料就照套定额的观念。还要做好施工项目材料、设备等的市场价格调查工作,掌握它们的市场价格,防止施工单位将价格套高,而规模较大、工艺复杂、设计深度又不够的工程项目,难免会发生工程变更,产生工程签证,这时就要严格审核这些变更的费用,确保变更合理合法。

7) 全过程跟踪审核

在进行竣工核算时,审计人员若仅根据竣工图可能对一些隐蔽工程无法得到正确、全面的了解,因此需要对一些有疑问的项目内容在施工现场进行跟踪、记录,保证所得核算结果的可靠性。造价人员如果从一开始就对工程的施工进度进行跟踪,可以对工程造价起到事前预测和事中控制的作用,从而保证竣工结算的准确无误。

8)及时、准确地编报竣工决算

工程竣工决算可以作为核定和考核固定资产投资效益的依据,可以使建设单位正确计算已经投入的固定资产折旧费,缩短建设周期,节约投资,并且反映竣工项目自开工以来各项资金来源和运用状况,因此及时、准确地编报竣工决算对于建设过程中的经验教训总结、管理造价水平的提高及技术经济数据的积累,都具有重要意义。

8.5.2 运营维护阶段造价控制措施

我国公路建设目前正处于加速成网的关键阶段,建设期资金投入巨大,运营期通行费用无法满足前期的巨大开支,因此需要不断采取新的措施来减少不必要的资金使用。在运营维护阶段,高速公路存在着管理混乱、管理成本居高不下、管理效能不高的现象。在这种严峻的形势下,加强对运营期成本的管理,降低运营期成本,提高管理效能极为重要。在新的环境下,高速公路的成本控制已经从从前的初期建设成本控制扩展到运营维护阶段全周期的管理,而且运营维护阶段的成本管理对于全寿命周期成本的管理具有不可忽视的影响。因此在保证工程质量的前提下,为了获得利润最大化,重视运营维护阶段的成本控制意义重大。可以采取以下措施。

(1)进行科学成本预测。

高速公路经营公司在进行运营期成本预测时,要对外部环境和经营情况进行准确分析。可以与已完类似工程的年度运营成本进行比较,如果相差较大,就要进行分析,找出不利因素进行改进,而且在进行与其他类似工程的分析时,也要对自身工程实施过程中前一阶段成本的消耗情况与下一阶段的成本消耗情况进行对比分析,分析成本差距,并采取措施进行控制。同时也要充分考虑区域的经济发展状况对高速公路通车量的影响,当地的物价水平对设备维护成本、征收成本和养护成本的影响。

(2)引入市场竞争机制。

选择合理的投融资模式,政企分开,建立新的市场环境下的高速公路运营管理模式。可以通过招标把运营与养护工作交给不同类型的单位。公路的运营管理工作可以通过专门的咨询管理单位建立高效的综合管理体系，在出现问题时能够及时做出反应，采取科学有效的补救措施，提高日常的管理水平，从而降低不必要的损失和不利的社会影响。可以通过招标把养护工作的设计施工交给专门的设计单位和有资质的施工单位，从而在保证设计合理和施工质量的前提下，更加有效地降低养护成本。

（3）建立健全运营期成本责任制。

实行成本责任制的主要目的是将城市不同层次的子目标划分为成本目标，并将其分配给每个责任中心。责任中心负责可控成本，因此需要协调每个责任中心的目标与总体目标，保持目标的一致性。此外，每个责任中心的成本潜力可用于实现企业的总体目标成本。同时只有责任清晰才能发挥员工的积极性和主观能动性，使得每个员工都努力完成自己的职责。通过提高劳动者的积极性和技术水平来避免损失的发生，并运用先进的科学技术完善经济管理体制，从而不断提高劳动生产率和经济效益。

（4）进行全程动态监控，细化成本控制。

在运营阶段进行成本控制时要建立目标成本责任制，加强成本控制的规范管理，将经济责任与成本费用指标的管理结合起来。①征收成本。要加强对人工成本和设备折旧以及保养维护成本的控制。②养护成本。要根据工程规模和养护性质，提出成本控制措施和方案。③人工成本。要从优化人力资源、合理设置岗位、提高员工的素质和技术水平方面控制成本。

在进行成本控制时还要对从确定成本标准开始到实际花费成本出现成本差异再到采取措施的全过程进行控制，建立成本控制的全程动态监控，并运用PDCA管理体系加强对运营成本管理的监督、检查和指导，强化对计划执行情况的考核。

第 9 章　公路工程造价管理实例

9.1　项目建设情况

河惠莞高速公路河源紫金至惠州惠阳段(以下简称本项目)是广东省"十三五"重点建设项目之一,是《广东省高速公路网规划(2013—2030 年)》的加密联络线"河源龙川(粤赣界)至广州番禺"的重要组成部分。本项目起于河源市紫金县瓦溪镇,对接河惠莞高速公路龙川至紫金段,并连接汕湛高速公路,路线总体呈东北—西南向,途经紫金县九和、蓝塘、凤安、好义镇,惠州市惠城区横沥镇,终于惠阳区平潭镇,与河惠莞高速公路惠州平潭至潼湖段相接。主要工程控制点如下。

路线全线长 77.41 km,设计车速 100 km/h,双向六车道,路基宽 33.5 m。全线共设特大桥 1 座/1 218.1 m、大桥 51 座/17 282.26 m、中小桥 18 座/1 150.2 m,设长隧道 2 座/2 842 m、中隧道 1 座/604 m,设瓦溪(枢纽)、九和南、蓝塘北、凤安、好义、大岚、横沥互通立交 7 处,设服务区、停车区、管理中心各 1 处,集中居住区 2 处,匝道收费站 6 处。

紫惠高速与汕湛高速、番莞高速一起,组成连接河源与惠州、东莞、番禺等珠三角核心地区的高速通道,连接了粤港澳大湾区和"一核一带一区"两大发展区域,串起粤东北地区与粤港澳大湾区产业对接的经济链。项目建成后,可极大地改善粤东北山区的交通状况,为优化沿线地区产业、加快新型城镇化、培育新的经济增长点提供基础保证,对增强大湾区辐射带动能力、推动粤东地区经济社会发展具有重要意义。

初步设计内容如下。

2017 年 6 月 27 日,广东省交通运输厅印发了《广东省交通运输厅关于河惠莞高速公路河源紫金至惠州惠阳段初步设计的批复》(粤交基〔2017〕677 号),批复概算 92.8706 亿元。

1. 主要工程方案

路线全长 77.41 km,在瓦溪、九和南、蓝塘北、凤安、好义、大岚、横沥 7 处设置互通立交。

(1)路线。起于河源市紫金县瓦溪镇,对接河惠莞高速公路龙川至紫金段,并连接汕湛高速公路,经紫金县九和、蓝塘、凤安、好义镇、惠州市横沥镇,终于惠州市平潭镇,与河惠莞高速公路惠州平潭至潼湖段相接。

(2)路基及路面结构。采用路基标准断面形式、组成设计参数和一般路基设计。主线及枢纽互通立交匝道采用沥青路面,面层采用 4 cm SMA-13＋6 cm AC-20 C(改性)＋8 cm AC-25,桥面铺装厚度与路面上中面层一致。

(3)桥梁结构。东华河特大桥采用 25 m PC 小箱梁方案;上义河大桥采用 (36＋3×60＋36)m PC 连续箱梁＋(9×25)m PC 小箱梁方案;大岚河大桥左幅采用 4×40 m PC T 梁＋(53＋85＋48)m PC 连续刚构＋14×40 m PC T 梁,右幅采用 5×40 m PC T 梁＋(48＋85＋53)m PC 连续刚构＋14×40 m PC T 梁;森柏洞大桥采用 18×30 m PC 小箱梁方案;沿线其他桥梁采用 20 m、25 m、30 m PC 小箱梁,40 m 跨径 PC T 梁为主的方案。

(4)路线交叉。瓦溪(枢纽)互通立交采用将现状 T 型改造为混合式立交方案;九和南互通立交、凤安互通立交、横沥互通立交采用 B 型单喇叭方案;蓝塘北互通立交、好义互通立交、大岚互通立交采用 A 型单喇叭方案。

2. 主要工程数量

本项目主要工程量包括:全线路基土石方工程 2 058.2 万 m^3,桥梁 75 座/21 379 m,隧道(双洞)3 座/3 487 m;互通立交 7 处;服务区、停车区、管理中心各 1 处,集中居住区 2 处(1 处与管理中心合建),收费站 6 处。

3. 技术标准

主线采用高速公路技术标准,双向六车道,主要技术指标如表 9.1 所示。

表 9.1 主线主要技术指标

序号	项目	技术指标
1	路段里程	77.41 km
2	公路等级	高速公路
3	设计速度	100 km/h
4	路基宽度	33.5 m(整体式);16.75 m(分离式)
5	平曲线一般最小半径	一般值,700 m;极限值,400 m

续表

序号	项目		技术指标
6	不设超高最小平曲线半径		4 000 m
7	缓和曲线最小长度		85 m
8	平曲线间最小直线长度		同向曲线 600 m,反向曲线 200 m
9	最大纵坡		4%
10	最小坡长		250 m
11	竖曲线一般最小半径	凸型	10 000 m
		凹型	10 000 m
12	行车道宽度		(2~3)×3.75 m
13	设计车辆荷载等级		公路-Ⅰ级
14	桥梁宽度		2×16.25 m
15	隧道净宽		2×14.75 m
16	设计洪水频率		路基及一般桥涵 1/100,特大桥 1/300
17	地震动峰值加速度		0.05 g(g 为重力加速度)

4. 工程招投标

紫惠公司严格按照国家法律法规、交通运输部规章制度和广东省相关招投标管理办法组织开展招标工作,对勘察设计、土建和附属工程施工、监理、试验检测等实行公开招标。所有招标工作均在广东省交通运输厅的监督和指导下,按照上报招标文件以及评标报告并取得核备意见,公示后发出中标通知书的流程进行。

2017 年 8 月,完成土建工程施工 T1、T2、T3、T4、T5、T6、T7、T8 合同段招标工作;2019 年 11 月,完成交通安全设施施工招标工作;2020 年 4 月,完成机电施工招标工作。

5. 项目投资及来源

2016 年 11 月 15 日,广东省发展和改革委员会以粤发改交通函〔2016〕5450号文件核准了河惠莞高速公路河源紫金至惠州惠阳段项目,批复估算总投资为91.14 亿元。2017 年 6 月 27 日,广东省交通运输厅以粤交基〔2017〕677 号文件批复了河惠莞高速公路河源紫金至惠州惠阳段项目的初步设计,批复初步设计概算为 92.8706 亿元。项目资本金占总投资的 35%〔其中:20%由广东省高速公路有限公司认缴;15%由省、市政府给予补助(省级 10.5%、市级 4.5%)];其余 65%通过国内银行贷款方式解决。其中:股东投放 18.57412 亿元,省级资本金 9.751413 亿元,市级资本金 4.179177 亿元,银行贷款 60.36589 亿元。

9.2 项目招标情况及工程变更管理

9.2.1 项目招标情况

根据项目核准文件批复,按照《中华人民共和国招标投标法》和交通运输部、广东省有关招投标的文件规定,本着"公开、公平、公正"的原则,对该项目勘察设计、监理、试验检测、施工及甲供材料(水泥、钢筋、钢绞线、沥青)采购的选取均采取了公开招标方式。主要参建单位见表 9.2。

表 9.2 主要参建单位

工程类别	标段名称	中标单位	合同金额/元	合同主要内容
设计单位	SJT1	中交第二公路勘察设计研究院有限公司	32 120 285	BK0+000～K27+800 段勘察设计
	SJT2	广东省交通规划设计研究院(集团)股份有限公司	37 608 270	K27+800～K62+550 段勘察设计
	SJJ	北京交科公路勘察设计研究院有限公司	5 740 443	全线交通工程勘察设计
监理单位	JL1	广东翔飞公路工程监理有限公司	28 995 124	K0+400～K42+695 段施工监理
	JL2	广东华路交通科技有限公司	28 947 786	K42+750～K77+960 段施工监理
	FJJ	广东工程建设监理有限公司	2 600 669.25	全线房建施工监理
	JDJ	广东华路交通科技有限公司	2 837 614	全线机电施工监理
试验检测	JS1	广东华路交通科技有限公司	21 419 461	K0+400～K42+695 段试验检测
	JS2	苏交科集团股份有限公司	20 651 402	K42+750～K77+960 段试验检测

续表

工程类别	标段名称	中标单位	合同金额/元	合同主要内容
土建施工	T1	中国铁建港航局集团有限公司	239 111 487	K0+400~K4+860
	T2	广东冠粤路桥有限公司	914 939 350	K4+860~K18+820
	T3	中铁二十四局集团有限公司	336 962 469	K18+820~K29+570
	T4	中铁隧道集团有限公司	535 816 461	K29+570~K42+679
	T5	中铁十二局集团有限公司	830 297 726	K42+750~K51+185
	T6	中铁十七局集团有限公司	464 899 462	K51+185~K58+912
	T7	中铁一局集团有限公司	342 549 141	K58+912~K68+870
	T8	中铁二十三局集团有限公司	307 373 511	K68+870~K77+976
交安施工	JA1	广州市公路实业发展公司	70 839 351	K0+400~K42+583
	JA2	郑州市大道公路工程有限公司	51 684 378	K42+750~K77+976
机电施工	JD1	广东飞达交通工程有限公司	103 909 421	全线监控、通信、收费系统及通信管道施工
	JD2	广东新粤交通投资有限公司	75 891 557	全线供配电、照明、隧道通风、消防、外供电施工

9.2.2 工程变更管理

本项目遵循实事求是、工完账清的原则,严格按照层级审查技术变更,及时完成会议纪要、设计图纸、变更报告等变更流程。项目建设期变更上报率达90%,完成率达75%,变更费用控制在建安费3%以内,未有越权审批情况发生。项目工程变更管理主要措施如下。

(1)完善变更制度,规范变更行为。

为合理控制工程建设成本,明确工程变更管理程序,结合本项目实际情况,根据上级单位、省公司变更管理办法,紫惠公司编制了《广东紫惠高速公路有限公司工程变更管理办法》并结合上级要求及时修编。在此基础上,项目进一步制订了《地基处置动态设计管理细则》《桥涵结构物台背回填施工管理办法》《涵洞动态设计技术管理细则》《隧道动态设计技术管理细则》《边坡防护工程动态设计技术管理细则》《线外改路、改沟和改渠（河）工程实施细则》《路基补强碾压相关管理规定》《桥梁桩基施工准备和终孔管理办法》等10余项关键技术管理办法和细则，精确细致地划分各类技术问题解决方式，做到技术先行、有章可循、规范施工，推动变更管理规范化、标准化、制度化。

（2）明确工作程序，保证变更规范性。

紫惠公司于开工之初即逐一确定各类工程的申报原则，制定各类型变更报告编制模板，并组织工程变更申报专题培训会，以提高工程变更编制质量和申报效率。实施过程中，总监办、施工单位均设有专人负责工程变更资料的整理、编制、保管等工作，保证变更工作真实、完整、连续。

（3）三级审查制度，保证变更准确性。

本项目建立设计文件三级内审制度，所有设计文件由现场管理人员审查、专业工程师复核、总工程师审批后方可下发，有效保障变更的合理性、可靠性、准确性和经济性。变更报告执行三阶段内审制度，针对变更方案、变更数量、变更金额等方面，分内容、分环节、分阶段严格审核，并设计了各类型变更报告业主复核表，这样既避免变更报告审查流于形式，又提高变更报告的准确性。根据变更报告编制及审批情况，及时组织变更协调会议，解决变更存在的质量、进度等问题；定期组织联合集中变更，有效提高变更申报率和审批率。

（4）台账制管理，保证变更时效性。

本项目建立施工图纸审批台账、变更设计报告台账、变更报告审批台账等管理制度，跟踪现场技术问题处理流程、变更纪要起草下发流程、设计图纸审核流程、变更报告申报审批流程、变更金额情况等内容，对项目变更进行全过程监管，使项目变更情况清晰了然。同时，项目建立工程变更信息化系统，在提高数据统计和分析的准确性的同时，也便于相关人员掌握项目设计变更情况。

9.3 项目造价管理

9.3.1 造价管理情况

1. 项目地质基本情况

本项目沿线地势起伏，高填深挖、高墩桥多。地形为北部山地丘陵，间有山谷平原，中部丘陵台地，南部为冲积平原间有丘陵台地，起伏变化较大，设有数量众多的高填深挖路基边坡及高墩高柱桥梁。水文地质条件复杂，存在潜在滑坡、崩塌、软基、高液限土、煤系地层等不良地质体，地下溶洞发育，隧道围岩差，处置困难，技术难度较大，造价管控不易。

2. 造价管理理念及措施

造价管理理念：树立造价控制目标，实行全生命周期造价管理，创新管理模式，"全方位""全过程"合理控制造价。

造价管理措施：通过建立健全造价管理体系，加强设计过程管理，提高设计质量；深入现场实地调查，合理、科学、全面测算工程造价，合理控制招标成本；加强招标过程审核，实行动态设计管理；合理确定工程变更，加强施工成本控制，减少工程索赔；建立造价管理台账，实时管控项目造价，进而达到提高管控效率、降低工程造价的目的。

3. 造价管理过程

本项目实行全生命周期造价管理模式，从各阶段造价管理的特点、难点入手，在严格遵从有关法规的前提下，采取各项措施合理降低工程造价。

1）勘察设计阶段

设计方案决定项目总体投资情况，为确保项目投资合理高效，在勘察设计阶段，通过加强对设计单位勘察与设计工作管理，包括地质勘察工作现场管理，优选设计方案管理，尽可能确保设计方案高符合性及经济可行性，尽可能减少实施过程中的变更，从而确保工程造价合理。

2）施工招标阶段

招标阶段工程造价控制主要包括控制价的合理确定及招标选择最优承包人等方面。紫惠公司严格遵循《中华人民共和国招标投标法》等国家的相关法律法规的规定，结合省交通运输厅和上级管理单位颁发的招标投标管理办法来组织招标工作与合理确定招标控制价等。为尽量减少项目实施过程的工程变更、合理制定控制价，为工程顺利实施创造更好的条件，紫惠公司从三级清单编制、项目现场调查及招标文件编制等方面入手，并与同类招标项目控制价对比确定控制价。通过上述管理工作，将项目招标合同价控制在批复概算合理范围内；招标工作顺利开展，每次招标均是一次性完成且未出现投诉事项。

3) 项目实施阶段

项目实施阶段的造价管理是建设过程中的日常造价管理工作。在严格遵从合同约定，合理考虑各方面利益风险，加强现场造价管理工作的基础上，开展项目实施阶段的造价管理各项工作，包括合同管理、变更管理、计量支付管理等。

(1) 制度先行，有章可循。《紫惠项目建设管理手册》的工程管理中以专门章节对造价工作予以规范，并在相关的招标、合同、进度、台账、技术、变更、计量与支付管理等章节对造价控制工作反复进行强调；根据项目的实际情况和管理需求，及时对变更管理办法及合同管理规定等有关制度进行补充完善，使项目造价管理工作做到有章可循，有据可依。

(2) 造价动态分析，建立造价台账。紫惠公司按照《广东省高速公路建设标准化管理指南（试行）》（粤交基函〔2011〕158号）以及省公司台账管理办法的要求，及时建立了造价台账，台账设置符合要求，同时根据项目实施进展情况和工程变更办理情况，及时做好造价台账的动态更新和造价控制执行情况的动态分析工作，以此作为工程变更办理、合同结算及决算审查等工作的基础依据。

(3) 强化合同履行，做好造价控制。一是吸取以往的项目建设经验教训，在编制项目招标文件时，结合项目特点有针对性地完善合同条款，尽可能减少项目实施过程中的合同纠纷，切实保护项目建设单位的利益。二是严格按照合同文件审核新增单价，对于部分争议较大的单价，及时进行现场核实并补充相关支撑资料，合理确定单价水平。三是为有效控制工程造价，对于工程索赔事项的审核，紫惠公司从立项依据、工程量审核确认和单价计价原则等方面进行层层把关，严格审核，确保工程索赔事项依据充分、资料完备、费用合理。

9.3.2 合同执行情况

合同管理是项目投资经营管理的重要一环。在项目管理中，重视和强化合同意识、审计意识和法律意识，严格规范合同的拟订、签订，严格合同履行监督管理。从审计的角度审视合同签订和履行的合法合规性，及时预防和纠正审计和法律风险，保障项目利益。

紫惠公司结合项目实际情况制定了合同管理办法并及时修订完善，认真执行合同管理制度，规范合同会签或报批及法律审查程序，严格按合同条款履行，定期检查合同执行情况。对于通过招标方式签订的合同，未发生签订合同与招标文件实质背离的情况。未发生仲裁或诉讼等合同纠纷案件。

9.3.3 工程变更管理情况

紫惠公司严格执行变更管理制度,规范变更管理流程。对变更的理由和设计方案严格把关,定期和不定期召开变更管理会议。确需变更的,按项目变更管理办法完善相关变更设计方案和变更资料后,按照权限和程序审(报)批。

本项目工程变更管理按照费用划分 A、B、C、D 四类,根据管理办法规定的变更审批权限进行审批。土建施工标因变更引起的价格调整,按以下优先顺序所列原则进行处理。

(1)如果取消某项工作,则该项工作的总额价不予支付。

(2)本合同段工程量清单中有相同或相似工程细目单价的,经发包人同意可直接套用该单价。

(3)本合同段内没有相同或适用合同单价的,原则上应套用同类合同段相应单价的加权平均值,但监理人认为受施工现场自然环境影响大的工程项目单价,报发包人同意后可套用自然环境相近似的合同段相应细目。

(4)以综合单价报价的计量项目,如果只是发生使用材料或局部尺寸调整,则原支付单价不变,而只在原合同单价基础上,调整相应的材料价差和合理的工效增减费用。对于钻(挖)孔灌注桩的新增单价,原则上以本合同段内同类型且地质情况相似的相邻桩径桩基础单价为基础,按照体积计算对应桩基混凝土加权平均单价后进行换算。路面结构层以综合单价报价的计量项目,如果只是发生厚度调整,则支付单价在原合同单价基础上按厚度比例折算。

(5)如变更工程项目不符合上述情况,则参照招标人控制价编制时选用的有关定额及补充的定额,人工、材料、机械单价按招标人的招标控制价采用的价格,无相应价格的按变更工程施工设计图发布当月广东省交通运输工程造价管理站发布的《广东交通工程造价信息》中的项目施工所在地区材料信息价编制预算(如《广东交通工程造价信息》无相应信息价,由发包人另行确定),并按本合同段投标人中标价较招标时招标人控制价之下浮比例下浮确定。变更预算以发包人按相关程序确认的为准。

(6)如变更工程无适当定额可套用且协商未果,则由政府造价主管部门裁定单价,或由双方委托相关交通造价管理机构确定单价。

(7)发包人与承包人如按上述原则协商未果,发包人有权根据实际情况按上述某一原则进行处理,承包人须无条件接受。

所有的变更设计都必须按上级主管部门颁布的变更设计管理办法进行审

查。各项变更依据充分,变更方案经济合理,责任界定清晰,程序完善,变更作价符合施工承包合同相关约定。

本项目共发生变更1 973项,变更增加金额为14 994.2322万元。其中:土建施工(含绿化、房建)申报数为1 865项,总金额为12 839.9223万元;交安机电施工申报数为108项,总金额为2 154.3099万元。

9.3.4　计量支付情况

严格执行施工承包合同和本项目工程量清单计量与支付规则,以及紫惠公司制定的计量支付管理办法及实施细则,对项目的工程计量进行现场核实、资料核准、限时办结等,认真按合同要求和规定程序支付工程计量款,从未发生拖欠工程款的情况。

为减少审核流程、提高审核质量和效率,紫惠公司采取了联合召开计量会的形式,组织承包人、总监办和公司业务部门参加,共同审查申报计量数量及资料,避免了反复修改计量资料,大大缩短了审查时间。

9.3.5　批复概算执行情况

本项目概算为92.8706亿元,项目竣工决算造价为77.9575亿元,对比批复概算减少约16.06%,总投资较原批复概算节余14.9131亿元,控制在批复概算之内。

(1)建安费。该部分决算费用588 609万元,对比概算650 024万元节余了61 415万元,主要原因是优化施工图设计,施工招标合理下浮,设计变更控制到位,增加比例不大。决算各项分摊施工技术装备费、计划利润及税金三项费用后对比概算各章节情况如下。

①临时工程决算费用12 869万元,对比概算12 540万元增加了329万元。

②路基工程决算费用92 223万元,对比概算119 674万元节余了27 451万元。

③路面工程决算费用53 318万元,对比概算61 477万元节余了8 159万元。

④桥梁工程决算费用131 163万元,对比概算181 363万元节余了50 200万元。

⑤交叉工程决算费用112 086万元,对比概算160 096万元节余了48 010万元。

⑥隧道工程决算费用52 550万元,对比概算66 192万元节余了13 642万元。

⑦公路设施及预埋管线工程决算费用24 850万元,对比概算27 454万元节余了2 604万元。

⑧绿化及环境保护工程决算费用3 678万元,对比概算8 156万元节余了4 478万元。

⑨管理、养护及服务设施决算费用21 224万元,对比概算13 072万元增加了8 152万元。

⑩建安工程其他决算费用84 648万元,概算未单列,决算费用主要包含补偿、代付代扣增减费用,尾工工程费用及其他零星合同费用等。

(2)设备和工器具购置费。该部分决算费用11 098万元,对比批复概算8 661万元增加了2 437万元;

(3)工程建设其他费用。该部分决算费用184 535万元,对比批复概算176 604万元增加了7 931万元。

(4)预备费。该部分决算费用2 303万元,对比批复概算41 764万元节余了39 461万元。

(5)其他费用项目。该部分决算费用8 411万元,对比批复概算6 800万元增加了1 611万元。

(6)批复概算的银行贷款利息为44 852万元,实际决算的建设期贷款利息为22 177万元,对比概算节余了22 675万元。

(7)试运行损益。该部分决算费用－37 557万元,对比批复概算0万元节余37 557万元。

9.4　造价管理工作体会

针对项目建设的重点、难点,本项目自筹建起就实行全生命周期造价管理模式,在工程设计和实施等重要阶段严格控制工程造价,合理降低工程造价。

1. 强化勘察设计管理,合理控制工程造价

(1)初步设计阶段,本项目从保护生态环境角度出发,严格遵从"环保选线"的原则,将绿色生态作为项目建设的前置条件,尽量避绕基本农田,同时保护沿线森林自然资源,尽量避免高填深挖,将永久占地面积减少3.2%,临时占地面积减少35.5%,取、弃土场减少36.1%,跨越Ⅱ类水体数量减少20%。全面开展路线设计方案比选,落实阶段性专项验收及专项审查,并对比选出的最优路线

沿线的地质、水文、材料等方面进行深入调查，合理编制初步设计概算。

（2）在初步设计的基础上将"安全至上""全寿命周期""工程美学""生态环保""人性化"等先进设计理念融入施工图设计中，合理优化设计，降低桥隧比，降低土石方开挖比例，有效控制工程造价。

（3）实行动态化设计管理，在确保设计方案合理的前提下，严格控制工程实施过程中发生的变更工程造价，对地基及路床处置、桥涵基础、涵洞工程、边坡防护、隧道工程等采取动态设计，有效控制变更增加费用，使整体工程变更费用较以往建设项目有较大幅度的缩减。通过增加填平区优化排水问题，取消部分排水涵洞构造物，对隧道围岩进行精细化动态技术管理，优化隧道洞口设计方案、进出洞施工方案以及调整支护参数等优化设计措施，不仅有效保证了施工安全，还降低了工程造价。从全寿命周期角度出发优化路面结构设计，就地取材，采取 SMA 路面和 OGFC 路面结构层，创造更好的社会效益和经济效益。

2. 合理确定招标控制价，严格把控施工成本

工程招标前广泛收集同类项目造价资料，仔细对比分析造价水平，合理确定招标控制价及下浮率范围，大幅度节省了工程造价成本。

3. 灵活运用政策，节省征地成本

根据新出台的耕地提质改造政策，通过提前策划、大力协调，推进地方政府实施水田垦造，按 6.5 万元/亩*的价格落实了全线 1 237 亩的水田占补平衡，对比省国土厅以 30 万元/亩的保护价进行预购的方式，大幅度节省了征地成本。

4. 采取有效措施，降低财务成本

积极拓宽融资渠道，向政策性银行申请 7 亿元利率相对优惠的贷款额度；加强沟通、协调，争取股东进资款及政府资本金补助尽早到位，有效减少资金使用成本；抓住金融市场变化有利时机，及时争取到银行贷款利率由基准执行变更为基准下浮 10％执行，尽早完成银行贷款利率由基准利率定价转换为贷款市场报价利率（LPR）加减浮动确定，且部分银行浮动幅度争取到减 80 个基点；充分利用股东进资款，主动申请部分银行贷款本金提前归还，从而节省贷款利息；做细做准项目建设资金需求计划，根据资金计划提取贷款，最大限度减少银行账户留

---

* 1 亩≈666.7 平方米。

存资金,降低财务成本。

5. 创新造价控制理念,节约工程造价成本

(1)资源利用,节能增效。将沿线可利用的表层土集中存放,在施工后期为绿化工程提供优质土。将隧道弃渣进行再加工利用,全线共计利用隧道洞渣 90 余万方。保护收集红线范围内具有地域特色的植物,根据施工进度相应移植到便道旁、服务区内。这些措施既保护了生态环境,又减少了工程造价。

(2)永临结合,因地制宜。采用永临结合的方式进行土地集约利用,全线预制梁场建设在主线上,占用路基约 7 千米,少占用临时用地 400 余亩;项目大部分标段的混凝土拌和站、钢筋加工厂、小构件预制厂及项目经理部设在养护工区、互通区或利用沿线原有办公楼、厂房及建设用地;施工便道建设与农村公路建设规划相衔接,施工便道将被保留作为农村公路。这些措施既减少了临建投入,又贯彻了项目建设的环保理念,取得了较好的经济效益和社会效益。

6. 积极争取各方支持,降低市场波动风险

本项目大规模施工期间,沿线多数砂场相继关停,致使地材供不应求,价格急剧上涨,部分工点甚至出现停工待料的情况,严重影响了项目进度。面对地材紧缺导致工程进度受阻的严峻形势,紫惠公司向省公司、集团、交通厅层层上报,积极争取上级的支持,在惠州市设立专用砂场,定向供应本项目。同时,主动着手调查河砂需求量及沿线供应量、河砂单价及运费等情况,为上层决策提供支撑。本项目成功获得惠州市政府的支持,开设专供砂场,定点、定量、定价供应,有效缓解了本项目惠州段地材供应紧张问题。这是广东省首个设立高速公路建设专供砂场的案例,对后续建设项目应对市场波动具有极大的借鉴意义。

7. 造价管理成效

在上级单位的支持和帮助下,在公司全体员工上下一心、团结协作下,项目造价管理取得阶段性胜利,项目结算总造价对比批复概算约节余了14.9131亿元,内部造价管控工作成效显著。

参 考 文 献

[1] 曹怡悦.公路工程施工安全管理体系的构建与评价[D].昆明:云南财经大学,2018.

[2] 陈啟彦.公路工程项目进度计划的编制[J].科技信息,2012(30):388.

[3] 陈永强.广东省阳阳高速公路建设全过程造价管理研究[D].重庆:重庆交通大学,2020.

[4] 慈国强.G112 TJ 高速公路工程项目进度管理研究[D].秦皇岛:燕山大学,2015.

[5] 樊永伟,屈大忠,胡海军.公路工程与养护[M].南昌:江西科学技术出版社,2018.

[6] 范道周.高速公路全过程造价管理研究[D].西安:长安大学,2020.

[7] 冯建鑫.高东高速公路工程进度计划与控制研究[D].哈尔滨:哈尔滨理工大学,2021.

[8] 郭成胜.公路工程项目质量控制研究[D].淮南:安徽理工大学,2014.

[9] 郭莹.黑呼公路建设项目进度管理研究[D].西安:长安大学,2016.

[10] 韩守勇.青海 CN 山区公路工程进度管理及控制研究[D].西安:长安大学,2020.

[11] 李继业,刘福胜,李树枫,等.公路工程施工技术实用手册[M].北京:中国建材工业出版社,2006.

[12] 李硕.马路至峒中口岸公路工程项目成本管理研究[D].兰州:兰州交通大学,2015.

[13] 刘利恒.高速公路工程项目造价管理成熟度评价研究[D].西安:西安建筑科技大学,2018.

[14] 刘琦.高速公路建设项目安全生产管理体系构建研究[D].广州:华南理工大学,2014.

[15] 路长青.德商高速公路项目施工成本控制研究[D].大连:大连理工大学,2015.

[16] 罗晋.对建设工程项目管理模式的探讨[D].广州:华南理工大学,2012.

参考文献

[17] 吕贵宾.公路工程设计施工总承包项目管理[D].成都:西南交通大学,2009.

[18] 莫霄.公路工程项目全过程造价控制研究[D].南宁:广西大学,2006.

[19] 牛丽娟,陈海明.公路工程全过程造价管理提升关键技术研究[J].工程建设与设计,2019(19):243-245.

[20] 彭东黎.公路工程招投标与合同管理[M].2版.重庆:重庆大学出版社,2012.

[21] 《公路工程项目管理便携手册》编委员.公路工程项目管理便携手册[M].武汉:华中科技大学出版社,2008.

[22] 钱源.公路工程造价编制[M].重庆:重庆大学出版社,2014.

[23] 任壬.公路工程施工现场管理分析[J].工程建设与设计,2021(6):214-215.

[24] 任希庆.建设单位公路项目全过程质量管理对策探析[J].内蒙古公路与运输,2014(6):39-40.

[25] 沈鹏.公路工程施工组织与管理[M].昆明:云南人民出版社,2015.

[26] 石飞翔.A公司公路工程项目成本控制优化研究[D].西安:西安建筑科技大学,2018.

[27] 苏丽娜.公路建设前期的造价控制研究[D].西安:西安建筑科技大学,2009.

[28] 田丰盛.河北省高速公路建设项目合同管理研究[D].大连:大连海事大学,2015.

[29] 王赛楠.公路工程全寿命周期造价管理研究[D].石家庄:石家庄铁道大学,2019.

[30] 王拴保.公路项目成本管理研究[D].西安:长安大学,2011.

[31] 魏建俭.关于公路工程质量事故处理及预防的几点谏言[J].甘肃科技,2014,30(13):136-138.

[32] 吴宪.市政道路工程项目建设全过程造价控制研究[D].沈阳:沈阳建筑大学,2020.

[33] 谢林锦.高速公路施工安全评价与安全预防对策研究[D].重庆:重庆交通大学,2018.

[34] 谢路.高速公路建设项目造价控制分析研究[D].西安:长安大学,2011.

[35] 徐士磊.宁杭公路工程项目质量管理和控制研究[D].大连:大连海事大学,2013.

[36] 杨珂.价值工程理论在绿色高速公路路线方案优选中的应用研究[D].长沙:长沙理工大学,2012.

[37] 叶亚虹,方宏志.公路工程质量管理体系大纲的编制分析[J].现代商贸工业,2017(21):103-104.

[38] 叶云.公路工程项目管理标准化研究[D].广州:华南理工大学,2015.

[39] 占楠.大庆油田头古路公路工程项目质量管理研究[D].大庆:东北石油大学,2016.

[40] 张柏玲.公路造价预算及成本预测的有效措施[J].交通世界,2021(7):161-162.

[41] 张景全.Z企业公路工程施工项目的质量管理研究[D].北京:北京理工大学,2018.

[42] 张拓.公路项目设计阶段的造价控制研究[D].长沙:长沙理工大学,2012.

[43] 张效钧.公路工程项目成本的有效管理[D].成都:西南财经大学,2006.

[44] 赵晔.EPC项目工程建设成本预测研究[D].石家庄:河北地质大学,2022.

[45] 郑艳凤.公路工程施工招投标阶段的工程造价控制探讨[J].建设科技,2021(22):29-31.

[46] 钟健.广东MZ高速公路建设项目成本控制研究[D].广州:广东工业大学,2022.

[47] 周菁华.H高速公路改建项目保通工程全过程进度管理研究[D].杭州:浙江大学,2020.

[48] 朱大海.基于挣值管理的公路建设项目施工阶段造价动态控制研究[D].长沙:长沙理工大学,2011.

[49] 朱晓东.建设项目业主索赔管理体系研究[D].济南:山东大学,2015.

[50] 祝永泉.沈中公路工程施工项目管理研究[D].长春:吉林大学,2010.